颜之推研究

秦元 著

齊魯書社

本书出版获齐鲁师范学院博士基金资助

顏氏家訓目錄終

顏氏家訓卷上

北齊琅琊顏之推著

明 新安程 榮校

序致篇第一

夫聖賢之書教人誠孝慎言檢迹立身揚名亦已備矣魏晉以來所著諸子理重事複遞相模斅猶屋下架屋牀上施牀耳吾今所以復爲此者非敢軌物範世也業以整齊門內提撕子孫夫同言而信信其所親同命而行行其所服禁童子之暴謔則師友之誠

《汉魏丛书》 万历二十年刻本

豈曰小補之哉
萬曆戊寅季冬荼陵平原派三十四
代孫顏志邦書於泉海佐靖公署

顏氏家訓序
家訓二十篇自吾黄門侍郎祖始著
去今蓋九百餘年失傳已久吾弟四
會掌教士英嘗有志訪刻而未遂以
囑其子如瓌正德戊寅如瓌同知蘇
州之三年獲全本重校刊之既自識

《汉魏丛书》万历二十年刻本

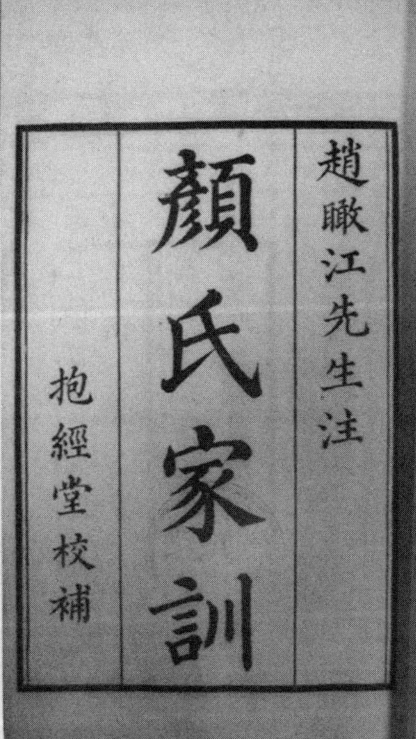

《抱经堂丛书》 民国十二年影印本

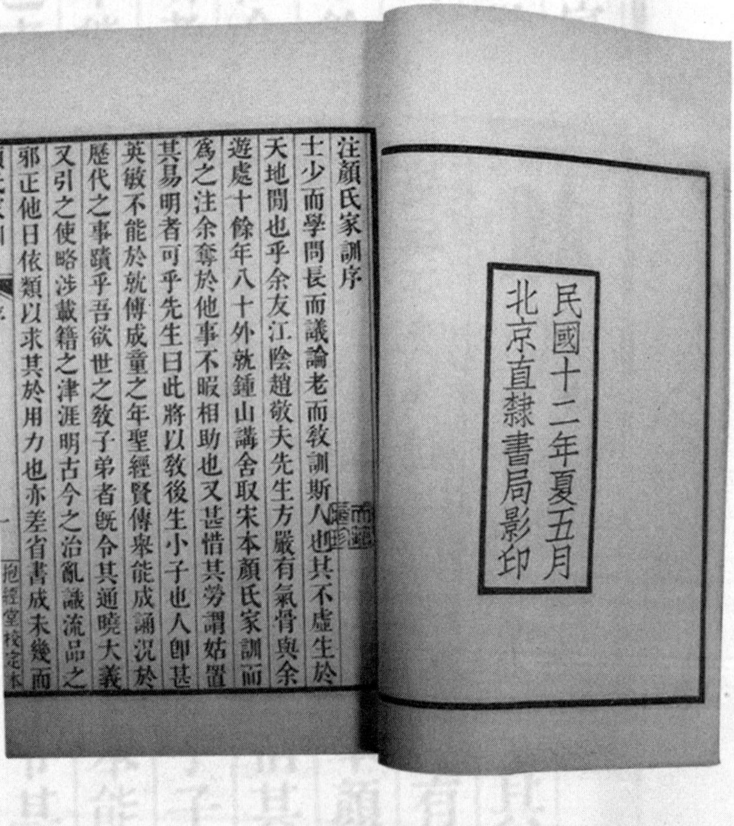

民國十二年夏五月
北京直隸書局影印

注顏氏家訓序

士少而學問長而議論老而教訓斯八也其不虛生於天地間也乎余友江陰趙敬夫先生方嚴有氣骨與余遊處十餘年八十外就鍾山講舍取宋本顏氏家訓而爲之注余奪於他事不暇相助也又甚惜其勞謂姑置其易明者可乎先生曰此將以教後生小子也人即甚英敏不能於就傅成童之年聖經賢傳舉能成誦況於歷代之事蹟乎吾欲世之教子弟者既令其通曉大義又引之使略涉載籍之津涯明古今之治亂識流品之邪正他日依類以求其於用力也亦差省書成未幾而

顏氏家訓　序　一　抱經堂校定本

《抱经堂丛书》民国十二年影印本

序

生活在南北朝末期的颜之推,同许多封建文人一样,是一位复合型人物。他是官员,又是学者和作家。他历仕梁朝、北齐、北周三朝,官位相当显赫。在梁朝,任散骑侍郎;在北齐,位至黄门侍郎;由齐入周,为御史上士。作为一位学者,他博览群书,该洽经史子集,同时又不局限于各种文献典籍,注意耳闻目睹社会现实和各地风物。他通晓文字、音韵、训诂、校勘、儒学、佛学、史学、文艺、文学、教育等。这主要体现在他撰写的《颜氏家训》一书中。作为一位作家,他爱好诗文,有"作赋凌屈原"的志向和气概。他勤于写作,在诗、赋、文、小说的创作等方面,都有创获。

对于逝去的各种人物及其著述,历史在记录的同时,也伴随着选择和淘汰。这也体现在颜之推及其著述上。颜之推尽管历仕三朝,受到帝王的尊宠,但从他去世以后的一千四百多年的历史来看,很少有人注意他在当时显赫的官位和受到的帝王的尊宠。人们所看重的是他在学术上的造诣和文学上的成就。他的著述,特别是《颜氏家训》和《观我生赋》,代代存传,相当完整地流传到今天。看来,对于一个封建文人,他的有分量的学术著作、文学作品同他的官位相比,官位很容易被人们所淡化和遗忘,而学术著作和文学作品,倒是具有长久的生命力。

回顾一千四百多年以来,人们对颜之推及其以《颜氏家训》为代表的著述的关注和研究,大体上可以20世纪初期为界,分为前后两个时期。

综观20世纪初期之前，历代人们所做的主要是《颜氏家训》的存传工作。颜之推的著述，不知是什么原因，《隋书·经籍志》只著录了他的《冤魂志》三卷(载《经籍志二》“杂传”类)，而《颜氏家训》虽“行于世”，但未予著录。自唐代以后，《颜氏家训》基本上是代代相传，世世刊行。在唐代，《旧唐书》卷四十七《经籍志下》、《新唐书》卷五十九《艺文志三》均著录《颜氏家训》七卷。在五代，至少有官傅和凝本。至两宋，除了唐本和五代本的存传之外，又相继出现了不少新的版本，如闽本、蜀本、嘉兴沈揆本、淳熙台州公库本等。其中特别为后人所重视的是嘉兴沈揆本。此本取闽本、蜀本互相参定，又校以五代和凝本。参加校刊的，除了沈揆外，还有林宪、赵善德等八人。又别列《考证》二十三条为一卷。沈揆等人学识不凡，他们的校刊本，当时即称为善本。在元代，见于记载的有补修重印宋淳熙本。至明清两代，《颜氏家训》的版本急剧增多。在明代，至少有正统间颜思聪刻本，嘉靖傅太平刻本，成化间程伯祥、罗春等刻本，颜嗣慎刻本，万历程荣校《汉魏丛书》本，万历间何镗刊《颜氏通谱》本等。在清代，有康熙五十年颜星重刻明《汉魏丛书》本，康熙五十八年朱轼评点本，康熙间何允中覆刻《汉魏丛书》本，文津阁《四库全书》载明刻二卷本，仿宋本，乾隆五十四年卢文弨抱经堂校订本，嘉庆二十二年《南省颜氏通谱》本，同年颜邦城三刻本，胡文焕《格致丛书》本，黄叔琳《颜氏家训》节抄本，鲍廷博《知不足斋丛书》本，光绪间屏山聂氏《汗青簃》本。另外，还有多种影写宋椠本。(以上列举的多种版本，主要参考了王利器先生撰写的增补本《颜氏家训集解》中的《附录·序跋》)上面列举的历代的多种版本，有些是出自颜氏的后代，但更多的是由于

《颜氏家训》适合于封建社会的家教而刊刻的。这些版本使《颜氏家训》得以存传，流布较广，同时一些校勘和注疏也为后人的解读提供了很大的方便。

20世纪初期之前，《颜氏家训》在不断刊刻的同时，也有对其加以论述的。这些论述，主要见于一些刊本的序跋和评点中。有关的论述，几乎都是把它作为封建社会立身之要、处世之宜、为学之方的家庭教科书。多是着眼于儒家的伦理道德，强调其修德积善、敦伦之矩的训教价值。相关的论述，虽然不乏剀切独到、值得借鉴之处，但总体看来，视阈比较狭窄，时代的局限性相当明显。

进入20世纪，特别是20世纪的后半期，由于时代的变革和理念的进步，由于学术视野的开阔和文学观念的提升，对颜之推及其著述的重视超越以前，对其研究，呈现出多元并进的繁盛态势。研究者不仅有年长的学者，如李详、余嘉锡、杨树达、刘盼遂、周一良、周法高、缪钺、王叔岷、周祖谟、王利器等，还有许多中青年。据初步统计，这一时期，中外（主要是日本）出版的关于《颜氏家训》的校注翻译专著有二十多部，发表的论文有七十多篇，还有不少研究成果散见于一些专著当中。概览这一时期的研究成果，有生平的探究，有文本的整理，有宏观的论述，也有微观的分析，不论在广度上，还是在深度上，都远远地超越了前一时期。如对颜之推的著述的搜集和整理，就取得了丰富的成果。王利器先生的《颜氏家训集解（增补本）》，集以前多种校注本之大成。其他的许多论著，程度不同地都有新的发掘和阐释。

回顾以前对颜之推及其著述的研究，尽管取得了重要的建树，为后人的解读和体认积累了丰硕的成果，但颜之推及其著述作为南北朝末期的一种重要的文化现象，有其特殊性，其成就是多方面的，其蕴涵是相当丰厚的。以前的诸多研究成果，即使观点是正确的，也只是揭示了其蕴涵的某些部分，有些论述止于表层，有些方面的研究相当单薄。还有些问题，仁智各见，存在分歧。就研究成果的形态而言，除了那些比较完整的校注本外，其他的成果大都显得零碎分散，有待整合。另外，时代的前进，现实的需求，也要求对颜之推及其著述继续进行探讨。秦元君正是基于以前对颜之推及其著述研究存在的缺欠，以及诸多有待继续探讨的问题，也基于现实的需求，选择了颜之推及其《颜氏家训》作为博士论文题目。现在出版的这部专著，就是她在博士论文的基础上，经过多年的修改而写成的。

秦元君撰写的这部专著，尽力博览诸家，本着弥补以前研究不足的原则，力避屈旧而就新和绌新而从旧，在前人研究成果的基础上，亦往往自出己说，有新的创获，下面略举三点：

多方位观照，对颜之推及其著述进行了相当全面的、系统的、深入的探讨，形成了一部前人所未及就、后世之不可无的综合性的研究专著，结束了对颜之推及其《颜氏家训》等著述的研究长期没有专著的缺憾。其荟萃之功，为人们全面地了解和体认颜之推及其《颜氏家训》、诗歌、辞赋和小说等，提供了一个综合性的文本。此其一。

重点解读《颜氏家训》，结合其他史料，认为《颜氏家训》是六朝"家训"文化的集大成之作，有丰厚的文化内涵。探寻了颜之推的思想、心态及自觉撰写《颜氏家训》的意图。指出，《颜氏家训》既体现了六朝士族文化的深刻影响，又是六朝士族文化的延续。同时，也可以看到六朝士族文化的衰退。此其二。

专著最后附有《颜之推年谱》。此谱在缪钺先生编纂的年谱的基础上，进一步搜集、考辨史料，有所补正，比较全面地、细致地叙录了颜之推一生重要的经历。此其三。

秦元君重视中国优秀的传统文化,尤其喜爱魏晋南北朝文学。她爱好之而又努力研究之。她在读硕士研究生期间,其研究方向是魏晋南北朝文学。硕士研究生毕业以后,在担任高校相当繁重的中国古代文学教学任务的同时,又坚持攻读这一研究方向的博士学位,经过四年的努力,顺利地完成了题为《颜之推及其〈颜氏家训〉研究》的博士论文。论文完成以后,她没有就此止步,也没有急于出版,而是锲而不舍,不断地阅读覃思,钩发隐曲。人常云:"天道酬勤。"秦元君多年辛勤的耕耘,终于在颜之推及其著述的研究上,取得了阶段性的成果,在颜之推及其著述的研究史上,写下了新的一页。

秦元君在中国古代文学的教学和研究中,敬业乐业,心无旁骛,沉潜稳重,学风端正。她富于春秋,来日正长。我相信,她不会自馁,更不会就已经取得的成绩而自限。我作为一个同道者,既为她已经取得的成就而欣慰,同时也乐其继往而不断进取。

张可礼

二〇一二年元月　写于山东大学农子晚学斋

目 录

第一章　颜之推的生平和内心世界

第一节　间关南北，一生三化
——颜之推生平述评

颜之推(531—591?)，字介，属琅邪(今山东临沂)颜氏。九世祖颜含，从晋元帝东渡，官至侍中、右光禄、西平侯。《颜氏家训》(《颜氏家训》文中简称《家训》，正文有关篇目如不注明出处，均出自《家训》)云："颜氏之先，本乎邹、鲁，或分入齐"(《诫兵》篇)，颜氏家族自三国时颜盛"始自鲁，居于琅邪临沂孝悌里"(颜真卿《颜氏家庙碑》)。学界一般认为"琅邪临沂孝悌里"在今山东临沂市费县方城镇诸满村，张霭堂《颜之推全集译注》即持此论。

自颜含至颜之推，颜氏家族在江南共历九代，《观我生赋》云"逮微躬之九叶"。《观我生赋》自注云"中原冠带，随晋渡江者百家，故江东有《百谱》"，颜氏家族就在这《百谱》之内，属江左侨姓高门，在东晋南朝有着较高的社会地位。颜氏家族世居建康，赋云："去琅邪之迁越，宅金陵之旧章。"自注云："靖侯以下七世坟茔，皆在白下。"

自颜之推祖父见远始，颜家离开建康定居江陵。南齐和帝萧宝融镇守荆州"以见远为录事参军"，及萧宝融即位江陵后，以见远"为治书侍御史,俄兼中丞"(《梁书》卷五十《颜协传》),颜氏家族遂居江陵。《终制》篇所云"先君先夫人皆未还建邺旧山"的情况,意谓在颜协之前,颜家七世坟茔皆在建康。1959年06期《考古》所载文章《南京老虎山晋墓》一文认为:"这四座墓都是晋左光禄大夫颜含后人的墓葬",而"老虎山位于南京挹江门外东北",可以推测,颜氏家族墓地在南京挹江门外。

琅邪颜氏是东晋南北朝较少习染玄风而保持儒学传统的少数高门之一。为颜氏家族奠定发展基础的颜含,《晋书》本传称其"少有操行,以孝闻"、"雅重行实,抑绝浮伪"。在政治上,他坚决反对门阀擅政,主张维护和振兴皇权。东晋初,颜含曾与王导就处理江南地方政治进行过探讨:

> 王导问含曰:"卿今莅名郡,政将何先?"答曰:"王师岁动,编户虚耗,南北权豪竞招游食,国弊家丰,执事之忧。且当征之势门,使反田桑,数年之间,欲令户给人足,如其礼乐,俟之明宰。"(《晋书》卷八十八《颜含传》)

颜含认为要解决国家的经济困难,就必须坚决削弱门阀士族的经济实力以充实国力,其意见明显表现出国家利益至上的色彩。其后,时论以王导为元帝师傅,百僚宜为降礼,颜含直言不能接受这种做法:

> 王公(指王导)虽重,理无偏敬,降礼之言,或是诸君事宜。鄙人老矣,不识时务。(同上)

强硬的拒绝口吻表明颜含内心对"王与马,共天下"所表现出的门阀势力膨胀、甚至与皇权平行的格局有着强烈不满,再次表现出对皇权的尊崇、捍卫。

之推祖父颜见远事在《梁书》卷五十《颜协传》中。梁武帝篡齐而立后,见远"乃不食,发愤数日而卒"。其绝食以殉旧朝的举动令梁武帝萧衍大为不悦，云："我自应天从人，何预天下士大夫事？而颜见远乃至于此也。"六朝少死节之臣已是当时的普遍现象，颜见远这般人格，在南朝确实罕见。颜含捍卫皇权的言论和颜见远身殉旧朝的举动，客观上表明了颜氏家族内在的浓厚的儒家忠孝观念，这些言行在门阀士族兴盛的东晋南朝不免成为特例。

之推父颜协，《梁书》卷五十有传。颜见远的死无疑影响到颜协的入仕之心。《梁书》本传称他"感家门事义，不求显达，恒辞征辟，游于蕃府而已"。《周书》卷四十《颜之仪传》称颜协"以见远蹈义忤时，遂不仕进，梁元帝为湘东王，引协为其府记室参军。协不得已，乃应命"。有梁一代，家门之事促使颜氏家族与远在建康的最高统治者保持着一定距离。这种距离使他们，尤其是颜之推能够比较独立、清醒地注意和思考国家和士族阶层的一些弊病。《家训》的不少篇章和《观我生赋》在反思故国覆亡的原因时，都从不同角度、不同程度上表现出深刻的目光。同时，这个家族"世善《周官》、《左氏》"(《北齐书》卷四十五《颜之推传》)，秉承儒家文化，富有礼学和史学修养。应该说这是一个从学术到政治、社会行为都恪守儒家传统的家族。

颜之推一生可大致分为两个阶段：

第一阶段：读书、出仕供职萧绎江陵集团、被俘入北。从梁武帝中大通三年(531)到梁元帝承圣三年(554)。

《北齐书》卷四十五与《北史》卷八十三《颜之推传》(以下简称《北齐书》本传、《北史》本传)均未明载颜之推的生卒年。《序致》篇云："年始九岁，便丁荼蓼。"殆指丧父而言。按《梁书》卷五十《颜协传》，协卒于梁武帝大同五年(539)，是岁之推九岁，缪钺《颜之推年谱》据此考订颜之推当生于中大通三年

(531)。《终制》篇云:“吾年十九,值梁家丧乱。”如果颜之推生于中大通三年,则年十九时为太清三年(549),即侯景陷台城之岁,与“值梁家丧乱”相合。可知颜之推生年为中大通三年(531)是正确的。同时,《梁书》卷五十称颜协“释褐湘东王国常侍,又兼府记室。世祖出镇荆州,转正记室”。按湘东王于普通七年(526)出为荆州刺史,大同五年(539)入为安右将军、护军将军,领石头戍军事(《梁书》卷五《元帝纪》),在荆州凡十四年,而颜协即卒于大同五年。协盖自普通七年(526)即随湘东王于荆州,以至于卒,则之推当生于江陵。可以说,颜协、颜之推父子在政治上与萧绎为首的江陵集团有着最密切的关系,与金陵的中央政权则保持一定距离。

颜之推自幼受到良好的士族教育。《序致》篇云:“吾家风教,素为整密。昔在龆龀,便蒙诱诲;每从两兄,晓夕温凊,规行矩步,安辞定色,锵锵翼翼,若朝严君焉。赐以优言,问所好尚,励短引长,莫不恳笃。”学习内容以儒家经典为主。《勉学》篇云:“士大夫子弟,数岁已上,莫不被教,多者或至《礼》、《传》,少者不失《诗》、《论》。”《北齐书》本传记颜家“世善《周官》、《左氏》,之推早传家业……虚谈非其所好,还习《礼》、《传》”。当知颜氏家族整密的儒家风教与深厚的礼学、史学、文学传统滋养了幼小的颜之推。在这样的家庭环境中,他七岁能“诵《灵光殿赋》”(《勉学》篇)、“博览群书,无不该洽”(《北齐书》本传)、“虽读《礼传》,微爱属文”(《序致》篇)、“十五好《诗》、《书》”(《古意二首》其一),少年时期就表现出文学爱好与文学创作的热情,“词情典丽,甚为西府所称”(《北齐书》本传)。少年颜之推也曾受到南朝士大夫放达风气的影响,“颇为凡人之所陶染,肆欲轻言,不修边幅”,言谈举止表现得非常自由,但这种潇洒不羁的风度对颜之推的一生影响不大，只是其人生历程中的暂时现象，侯景之乱以及后来被迫入北的坎坷经历逐渐把这种浮华作风打磨掉了。

太清三年(549)爆发的侯景之乱不仅使梁朝由盛转衰，而且也改变了包括颜之推在内的广大士大夫的人生。次年，简文帝大宝元年(550)，“(萧)绎遣世子方诸出镇郢州，以之推掌管记”(《北齐书》本传)。颜氏从此步入仕途。《观我生赋》云：“方幕府之事殷，谬见择于人群，未成冠而登仕，财解履以从军。”自注云：“时年十九，释褐湘东国右常侍，以军功，加镇西墨曹参军。”由于萧方诸年仅十五岁，幼稚无知，其长史、郢州行事鲍泉亦极庸碌，所以，颜之推内心很苦闷，“虽形就而心和，匪余怀之所说”。初入仕途的颜之推很快目睹了侯景之乱引起的梁朝皇室内部争夺皇位、剪除异己的互相残杀，那些“子既殒而侄攻，昆亦围而叔袭”、“自战于其地”的丑剧无疑又加重了他心中的忧虑和不平。

大宝二年(551)闰四月，侯景部将宋子仙、任约袭郢州，执刺史萧方诸。颜之推被俘，险遇难。《北齐书》本传云：“值侯景陷郢州，频欲杀之，赖其行台郎中王则以获免。被囚送建业。”《观我生赋》自注云：“之推执在景军，例当见杀。景行台郎中王则初无旧识，再三救护，获免，囚以还都。”侯景之乱既葬送了梁朝表面的繁荣和宁静，使无数百姓饱尝颠沛流离之苦，更使初履仕途的颜之推在这场灾难中体会到生命的脆弱与无常。险些名列鬼录、身赴岱宗的遭遇使他重新审视生命的内涵。这次被俘的经历对其日后的生活、文学创作都产生了很大影响。相比之下，早年《神仙诗》“朝游采琼宝，夕宴酌膏泉。峥嵘下无地，列缺上陵天；举世聊一息，中州安足旋”那种无忧无虑、遗世独立的飘举高蹈，只能显示出年轻的作者对生命深层内涵的懵懂无知。战乱和死亡的洗礼很快把这种轻快然而肤浅的情绪从颜氏文学作品中冲刷掉了。

颜之推虽生于江陵，但颜氏家族世居建康，被囚建康这个特殊的机会，使他第一次回到建康得以瞻视、流连故居，黍离之悲和桑梓之痛的双重感伤共同打动了他。《观我生赋》云：

> 就狄俘于旧壤，陷戎俗于来旋。慨《黍离》于清庙，怆麦秀于空廛……野萧条以横骨，邑阒寂而无烟。畴百家之或在，覆五宗而翦焉；独昭君之哀奏，唯翁主之悲弦。经长干以掩抑，展白下以流连；深燕雀之余思，感桑梓之遗虔；得此心于尼甫，信兹言乎仲宣。

自注云："长干，旧颜家巷。……靖侯以下七世坟茔，皆在白下。"残破的建康将混乱的国势和个人难以预料的命运交织在一起，引发出颜之推内心的"黍离"、"麦秀"之悲，身世之感和桑梓之痛。在这时，颜之推对导致侯景之乱的政治远因进行了深刻思考。他指出，梁武帝晚年接纳东魏降将侯景的昏庸之举，本质上就是引狼入室，"养傅翼之飞兽"和"初召祸于绝域"，为国家埋下了灾难的种子。初唐姚思廉著《梁书》亦批评萧衍"及乎耄年，委事群幸……遂使滔天羯寇，承间掩袭，鹫羽流王屋，金契辱乘舆，涂炭黎元，黍离宫室"（《梁书》卷三《武帝本纪下》）。与姚思廉的评论相比，颜之推的看法更加具体、直接地揭示了梁武帝对侯景之乱有着不可推卸的责任，显示出他注重从统治集团内部探寻政治动荡原因的深刻目光。而梁武帝萧衍既然埋下了祸患的种子，最后也成为这场灾难的受害者："武皇忽以厌世，白日黯而无光，既飨国而五十，何克终之弗康？"（《观我生赋》）

颜之推在建康生活了近一年的时间，目睹了侯景之乱的结束。大宝三年(552)三月，萧绎部将王僧辩等平定侯景之乱。《观我生赋》自注云："既斩侯景，烹尸于建业市，百姓食之，至于肉尽龁骨。传首荆州，悬于都街。"但是他也亲见梁朝军队在平叛中给国家造成的祸害。自注云："侯景既平，我师采稆失火，烧宫殿荡尽也。"同年十一月，湘东王萧绎即位于江陵，是为梁元帝。颜之推由建康还江陵，《北齐书》本传云："景平，还江陵。时绎已自立，以之推为散骑侍郎，奏舍人事。"此时，江北诸郡已被东魏侵占，梁、益两州已全并入西魏，雍州一镇也沦为西魏的附庸，梁朝的版图已经很小了，萧绎的江陵政权只是苟安一隅，岌岌可危。在短暂的苟安时期，颜之推参加了一次大规模的校书活动。《观我生赋》自注云：

> 王司徒表送秘阁旧事八万卷。乃诏："比校部分，为正御、副御、重杂三本。左民尚书周弘正、黄门侍郎彭僧郎、直省学士王珪、戴陵校经部，左仆射王褒、吏部尚书宗怀正、员外郎颜之推、直学士刘仁英校史部，廷尉卿殷不害、御史中丞王孝纯、中书郎邓荩、金部郎中徐报校子部，右卫将军庾信、中书郎王固、晋安王文学宗菩业、直省学士周确校集部也。"

参与校书的文人都是当时重要的士族知识分子，颜氏和王褒参与史部的校书工作，庾信则参与集部的校书工作。这些士族文人在校书的同时也进行诗文酬唱，"时参柏梁之唱"(《观我生赋》)，但由于随之而来的江陵之难，这部分诗文未能保留下来。

承圣三年(554)九月，西魏遣兵伐梁。十一月，西魏陷江陵，元帝被执，旋遇害。《观我生赋》详细记录了国朝覆亡的惨象：

> 守金城之汤池，转绛宫之玉帐，徒有道而师直，翻无名之不抗。民百万而囚虏，书千两而烟炀，溥天之下，斯文尽丧。怜婴孺之何辜，矜老疾之无状，夺诸怀而弃草，踣于涂而受掠。冤乘舆之残酷，轸人神之无状，载下车以黜丧，掩桐棺之藁葬。云无心以容与，风怀愤而憀悢；井伯饮牛于秦中，子卿牧羊于海上。留钏之妻，人衔其断绝；击磬之子，家缠其悲怆。

西魏入侵让颜之推再次目睹了异族掠夺和杀戮的不幸现实，再次体验到生命脆弱的一面。在赋中，颜之推把更多的笔墨用来描写无辜平民被杀害、被掠夺的悲惨命运。作为被俘者，他在被迫北上途中对生离死别有着切身体会，对那些骨肉分离的弱小同胞给予了极大的同情，这种真切的同情在其小说《冤魂志》中也可以看到：

> 江陵陷时，有关内人梁元晖，俘获一士大夫，姓刘。此人先遭侯景丧乱，失其家口，唯余小男，始数岁，躬自担负，又值雪泥，不能前进。梁元晖监领入关，逼令弃儿，刘甚爱惜，以死为请，遂强夺取，掷之雪中。杖棰交下，驱蹙使去。刘乃步步回顾，号叫断绝，辛苦顿毙，加以悲伤，数日而死。死后，元晖日见刘伸手索儿，因此得病。虽复悔谢，来殊不已。元晖载病，到家而卒。（《江陵士大夫》）

这个悲惨的故事使人马上联想到《观我生赋》所谓"夺诸怀而弃草，踣于涂而受掠"，概括的就是刘姓士大夫被迫弃子的惨剧。他"先遭侯景丧乱，失其家口，唯余小男，始数岁，躬自担负"，已经是劫后余生，但在江陵之难中仍旧难逃骨肉离散、死亡的厄运。在这些动乱中，颜之推既是受害者也是目击者，他先后经历侯景之乱和江陵之陷的人生经历，与刘氏的遭遇非常相近。刘氏的悲剧在他心里激起了深挚的同情而不是泛泛的怜悯，即使在以宣扬佛教因果思想的小说《冤魂志》中，这种同情依旧十分醒目。

突如其来的战火也毁掉了江陵丰富的藏书，其中就包括颜之推等人辛勤校订的书籍。丰富的藏书恰恰是南方先进文化的突出标志之一，“溥天之下，斯文尽丧”二句，概括了南朝文化在战乱中所遭受的厄运，表达出颜氏对故国文化遭受无情破坏的极大悲痛。在感慨人生多难的同时，颜之推尤其为故国文化遭到异族掠夺和破坏而感到痛心疾首：

> 若乃五牛之旌，九龙之路，土圭测影，璇玑审度，或先圣之规模，乍前王之典故，与神鼎而偕没，切仙弓之永慕。（《观我生赋》）

但作者最终还要面对个人的人生悲剧，即被俘入北、永离故土的命运。《北齐书》本传云：“后为周军所破。大将军李显庆重之，荐往弘农，令掌其兄阳平公远书翰。”《观我生赋》云：

> 小臣耻其独死，实有愧于胡颜，牵痾疻而就路，策驽蹇以入关……嗟飞蓬之日永，恨流梗之无还。

包羞忍耻，更兼沦落北地，颜之推内心的痛苦无以复加。“策驽蹇以入关”又似乎暗示着作者的命运从此坎坷不平。颜之推面对“不屈二姓”的气节问题，显然没有足够的勇气。祖父颜见远殉国之举是其最切近、最直接的榜样，但他在本朝沦亡时却选择生存而不是殉国，与乃祖相比之下，其心理压力和苦闷可以想见。这种内心的痛苦和负疚感一直伴随着颜氏后半生：

> 未获殉陵墓，独生良足耻。悯悯思旧都，恻恻怀君子。白发窥明镜，忧伤没余齿。（《古意二首》其一）

第二阶段：留滞北国。文宣帝天保七年（556）至隋开皇十年（590）。

颜之推在弘农只生活了一年多，在此期间南方梁朝仅是苟延残喘，表面上的君主更替只是某些野心家操纵的木偶戏。承圣三年（554）十一月，西魏杀梁元帝之后，王僧辩与陈霸先在建康奉晋安王萧方智承制。次年二月，萧方智即位，是为敬帝。三月，北齐遣上党王高涣送贞阳侯萧渊明来主梁嗣。《观我生赋》自注云：

> 齐遣上党王涣率兵数万，纳梁贞阳侯明为主。
>
> 梁武聘使谢挺、徐陵，始得还南；凡厥梁臣，皆以礼遣。
>
> 之推闻梁人返国，故有奔齐之心。

赋云：

> 返季子之观乐，释钟仪之鼓琴。窃闻风而清耳，倾见日之归心……譬欲秦而更楚，假南路于东寻，乘龙门之一曲，历砥柱之双岑。冰夷风薄而雷响，阳侯山载而谷沉，侔挈龟以凭浚，类斩蛟而赴深，昏扬舲于分陕，曙结缆于河阴，追风飚之逸气，从忠信以行吟。

颜氏入北是为战争所迫，事出无奈，北齐放还徐陵等梁朝使节的外交政策使颜之推心中燃起南归的希望，“假南路于东寻”的意图就是通过北齐境内返回梁朝。与此同时，一些被俘北上的江陵士大夫也努力寻找机会经齐返梁，《归心》篇云：“江陵高伟，随吾入齐。”由此可见，当时欲假路还南者，并不只颜氏一家。颜之推于北齐文宣帝天保七年（556），东奔北齐。《北齐书》本传云：“值河水暴长，具船将妻子来奔，经砥柱之险，时人称其勇决。”《观我生赋》自注云：“水路七百里，一夜而至。”颜氏更有《从周入齐夜度砥柱》一诗来抒发内心的兴奋与激动：

侠客重艰辛，夜出小平津。马色迷关吏，鸡鸣起戍人。露鲜华剑彩，月照宝刀新。问我："将何去？""北海就孙宾。"

尽管道路艰辛，危险重重，诗人还是果敢出行，心中涌动着即将南归的喜悦和期望，对命运的转折充满信心。可以设想，假如南归成功，颜氏内心的人生矛盾和痛苦会大大减轻，但是命运再一次发生突变，"至邺，便值陈兴而梁灭，故不得还南"（《观我生赋》自注）。之推南渡之心随着梁朝灭亡而彻底消亡，遂滞留北齐。《观我生赋》云：

遭厄命而事旋，旧国从于采芑；先废君而诛相，讫变朝而易市。遂留滞于漳滨，私自怜其何已。

南归不成的挫折使颜之推无法排遣内心的失望和痛苦，命运似乎跟他开了一个玩笑。由于这次奔齐之举，若干年后，北齐为北周所灭，颜之推被迫入周，与当年入西魏而"定居"下来的庾信、颜之仪等人相比，三为亡国之人的颜之推在人生经历上更多了一层痛苦，个中的无奈从此一直沉淀在心中。

颜之推入齐后，"显祖（高洋）见而悦之，即除奉朝请，引于内馆中，侍从左右，颇被顾眄"（《北齐书》本传）。加之"北方政教严切，全无隐退者"（《终制》篇），故不得已而出仕北齐，不得不适应新的生存环境和文化环境。

北齐最高统治者高氏，籍贯为渤海蓨县，本为汉人，但其思想意识与生活方式已经明显地鲜卑化。《北齐书》卷一《神武帝纪上》明确说："神武既累世（高谧、高树、高欢三世）北边，故习其俗，遂同鲜卑。"客观地讲，北齐最高统治者高氏为鲜卑化的汉人，北齐政权是由鲜卑化了的汉人和鲜卑民族中汉化程度最低的六镇军人建立的。这一政权出于对洛阳汉化鲜卑人的不满和对六镇鲜卑化集团利益的维护，大力提倡鲜卑文化，这是对北魏以来汉化政策的一大反动。而且，北齐的民族成见很深，具体表现为占据统治地位的鲜卑化人，反对、排斥和杀害汉人或汉化之人①。文宣帝高洋死后，子高殷即位。殷母李太后是汉族世族赵郡李氏之女。高殷本人“宽厚仁智”，有汉族士人之风，“文宣每言太子得汉家性质，不似我，欲废之，立太原王”（《北齐书》卷五《废帝纪》）。高洋对储君身上所谓“汉家性质”极为不满，最为直接地表现出高齐政权对汉族文化的反感和排斥态度，神武帝高欢妻匹娄氏甚至公开说：“岂可使我母子受汉老妪（指李太后）斟酌。”（《北齐书》卷三十四《杨愔传》）对汉族人的排挤溢于言表。这种顽固、保守的民族成见在北齐上层统治阶层中占据统治地位，最终引起政局不安。首先就是乾明元年（560）的宫闱政变：高殷即位不久，其叔常山王高演在鲜卑贵族贺拔仁、斛律光等人的拥护下，先矫诏诛杀汉族士大夫尚书令杨愔、尚书右仆射燕子献和侍中宋钦道。随后，太皇太后匹娄氏“令废帝为济南王……以大丞相、常山王演入纂大统”（《北齐书》卷五《废帝纪》）。这次宫闱之争实际上是北齐政权推行汉化与反对汉化的较量，其中鲜卑贵族力量占了上风。而推行汉化与反对汉化、汉族士人与鲜卑权贵之间的文化与政治的较量一直贯穿了北齐的历史。在这样的政治环境中，汉族士大夫显然处于劣势。颜氏所说的“北方政教严切”，除了指北方政治崇尚实用之外，也暗示出汉族士人生存的艰难。

天保十年（559）十月，文宣帝卒，太子高殷立，是为废帝。

---

① 参见万绳楠整理：《陈寅恪魏晋南北朝史讲演录》，黄山书社 1999 年 4 月版，第十八篇第一节《北齐的鲜卑化》。

但不到一年，就出现了上文所讲的宫廷政变，高殷被废。常山王高演自立，是为孝昭帝，年号为皇建。皇建二年十一月，高演卒。弟长广王高湛立，是为武成帝，年号为大宁。大宁二年改元河清（《北齐书》卷七《武成帝纪》）。

《北齐书》本传云："河清末，被举为赵州功曹参军，寻待诏文林馆。"据上述记载，可以推断，从文宣帝天保八年（557）至武成帝河清末（564—565 年），颜之推似应在北齐的中央政府任职，则这八年间，颜氏极有可能耳闻目睹了北齐乾明元年（560）的宫闱政变并有着自己的思考。《冤魂志》云：

> 文宣同母弟常山王演，在并州，权势甚重。因文宣山陵，留为录尚书事，王遂怒，潜生异计。上省之日，内外官僚，皆来奔集，即收缚乾明腹心尚书令杨遵彦等五人，皆为事状，奏斩之。寻废乾明而自立，是为孝昭帝。（《北齐文宣帝》）

这段故事记录了北齐乾明年间宫闱政变的大致经过，并揭示出政变的主谋就是高演，"潜生异计"和"皆为事状"奏斩杨愔等人的举动表现出高演的政治野心和强硬的手腕；同时，在这场排斥汉化的政变中，"内外官僚，皆来奔集"的局面，显示出北齐政治格局中鲜卑势力的强大。

与统治者推行鲜卑化政策相应的是，鲜卑语和胡书成为北齐社会的主流文化。不少汉族士大夫熟谙鲜卑语言、音乐、舞蹈、绘画，甚至以此作为仕进的捷径。如北齐重臣祖珽"自解弹琵琶"、"解鲜卑语"、"凡诸伎艺，莫不措怀，文章之外，又善音律，解四夷语"、"善为胡桃油以涂画"，以此结交鲜卑化权贵并在朝廷中获得很大权力（《北齐书》卷三十九《祖珽传》）。在这种风气的影响下，很多汉族士大夫出于投机钻营的目的学习鲜卑语言、文化：

> 齐朝有一士大夫，尝谓吾曰："我有一儿，年已十七，颇晓书疏，教其鲜卑语及弹琵琶，稍欲通解，以此伏事公卿，无不宠爱，亦要事也。"吾时俛而不答。异哉，此人之教子也！若由此业，自致卿相，亦不愿汝曹为之。（《教子》篇）

这种文化上的奴性意识和政治上的投机心理在北齐社会是一种普遍现象，在社会大环境中，汉族文化不断受到鲜卑文化多方面的冲击，这使颜之推入北之后必须面对文化困境有所应对。

颜之推入北后虽受到文宣帝高洋赏识、"颇被顾眄"，但北齐皇帝对南朝汉族士大夫的生活方式也有很多看不顺眼的地方。天保九年(558)，颜之推跟从高洋出巡，自晋阳北巡至祁连池，由于中书郎段孝信向文宣帝告发颜之推"营外饮酒"，文宣帝立即收回令颜之推为中书舍人的敕书(《北齐书》本传)，这个插曲无形中表明了崇尚实用的北齐皇帝对南方士族身上放达作风的不满。

此外，与梁朝皇室文雅风流相比，北齐诸帝大多本性荒淫、残忍、野蛮。以高洋为例，他在后期，"以功业自矜，遂留连耽湎，肆行淫暴"、"凡诸杀害，多令支解，或焚之于火，或投之于河"、"情有蒂芥，必在诛戮"、"素以严断临下，加之默识强记，百僚战栗，不敢为非，文武近臣朝不谋夕"(《北齐书》卷四《文宣帝纪》)。虽然高洋本人在政治上曾重用以杨愔、燕子献为代表的汉族士大夫，但是在用人过程中并不尊重这些士大夫的人格。

《北史》卷七《齐本纪中》云：

> 虽以杨愔为宰辅，使进厕筹。以其体肥，呼为杨大肚，马鞭鞭其背，流血浃袍……崔季舒托俳言曰："老小公子恶戏？"因掣刀子而去之。又置愔于棺中，载以辒车，几下钉

者数四。

杨愔在天保之朝身为宰辅大臣，尚被如此戏弄侮辱，其他士大夫的遭遇可想而知。在这样落后、野蛮、压抑的文化、政治环境中，为了生存，颜之推就必须不断改变自己的行为、调整自己的心态。因此，颜之推入北后的心态逐渐发生了很大变化。

河清四年(565)四月，武成帝禅位于太子高纬，是为后主，改年号为天统(《北齐书》卷八《后主纪》)。《北齐书》卷四十五《文苑传序》记："后主虽溺于群小，然颇好讽咏……初因画屏风，敕通直郎兰陵萧放及晋陵王孝式录古名贤烈士及近代轻艳诸诗以充图画，帝弥重之。后复追齐州录事参军萧悫、赵州功曹参军颜之推同入撰次，犹依霸朝，谓之馆客。"由本传"河清末，被举为赵州功曹参军，寻待诏文林馆"可知，颜之推在赵州任职时间不长，现将其调回邺城的时间暂系于天统二年(566)。

后主高纬即位后考虑到汉族士人对政府的不满，武平三年(572)二月起用汉族文人侍中祖珽为左仆射。同年，文林馆设立。这是当时文化上的一件大事，颜之推积极参与了设立文林馆的具体操作过程：

(萧)放及之推意欲更广其事，又祖珽辅政，爱重之推，又托邓长颙渐说后主，属意斯文。三年，祖珽奏立文林馆，于是更召引文学士，谓之待诏文林馆焉。(《北齐书》卷四十五《文苑传序》)

由此可知颜之推与萧放两人努力促成了祖珽奏立文林馆。《观我生赋》云："纂书盛化之旁，待诏崇文之里。"自注云："齐武平中，署文林馆，待诏者仆射阳休之、祖孝征以下三十余人，之推专掌，其撰《修文殿御览》、《续文章流别》等，皆诣进贤门奏之。"文人们编纂了《修文殿御览》、《续文章流别》等大型书籍，其文化意义不可低估。

其次，文林馆的设立还隐含着政治含义，它是汉族士人借以与鲜卑贵族抗衡的间接表现。针对鲜卑贵族造成的政治混乱，祖珽上台后，努力在政治上有所作为，其主要意图和任务就是削弱朝廷中鲜卑贵族为主体的恩倖群小：

> 自和士开执事以来，政体隳坏，珽推崇高望，官人称职，内外称美。复欲增损政务，沙汰人物……又欲黜诸阉竖及群小辈，推诚朝廷，为致治之方。（《北齐书》卷三十九《祖珽传》）

应该说，祖珽“增损政务，沙汰人物”的企愿代表了汉族士族希望削弱鲜卑贵族权利的心愿。在此情景下，汉族士人所掌控的文林馆成为反对和排斥鲜卑族的“隐形战线”：

> 及邓长颙、颜之推奏立文林馆，之推本意不欲令耆旧贵人居之，休之便相附会，与少年朝请、参军之徒同入待诏。（《北齐书》卷四十二《阳休之传》）

所谓“耆旧贵人”，殆指鲜卑贵族及鲜卑化的北齐贵族，而“少年朝请、参军之徒同入待诏”则指那些在文林馆中从事文学和文化活动的年轻汉族士大夫①。其中，萧悫与颜之推两人便是分别以齐州录事参军和赵州功曹参军的身份进入文林馆。“本意不欲令耆旧贵人居之”的主观意图也使文林馆不断吸收汉族士人，待诏文林馆的文人逐渐增加至五十余人，其中包括王劭、魏澹、薛道衡、卢思道、封孝琰、杜台卿、崔季舒、刘逖、李德林、辛德源、陆开明等人，皆汉族人士一时之选，基本囊括了北齐的文学才士，“当时操笔之徒，搜求略尽”（《北齐书》卷四十五《文苑传

① 参见缪钺：《颜之推年谱》，载《读史存稿》，生活·读书·新知三联书店，1963 年 3 月版。

序》)。客观地说,在待诏文林馆期间,颜之推表现出反对、抵制鲜卑化倾向的鲜明立场,在汉族文人与鲜卑贵族抗衡的过程中也起了很重要的作用。

在参与文林馆诸事的同时,颜之推仕宦也比较顺利,不仅得到后主的赏识,而且官职也有升迁,"时以通直散骑常侍迁黄门郎也"(《观我生赋》自注)、"待诏文林馆,除司徒录事参军"、"(之推)应对闲明,大为祖珽所重,令掌知馆事,判署文书。寻迁通直散骑常侍,俄领中书舍人。帝时有取索,恒令中使传旨,之推禀承宣告,馆中皆受进止。所进文章,皆是其封署,于进贤门奏之,待报方出"(《北齐书》本传)。这期间颜之推不仅参与文林馆的文化活动,而且与其他待诏文林馆的众多汉族士大夫,尤其是北方文人有着文学上的互相交流与切磋。在文学创作、鉴赏等多方面,对北方文人的审美趣味有了初步了解:

> 邢子才、魏收俱有重名,时俗准的,以为师匠。邢赏服沈约而轻任昉,魏爱慕任昉而毁沈约,每于谈谳,辞色以之。邺下纷纭,各有朋党。祖孝征尝谓吾曰:"任、沈之是非,乃邢、魏之优劣也。"
>
> ……
>
> 兰陵萧悫,梁室上黄侯之子,工于篇什。尝有《秋诗》云:"芙蓉露下落,杨柳月中疏。"时人未之赏也。吾爱其萧散,宛然在目。颍川荀仲举、琅邪诸葛汉,亦以为尔。而卢思道之徒,雅所不惬。(《文章》篇)

这些文字展现出北方文人对南朝文学的仰慕与学习以及南北不同的审美情趣,它们都客观地反映出南北朝后期文学交流的进程。

颜之推顺利的政治与文化生活并没有持续很长时间,因为这些汉族士人已深深地引起了鲜卑贵族的嫉恨。先是祖珽受到穆提婆、高阿那肱、韩长鸾等人的百方排挤,“诸宦者更共谮毁之,无所不至”(《北齐书》卷三十九《祖珽传》)、“祖孝征用事,则朝野翕然,政刑有纲纪矣。骆提婆等苦孝征以法绳己,谮而出之,于是教令昏僻,至于灭亡”(《观我生赋》自注)。武平四年(573)五月,祖珽解仆射,出为北徐州刺史。继而颜之推遭到了鲜卑贵族的打击,“时武职疾文人,之推蒙礼遇,每构创痏”(《观我生赋》自注)、“为勋要者所嫉,常欲害之”(《北齐书》本传)。《观我生赋》自注所云“武职疾文人”,深刻、真实地反映了北齐政权中武职与文人严重对立的事实。武职是指六镇军人出身的鲜卑化武官,其中,韩凤所代表的鲜卑化朝廷勋贵,大多出身武人,对汉人文官一直持排斥和打击态度:

> 凤于权要之中,尤嫉人士,崔季舒等冤酷,皆凤所为。每朝士谘事,莫敢仰视,动致呵叱,辄詈云:“狗汉大不可耐,唯须杀却。”若见武职,虽厮养末品亦容下之。(《北齐书》卷五十《恩幸传》)

鲜卑化的朝廷勋贵在政权中占主导地位,这就决定了他们对待文、武官员的态度有巨大的反差:接纳、容忍武职,排斥、杀戮文士。这种极为悬殊的态度和方式,表明北齐政权中文武之间的矛盾,实际是汉化与反汉化的矛盾。众多汉族士人待诏文林馆,以及颜之推所主张的“不欲令耆旧贵人居之”,无疑加剧了鲜卑武人与汉族文人的矛盾,带来新的较量与抗衡。武平四年祖珽被出之后,朝廷的军政大权重新回到鲜卑贵族手中,这些鲜卑勋贵即大肆杀戮“汉儿文官”,于是就有了崔季舒之难:

> 珽被出,韩长鸾以为珽党,亦欲出之。属车驾将适晋阳,季舒与张雕议:以为寿春被围,大军出拒,信使往还,须

禀节度；兼道路小人，或相惊恐，云大驾向并，畏避南寇；若不启谏，必动人情。遂与从驾文官连名进谏……长鸾遂奏云："汉儿文官连名总署，声云谏止向并，其实未必不反，宜加诛戮。"帝即召已署表官人集含章殿，以季舒、张雕、刘逖、封孝琰、裴泽、郭遵等为首，并斩之殿庭，长鸾令弃其尸于漳水。（《北齐书》卷三十九《崔季舒传》）

《北齐书》卷八《后主纪》云：（武平四年冬十月）"杀侍中崔季舒、张雕虎，散骑常侍刘逖、封孝琰，黄门侍郎裴泽、郭遵"。六人中，崔、张、刘、封四人待诏文林馆。

在崔季舒等人遇害的同时，颜之推亦险些遇难。《北齐书》本传称："崔季舒等将谏也，之推取急还宅，故不连署。及召集谏人，之推亦被唤入，勘无其名，方得免祸。"《观我生赋》自注云："侍中崔季舒等六人以获诛，之推尔日邻祸而免。"这一次鲜卑贵族、武人与汉族文人士大夫之间的抗衡最终以汉族士大夫遭到排挤、杀戮告终。如果说，560 年高殷被废、高演自立的事件中，颜之推还是旁观者、局外人的话，那么，573 年崔季舒等六人被害，颜之推就已是亲历目击，只不过幸免于难罢了。这次遭遇使颜之推切身体会到北齐鲜卑化政权的野蛮性和落后性，他在《观我生赋》中斥责韩凤之流为"佞臣"和"狄牙"，厌恶、痛恨之情溢于言表。

祖珽被出、汉族文人被沉重打击之后，北齐统治核心形成清一色的鲜卑化格局。穆提婆、高阿那肱、韩长鸾等人"损国害政，日月滋甚"（《北齐书》卷五十《恩幸传》）。后主高纬昏庸骄纵奢丽，不理政务，导致北齐后期政治混乱、国家经济命脉几近崩溃："赋敛日重，徭役日繁，人力既殚，帑藏空竭。"（《北齐书》卷八《后主纪》）在此情况下，颜之推提出立关市邸店之税以改

善国家财政收入的建议:

> 武平之后,权幸并进,赐与无限,加之旱蝗,国用转屈。乃料境内六等富人,调令出钱。而给事黄门侍郎颜之推奏请立关市邸店之税,开府邓长颙赞成之,后主大悦。(《隋书》卷二十四《食货志》)

《北齐书》卷八《后主纪》载高纬于武平六年(575)闰八月,“以军国资用不足,税关市、舟车、山泽、盐铁、店肆,轻重各有差”。则知颜之推当于是年提出以上建议。

北齐后期高纬溺于群小,国家陷入混乱局面,北周武帝宇文邕便趁机消灭北齐。武平六年(575)八月,“周师入洛川,屯芒山,攻逼洛城,纵火船焚浮桥,河桥绝”(《北齐书》卷八《后主纪》)。而北齐“军国资用不足”已无力抵抗周师。次年,周师攻晋州,后主高纬却带着冯淑妃狩猎,在晋阳“大狩祁连池”。同年十月十一日,晋州战事告急,“晋州频遣驰奏,从旦至午,驿马三至”,而右丞相高阿那肱云:“大家正作乐,何急奏闻。”并主张“勿战”。当晚平阳城被周师攻克。次日,高纬欲从祁连池早还晋阳,而“淑妃又请更合一围(围猎)”。(《北齐书》卷五十《恩幸传》)十二月,周师与齐师战于晋州城南,齐军大败,“帝弃军先还”,忧惧不知所出,“乃留安德王延宗、广宁王孝珩等守晋阳。若晋阳不守,即欲奔突厥”,高纬甚至“欲向北朔州”。并改武平七年为隆化元年,以高阿那肱、广宁王孝珩等数十人同行还邺。入邺,“引高元海、宋士素、卢思道、李德林等,欲议禅位皇太子”。(《北齐书》卷八《后主纪》)

隆化二年(577)春,年仅八岁的幼主高恒即位,改元承光,尊高纬为太上皇。在北齐存亡之际,颜之推提出奔陈之策:“于是黄门侍郎颜之推、中书侍郎薛道衡、侍中陈德信等劝太上皇帝往河外募兵，更为经略，若不济，南投陈国，从之。”（《北齐书》卷八《幼主纪》）客观说来，南北朝后期由于政治原因，南朝士族入北或北朝士族投南已不是偶然现象，即使薛道衡等北齐本土文人也赞成“南投陈国”。同时，奔陈之策既是颜之推为北齐统治者寻求的一条生路，又是对他个人返回南方的一条捷径，个中动机是可以理解的。《北齐书》本传记之推“因宦者侍中邓长颙进奔陈之策，仍劝募吴士千余人以为左右，取青、徐路共投陈国。帝甚纳之，以告丞相高阿那肱等。阿那肱不愿入陈，乃云：‘吴士难信，不须募之。’劝帝送珍宝累重向青州，且守三齐之地，若不可保，徐浮海南渡。虽不从之推计策，然犹以为平原太守，令守河津”。《观我生赋》自注更详细地记录高阿那肱狡诈通敌：

> 丞相高阿那肱等不愿入南，又惧失齐主，则得罪于周朝，故疏间之推。所以齐主留之推守平原城，而索船度济向青州。阿那肱求自镇济州，乃启报应齐主云：“无贼，勿匆匆。”遂道周军追齐主而及之。

周军迅速南下，北齐后主于青州为周将尉迟纲所获，并太后、幼主俱送长安（《北齐书》卷八《幼主纪》）。

齐亡之后，周武帝宣政元年(578)，颜之推、阳休之等十八人同征、赴长安①：

> 周武平齐，（阳休之）与吏部尚书袁聿修、卫尉卿李祖钦、度支尚书元修伯、大理卿司马幼之、司农卿崔达拏、秘书监源文宗、散骑常侍兼中书侍郎李若、散骑常侍给事黄门侍郎李孝贞、给事黄门侍郎卢思道、给事黄门侍郎颜之推、通直散骑

① 颜氏等人入长安时间当为周武帝宣政元年(578)，而非北齐幼主承光元年(577)，参见本书所附《颜之推年谱》。

常侍兼中书侍郎李德林、通直散骑常侍兼中书舍人陆乂、中书侍郎薛道衡、中书舍人高行恭、辛德源、王劭、陆开明十八人同征,令随驾后赴长安。(《北齐书》卷四十二《阳休之传》)

其中,陆乂、王劭、卢思道、薛道衡、陆开明、李德林、辛德源、阳休之与颜之推等九人都曾待诏文林馆,可以说,北齐较有成就的文人都已囊括在内,尤其卢思道、薛道衡二人日后成为隋朝文学的主要代表作家。卢思道、阳休之曾作《听鸣蝉篇》(《隋书》卷五十七《卢思道传》),之推亦作有《和阳纳言听鸣蝉篇》(《初学记》卷三十)。同时,卢诗、颜诗均有"长安城里帝王州"、"城中帝皇里"之句,当知作于入长安之后。按《北齐书》卷四十二《阳休之传》记休之入周后"寻除开府仪同,历纳言、中大夫、太子少保",颜诗题云"和阳纳言"则知《听鸣蝉篇》是入周不久所作。颜之推借诗歌抒发奔陈之策不被后主采纳的痛惜和不满:"讵用虞公立国臣,谁爱韩王游说士?"北齐灭亡,颜之推继"在扬都,值侯景杀简文而篡位;于江陵,逢孝元覆灭"之后,"三为亡国之人",内心异常苦闷、彷徨,"鸟焚林而铩翮,鱼夺水而暴鳞,嗟宇宙之辽旷,愧无所而容身"(《观我生赋》)、"红颜宿昔同春花,素鬓俄顷变秋草。中肠自有极,那堪教作转轮车"(《和阳纳言听鸣蝉篇》)。

入周之后,颜之推没有像阳休之等人很快在新朝中立足,《北齐书》本传云:"大象末为御史上士。"就是说,直到大象二年(580),颜之推才步入仕途。这意味着从周武帝建德七年(578),到静帝大象二年之间有三年间时间颜之推未入仕新朝,度过了一段相对困顿的平民生活:

邺平之后,见徙入关。思鲁尝谓吾曰:"朝无禄位,家无积财,当肆筋力,以申供养。每被课笃,勤劳经史,未知为子，可得安乎?”吾命之曰：“子当以养为心，父当以学为教。使汝弃学徇财，丰吾衣食，食之安得甘？衣之安得暖？若务先王之道，绍家世之业，藜羹缊褐，我自欲之。”(《勉学》篇)

颜氏此时“朝无禄位，家无积财”，毫无政治、经济优势，生存成了一大难题。但在困境中，颜之推尤其注重培养家族的文化优势，固守“父当以学为教”的信念，坚决反对“弃学徇财”。在“学”与“财”的对比中，将代表文化优势的“学”摆在了更重要的位置上，强调学习具有“务先王之道，绍家世之业”的巨大现实意义，体现出儒家思想对其的深刻影响和颜氏家族“以儒雅为业”(《诫兵》篇)的家族传统。正因其在逆境中犹注重家学，颜氏后代才会出现颜师古这样的大学者。在这段安于清贫、勤劳经史的时间中，颜之推对自己的人生进行了痛苦而深刻的反思，写出了《观我生赋》。

大象末年，颜之推做御史上士的时候，大丞相杨坚已实际掌握着北周的国家大权。他于581年废周静帝而自立，是为隋文帝，年号为开皇。

由于隋初政治、社会相对稳定，颜之推入隋后，主要精力都放在文化事业上。《书证》篇云：“开皇二年五月，长安民掘得秦时铁称权，旁有铜涂镌铭二所……其书兼为古隶。余被敕写读之，与内史令李德林对。”同年，颜之推曾就改革朝廷礼乐之事上书文帝：

开皇二年，齐黄门侍郎颜之推上言：“礼崩乐坏，其来自久。今太常雅乐，并用胡声，请冯梁国旧事，考寻古典。”高祖不从，曰：“梁乐亡国之音，奈何遣我用邪?”(《隋书》卷十四《音乐志》)

颜之推建议隋朝采用“梁国旧事”革新太常雅乐，表现出对故国礼乐文化的推崇，同时也对隋朝礼乐以“胡声”为主的特点表示不满，但是杨坚并不接受南朝礼乐。颜之推一生经历南北，对因地域因素造成的语言差异较有研究，《音辞》篇即展示出其深厚的音韵学功底。之推入隋后常与陆法言等人共同研究音韵学：

> 昔开皇初，有仪同刘臻等八人同诣法言门宿。夜永酒阑，论及音韵……因论南北是非，古今通塞，欲更捃选精切，除削疏缓，萧、颜多所决定。（陆法言《切韵序》）

其中，“刘臻等八人”是指刘臻、颜之推、魏渊、卢思道、李若、萧该、辛德源和薛道衡（《广韵》卷首）；“萧、颜多所决定”，即指萧该与颜之推对诸人的观点进行汇总，最终形成较为成熟的观点。除此之外，在史学方面颜之推也有所作为。他曾在开皇初奉敕与魏澹、辛德源更撰《魏书》：

> 齐天保二年，敕秘书监魏收博采旧闻，勒成一史……于是大征百家谱状，斟酌以成《魏书》，上自道武，下终孝靖，纪传与志凡百三十卷……世薄其书，号为秽史。至隋开皇，敕著作郎魏澹与颜之推、辛德源更撰《魏书》，矫正收失。（《史通》卷十二《古今正史》篇）

开皇三年（583），隋朝与陈朝进行文化交流，颜之推奉命接待陈朝使者阮卓：

> 至德元年（即隋开皇三年），入为德教殿学士。寻兼通直散骑常侍，副王话聘隋。隋主夙闻卓名，乃遣河东薛道衡、琅邪颜之推等，与卓谈宴赋诗，赐遗加礼。（《陈书》卷三十四《阮卓传》）

颜之推虽生于南朝，在接待陈朝文人时，因其诗歌方面的才华逊于薛道衡，故名列其后。

颜之推还参加了隋初历法的修订工作。《省事》篇记载：

“前在修文令曹，有山东学士与关中太史竞历，凡十余人，纷纭累岁，内史牒付议官平之。”据《隋书》卷十七《律历志》记载，张宾等依何承天法造新历，开皇四年(584)二月奏上，文帝下诏颁行。刘孝孙与冀州秀才刘焯并称其失，言学无师法，刻食不中，所驳凡有六条。于时新历初颁，张宾有宠于文帝，刘晖附会之，升为太史令，二人叶议，共短刘孝孙，言其非毁天历，率意迂怪，刘焯又妄相扶证，惑乱时人，孝孙、焯等竞以他事斥罢。其后争论历法，绵历十余年，之推亦曾参加讨论。关于这次争论历法的时间，历来有异议。清赵曦明注《家训》“修文令曹”句，引《北齐书》颜之推本传河清末待诏文林馆，以为之推在北齐时事。缪钺认为此说甚误：“盖北齐一代，既无竞历之事，且内史乃隋代官名也。”并进一步指出刘孝孙、刘焯、张胄玄等人籍贯分别是：广平、信都昌亭、勃海蓨县。与颜之推所言“山东学士与关中太史竞历”相合。缪氏还指出此次“竞历”之事，短期内并未能解决。至开皇十四年(594)，文帝下诏褒扬张胄玄，颁行新历，罢免刘晖等，命胄玄为太史令，“竞历”之事以“山东学士”更为科学的新历取胜告终。

开皇九年(589)正月，隋朝灭陈朝，自此结束了从东晋以来的二百七十余年的南北分裂的历史。《风操》篇有“今日天下大同”之语，《终制》篇有“今虽混一”之句，则知《家训》的写作一直持续到隋朝一统天下。

颜之推卒年，史无明文记载，故存在争议。《北齐书》本传仅曰：“隋开皇中，太子召为学士，甚见礼重。寻以疾终。”《终制》篇云：“吾已六十余，故心坦然，不以残年为念。”缪钺《颜之推年谱》据此推断之推“卒时六十余岁，约在开皇十余年中”。曹家琪《颜之推卒年与〈颜氏家训〉之纂定、结衔》则对颜之推卒年提出异议。曹氏据《隋书》卷十七《律历志》所载:“至十七年,胄玄历成,奏之。上付杨素等校其短长。”提出:“《家训》纂定成书及之推卒年,皆当在开皇十七年(597)夏四月戊寅(据《隋书·高祖纪》)之后。开皇十七年之推年六十七岁。”

本书作者认为,推断颜之推卒年,《北齐书》本传记颜之推在开皇中被太子召为学士之后“寻以疾终”,是一条不应忽视的线索。首先,《北齐书》作者李百药对颜之推和《家训》都比较熟悉。李百药系北齐文人李德林之子,李德林与颜之推曾共同待诏文林馆,齐亡,又同入长安,颜之推可以说是李百药丈人行。《北齐书》中部分人物,如琅邪王高俨、田鹏鸾的传记很大程度上借鉴了《家训》中《教子》、《勉学》等篇章。《北齐书》有关颜之推卒年的记载虽然含糊,但还是可信的。其次,隋开皇年号始于581年,终于600年,共二十年,据《北齐书》本传记载可知颜之推卒年不可能距离开皇十年太远。曹氏所言“卒于开皇十七年”已属开皇后期,与《北齐书》本传出入较大。最后,曹氏所言“卒于开皇十七年”是根据《省事》篇形容竞历之事“纷纭累岁”、“寒暑烦劳,背春涉冬”,断定“自十四年至十七年又阅三岁,之推亲见其事之结果”。须知颜之推所云“纷纭累岁”者有一定的文学手法,未必具体指竞历的时间过程,曹氏所论有牵强之处。所以,在颜之推卒年问题上,本书沿袭缪说。

纵观颜之推一生,数经陵谷之变,三为亡国之人,身历梁、西魏、北齐、北周和隋五朝,可谓“身婴世难,间关南北”①。以在北

① 《明万历甲戌颜嗣慎刻本序跋·重刻颜氏家训序》,转引自王利器:《颜氏家训集解(增补本)》,中华书局,1993年12月版,第616页(下引此书,版本皆同)。

齐出仕的时间最长,共二十余年。不过,由于北齐朝廷推行的大鲜卑主义政策对汉族士大夫屡加打击和杀戮,颜之推本人仅得免祸而已。可以说,颜之推生活在一个充斥着残酷的战争和宫廷政变、伴随着南北文化的交流和碰撞的特殊时代。屡事新朝,每一次朝代更迭,都让他体会一次亡国之痛。晚年回顾自己的坎坷人生,颜之推内心不无辛酸、感慨:

> 吾年十九,值梁家丧乱,其间与白刃为伍者,亦常数辈;幸承余福,得至于今。古人云:"五十不为夭。"吾已六十余,故心坦然,不以残年为念。(《终制》篇)

所谓内心坦然是训诱子孙时故作超脱之语,三为亡国之人的痛苦经历使其内心充满强烈的悔恨和自责,是难以用理智来化解、消除的:

> 予一生而三化,备荼苦而蓼辛,鸟焚林而铩翮,鱼夺水而暴鳞,嗟宇宙之辽旷,愧无所而容身。夫有过而自讼,始发矇于天真,远绝圣而弃智,妄锁义以羁仁,举世溺而欲拯,王道郁以求申。既衔石以填海,终荷戟以入榛,亡寿陵之故步,临太行以逡巡。向使潜于草茅之下,甘为畎亩之人,无读书而学剑,莫抵掌以膏身,委明珠而乐贱,辞白璧以安贫,尧、舜不能荣其素朴,桀、纣无以污其清尘,此穷何由而至,兹辱安所自臻?而今而后,不敢怨天而泣麟也。(《观我生赋》)

颜之推认为自己的人生之困顿多艰与亡国之辱是密切相连的,数遭陵谷之变的命运使其早离故土、失去故国,心灵的失落感是空前的。其内心深处的屈辱、压抑、困顿和无奈积压已久,最终化成一种极端的自责,甚至根本否定了自己的人生道路和人生价值。而且,险恶的生存环境和极其坎坷的人生也使颜之推的思想矛盾重重，心灵逐渐由单纯变得复杂甚至扭曲，这一点在第三节还有论述。

第二节　“世以儒雅为业”与“家世归心”
——颜之推的儒释思想及儒释一体论

颜氏家族具有浓重的儒释思想，就儒家思想而言，本乎颜回，其来久矣，“颜氏之先，本乎邹、鲁，或分入齐，世以儒雅为业，遍在书记”，颜之推尤其以“复圣”颜回为骄傲，甚至自豪地说：“仲尼门徒，升堂者七十有二，颜氏居八人焉。”（《诫兵》篇）同时，“家世归心”（《归心》篇）折射出颜氏家族早在萧梁之前已有信仰佛教的家族传统，其中以刘宋颜延之最为著名。据陆澄《法论目录》记载，颜延之著有《通佛影迹》、《妄书禅慧宣诸弘信》、《与何彦德论感果生灭》、《离识观》、《论检》等论佛文章。今存文章有《释何衡阳达性论》与《重释》、《又释》三篇，主张“精良必在”，并宣扬“施报之道”。除撰文维护佛教观点外，颜延之本人还有着很高的佛学素养和论辩才能：

> 时颜延之著《离识观》及《论检》。帝命严辩其同异，往复终日。帝笑曰：“公等今日，无愧支、许。”（《高僧传》卷七《慧严传》）

> 上使问（周）续之三义，续之雅仗辞辩，延之每折以简要。既连挫续之，上又使还自敷释，言约理畅，莫不称善。（《宋书》卷七十三《颜延之传》）

“三义”盖指白黑论、形神因果以及顿悟、渐悟问题，为元嘉佛教义学的主要内容。支、许之誉和“言约理畅，莫不称善”，都反映出颜延之的高超辩才。此外，他在《庭诰》中称佛教“以治心为先”、“治心之术，必辞亲偶，闭身性，师净觉，信缘命。所以反壹为生，克成圣业，智邈大明，志狭恒劫，此其所贵”。凡此种种奠定了佛教思想对颜氏后人的影响。“世以儒雅为业”与“家世归心”表明这个家族中儒释思想并存不碍，这也是南朝士族的普遍现象。

颜之推对儒释思想兼收并蓄，并不意味着这两种思想对颜氏本人的影响力是等同的。事实上，在颜之推思想当中，儒家思想仍是主导思想，影响、决定了他的人生观、价值观，并成为《家训》的主导思想。佛教思想则是对其认识宇宙、人生的补充、开拓，对其人生起着辅助作用。

既为“复圣”颜回之后，颜氏家族无论是心理上还是思想上对儒家修身、齐家、治国、平天下的传统思想都非常热诚。《北齐书》本传记“世善《周官》、《左氏》，之推早传家业”。而且，颜氏家族非常注重用儒家思想教育后人，形成了“素为整密”（《序致》篇）的家风。这既有梁朝儒学兴盛的外在因素，也有颜氏家族对儒家思想的吸收和发展的内在因素。

南朝思想一方面上承魏晋余风，崇尚老庄哲学和佛家思想为代表的思辨哲学，高门华胄依旧热衷有关玄言、佛理的清谈；另一方面儒家思想并没有消歇，而是在南朝重新兴盛起来。《宋书》卷九十三《雷次宗传》记元嘉十五年（438）立儒、玄、史、文四馆，《南史》卷三《宋本纪下》记明帝泰始六年（470），立总明观，置东观祭酒，分儒、道、文、史、阴阳五部学，儒学和文学都为官方承认。降及有梁，武帝萧衍更是积极推行儒家思想：“修饰国学，增广生员，立五馆，置《五经》博士”（《梁书》卷三《武帝纪下》）、“诏求硕学，治五礼”、宣称“建国君民，立教为首，砥身砺行，由乎经术”、“于是皇太子、皇子、宗室、王侯始就业焉”。

(《梁书》卷四十八《儒林传序》)萧衍本人更是身体力行，著有《制旨孝经义》、《周易讲疏》、《乐社义》、《毛诗答问》、《春秋答问》、《尚书大义》、《中庸讲疏》、《孔子正言》等文章，以期“正先儒之迷，开古圣之旨”(《梁书》卷三《武帝纪下》)。与皇室提倡并热衷儒学相应，民间也是“穆穆恂恂，家知礼节”、“趋学向风”，涌现出伏曼容、何佟之、严植之、贺玚、皇侃等儒学大家。可以说“南朝的儒学在梁代最为兴盛”①。

值得注意的是，梁朝儒学有两大特点：一是有梁一代的儒家学者大多兼善玄学，玄礼双修，儒林中出现了很多既专攻儒家经典又涉猎道家经典的通儒，像何佟之那样专精儒学的纯儒较少。《梁书》卷四十八《儒林传》中伏曼容、严植之、卞华与太史叔明四位名儒都兼善玄学，周舍、周弘正伯侄在当时虽以儒学见称，其学术也带有明显的玄学化特点。他们以玄注儒，研究和传播的《孝经》、《论语》，实际上是玄学化的儒家经典②。梁朝儒学的另一特点是礼学发达，擅长三礼的儒家学者辈出。周一良曾撰文指出：

> 据日本藤川正数氏《魏晋时代丧服礼之研究》的统计，晋朝开始有号称精于三礼的学者，南北朝时擅长三礼的学者辈出。《梁书·儒林传》所收二十二人，除专长不明的三人以外，十九人中精于三礼的学者有十二人……《隋书·经籍志》经部著录的书共六百二十七种，而礼这部分占有一百三十六种。其中关于《仪礼》全书的很少，而关于《仪

① 曹道衡、沈玉成：《南北朝文学史》，人民文学出版社，1998 年 6 月版，第一章第一节《南朝的社会和文化》。

② 参见唐长孺：《魏晋南北朝隋唐史三论》，武汉大学出版社，1998 年 12 月版，第二篇第四章第一节《东晋南朝的学风》。

礼》中《丧服》这一篇的，却有四十八种之多。(《魏晋南北朝史论集》下编《论梁武帝及其时代》)

《梁书》卷四十八《儒林传》中范缜"尤精《三礼》"、严植之"精解《丧服》……及长，遍治郑氏《礼》"、"撰《凶礼仪注》四百七十九卷"、贺玚父子"善三礼"、崔灵恩有《集注周礼》四十卷和《三礼义宗》四十七卷、孔佥"尤明《三礼》"，梁朝礼学发达可见一斑。对于故国兴盛的礼学研究，颜之推曾不无感慨："昔在江南，目能视而见之，耳能听而闻之；蓬生麻中，不劳翰墨。"(《风操》篇)南朝儒学，尤其是梁朝《三礼》之学发达的主要原因在于：丧服和家族道德规范密切联系，起着亲族法的作用，礼学备受士族重视。

颜氏家族"世善《周官》"，对《周礼》有着很深的造诣。加上梁朝《三礼》之学兴盛，之推本人的学术兴趣由《周礼》转向《礼记》："还习《礼》、《传》"(《北齐书》本传)，研究重点由宏大的国家官制体系转向士族的日常礼仪。《家训》一书除多处引用《礼经》外，《风操》篇更专门探讨了士族家族内部关于丧服、避讳等诸多礼仪：

凡避讳者，皆须得其同训以代换之。

今人避讳，更急于古。凡名子者，当为孙地。吾亲识中有讳襄、讳友……交疏造次，一座百犯，闻者辛苦，无憀赖焉。

昔者，王侯自称孤、寡、不穀，自兹以降，虽孔子圣师，与门人言皆称名也。后虽有臣仆之称，行者盖亦寡焉。江南轻重，各有谓号，具诸《书仪》；北人多称名者，乃古之遗风，吾善其称名焉。

凡亲属名称，皆须粉墨，不可滥也。

凡宗亲世数，有从父，有从祖，有族祖。

古者，名以正体，字以表德，名终则讳之，字乃可以为孙氏。

此外，《风操》篇中还有一部分记载有关丧服的文字，讲述在家族内部与家族之间，与丧服有关的种种礼节，目的不仅在于提倡孝道，更在于强调家族间的交往、区别亲戚间的亲疏关系：

《礼·间传》云："斩缞之哭，若往而不返；齐缞之哭，若往而返；大功之哭，三曲而偯；小功缌麻，哀容可也，此哀之发于声音也。"《孝经》云："哭不偯。"皆论哭有轻重质文之声也。

江南凡遭重丧，若相知者，同在城邑，三日不吊则绝之；除丧，虽相遇则避之，怨其不己悯也。有故及道遥者，致书可也；无书亦如之。北俗则不尔。江南凡吊者，主人之外，不识者不执手；识轻服而不识主人，则不于会所而吊，他日修名诣其家。

江左朝臣，子孙初释服，朝见二宫，皆当泣涕；二宫为之改容。颇有肤色充泽，无哀感者，梁武薄其为人，多被抑退。裴政出服，问讯武帝，贬瘦枯槁，涕泗滂沱，武帝目送之曰："裴之礼不死也。"

从《风操》篇一文可以看出，士大夫不仅要遵守家族内部的宗亲原则，明了宗亲世数、亲属避讳等细则，还要注意在家族交往为代表的社会活动中的诸多礼仪。前者以血缘宗法为基础，强调遵守家族内部严格的等级秩序。后者以士大夫生存的社会性为基础，强调人的社会性与交往性。当然，强调人的社会性与个体人格的完善，颜之推在认识论上便突出学习的重要性，这就产生了《勉学》篇有关论点，后有详述。

颜之推二十四岁入北，在北齐生活的时间最长，但北齐的学术风气远逊于梁朝，北齐的儒学落后的一个重要原因是北齐统治集团“多骄恣傲狠，动违礼度”、不尚学术：

> 夫帝子王孙，禀性淫逸，况义方之情不笃，邪僻之路竞开，自非得自生知，体包上智，而内有声色之娱，外多犬马之好，安能入便笃行，出则友贤者也。徒有师傅之资，终无琢磨之实。（《北齐书》卷四十四《儒林传序》）

客观地讲，北齐文宣、武成、后主诸帝虽曾提倡儒学，但其文化取向有着很深的鲜卑化倾向，除废帝高殷“颇自砥砺，以成其美”之外，其他皇室成员在儒学上既无兴趣，也无造诣，更谈不上自觉用儒家礼仪约束自己。这与儒学造诣较为深厚的梁武帝父子形成了鲜明对比。同时，北齐儒学也毫无实力可言，“国学博士徒有虚名，唯国子一学，生徒数十人耳”（《北齐书》卷四十四《儒林传序》）。

客观地看，萧梁与北齐代表了南北文化思想之间的差异、悬殊，这决定了梁朝文化，尤其是儒家思想对颜之推及《家训》的影响更为直接、深远。同时，入北之后生存艰难，颜之推只有尽可能发挥儒家“立身扬名”的积极入世思想方可保持门第不衰，即使在北齐灭亡后，陷入“朝无禄位，家无积财”的困顿境地，颜之推仍旧坚持“务先王之道，绍家世之业”（《勉学》篇），其中既有固守儒家传统的可贵的一面，也有凭借儒家思想、文化以图生存发展的一面。

受儒家积极入世的传统思想影响，颜之推执著追求“素业”，大力宣扬“务先王之道，绍家世之业”、“当博览机要，以济功业”（《勉学》篇）和“直运素业”（《杂艺》篇），一再勉励子孙“立身扬名”（《序致》篇）、“修善立名”（《名实》篇）和“传业扬名"(《终制》篇)。大力抨击"周、孔之业,弃之度外"(《勉学》篇)、"违弃素业,徼幸战功"(《诫兵》篇)等违背儒家价值取向的思想、行为。从本质上讲,《家训》"整齐门内,提撕子孙"的主旨,就是将儒家思想作为家族生存的精神支柱和家族延续的重要传统。具体言之,儒家传统思想表现在《家训》教育、伦理、文学、艺术、礼学、为人处世等多个方面。

儒家思想非常注重人伦,《家训》尤其注意父子、兄弟、夫妻三伦:

> 夫有人民而后有夫妇,有夫妇而后有父子,有父子而后有兄弟:一家之亲,此三而已矣。自兹以往,至于九族,皆本于三亲焉,故于人伦为重者也,不可不笃。(《兄弟》篇)

可以说,儒家伦理思想就是《家训》"整齐门内"的指导思想,书中《教子》、《兄弟》、《后娶》等篇从不同角度、不同程度地涉及夫妇、父子、兄弟三伦。其中,前两篇较为直接地从父子(纵)与兄弟(横)两个角度宣扬儒家的伦理思想:"父母威严而有慈"、"父子之严,不可以狎;骨肉之爱,不可以简"(《教子》篇),"友悌深至"、"二亲既殁,兄弟相顾,当如形之与影,声之与响"(《兄弟》篇)。这两篇文章实际上强调了血缘关系对家庭乃至家族的重要性,自觉以孝悌观念加强家族内部的联系,维持家族的发展。此外,《风操》篇讲授的大量家族礼仪实际上也是儒家伦理思想的间接体现,此不赘述。

由于身处乱世,颜之推自觉以儒家谦退、少欲、知足的处世哲学约束家族成员的物质、政治欲望,力求避免欲望膨胀而招致祸患:

> 君子当守道崇德,蓄价待时,爵禄不登,信由天命。(《省事》篇)

《礼》云:“欲不可纵,志不可满。”宇宙可臻其极,情性不知其穷,唯在少欲知足,为立涯限尔。(《止足》篇)

天地鬼神之道,皆恶满盈。谦虚冲损,可以免害。人生衣趣以覆寒露,食趣以塞饥乏耳。形骸之内,尚不得奢靡,己身之外,而欲穷骄泰邪? ……常以二十口家,奴婢盛多,不可出二十人,良田十顷,堂室才蔽风雨,车马仅代杖策,蓄财数万,以拟吉凶急速,不啻此者,以义散之;不至此者,勿非道求之。(同上)

其中,颜之推提倡“君子当守道崇德,蓄价待时”、“以义散之”、“勿非道求之”,就是主张以儒家的道德修养节制私人欲望。对士大夫来讲,个体欲望主要表现在家族的物质生活、婚姻大事以及仕途的升迁。颜之推由此告诫后人不能过分追求物质利益和政治权势,一定避免“满盈”而要为生存留有余地。因此,颜之推提出家族联婚以“婚姻素对”(《治家》篇)为重,家族生活不尚奢靡,“仕宦称泰,不过处在中品”(《止足》篇)而已。

儒家注重文学社会功能的观念也深深地影响了颜之推的文学思想,他将文章的实用价值置于首位:

夫文章者,原出《五经》:诏命策檄,生于《书》者也;序述论议,生于《易》者也;歌咏赋颂,生于《诗》者也;祭祀哀诔,生于《礼》者也;书奏箴铭,生于《春秋》者也。朝廷宪章,军旅誓诰,敷显仁义,发明功德,牧民建国,施用多途。至于陶冶性灵,从容讽谏,入其滋味,亦乐事也。行有余力,则可习之。(《文章》篇)

颜之推更重视“牧民建国,施用多途”的社会教化功用,“陶冶性灵”或“标举兴会”等抒情功能显然居于次要地位。颜氏甚至将文学的抒情性与文人性格、命运简单、绝对等同起来,认为文学的抒情性质极易导致文人忽视操守、竞进浮躁，即“自古文人，多陷轻薄”，对上自屈原、宋玉，下至南朝宋齐间谢灵运、颜延年、谢朓诸多文人都加以否定，片面发挥了儒家文学观中的功利思想，其文学观有着狭隘、偏颇的缺陷。

梁朝儒学兴盛、颜氏家族与儒家思想的特殊关系等因素使颜之推尊崇儒家思想并有着深厚的儒学功底。然而入北后，北齐“政教严切，全无隐退者”的生存环境和颜氏家族“骨肉单弱，五服之内，傍无一人，播越他乡，无复资荫”（《终制》篇）的生存危机，这些因素从内外两方面迫使颜之推对儒家思想有所发挥和改变，这在《勉学》篇中表现得非常突出。《勉学》篇上承《荀子·劝学》的重学思想，强调学习的重要性。但与先秦儒家从义理的角度论述学习的意义不同，《勉学》篇注重从士大夫个体生存的角度阐述学习的重要性：

> 有学艺者，触地而安。自荒乱已来，诸见俘虏。虽百世小人，知读《论语》、《孝经》者，尚为人师；虽千载冠冕，不晓书记者，莫不耕田养马。以此观之，安可不自勉耶？

若在东晋门阀时代，世族子弟即便胸无点墨，也终不至沦落到“耕田养马”的地步。但到了颜之推的时代就大不一样了，南北朝政权频繁更迭，士族阶层已经衰败，士大夫多无学术，“求诸身而无所得，施之世而无所用”（《勉学》篇），在乱离之中毫无优势可凭。颜氏清醒地认识到士族已经逐步失去生存的优势，特别强调学习对士大夫的生存状况具有重大意义：即使“百世小人”，倘能努力学习、饱读诗书，亦可获得文化优势，跻身为“劳心者”。

毋庸讳言，颜之推“若能常保数百卷书，千载终不为小人也”的看法显然带有南北朝士大夫所共有的等级观念，但他根据时代特点与士族阶层现状，从个体的实际需求出发，突出学习对于改善士族的生存环境和社会地位的切实作用。在丧乱中，颜之推意识到“父兄不可常依，乡国不可常保，一旦流离，无人庇荫，当自求诸身耳”，饱经战乱的士族在失去故国的同时，得以托身的政治、经济优势已荡然无存。因此，文化优势成为士大夫立足社会的重要途径。颜之推抛开门第、官阶等外在因素，从个人谋求生存的角度谈论学习，将学习与保持士族生存的实际意义联系在一起。要获得文化优势的最直接的方式就是贵学、读书。颜之推强调读书学习就相当于一门技术：“犹为一艺，得以自资”、“伎之易习而可贵者，无过读书也”(《勉学》篇)，视学习为个体生存的重要资本。所谓“自求诸身”、“有学艺者，触地而安”和“得以自资”，指明了自己学习、自己受用的实用意义，学习是士大夫个人生存的内在需求，赋予学习以新的现实意义。

颜之推提倡士族教育、学习的内容以儒家经典为主：“多者或至《礼》、《传》，少者不失《诗》、《论》。”(《勉学》篇)立足士大夫生存的实际状况，进一步强调掌握儒家文化就能够拥有文化优势：

> 夫明《六经》之指，涉百家之书，纵不能增益德行，敦厉风俗，犹为一艺，得以自资。(《勉学》篇)

颜之推超越了儒家文化“增益德行，敦厉风俗”的道德意义，指出掌握儒家经典就能赢得文化优势，从而改善士族的生存状况。就本质而言，把儒家经典的神圣价值具体化、现实化，而不是抽象地宣扬安邦治国的学习理念，这不能不说是一种进步。《勉学》篇表明颜之推根据生存实际对传统儒家思想的灵活变通和大胆突破，折射出南北朝后期士大夫对儒家思想的吸收和发展。

对颜之推个人而言，儒家思想不仅深深地影响了他的人生观、价值观，还在他心态调整的过程中发挥着一定作用，使他“当梁、齐、隋易代之际，身婴世难，间关南北”①的颠沛流离中，没有走向崇尚虚无的老庄思想，没有忘怀人世，而是思考人生，积极总结人生的经验教训垂训后代。同时，由于入北后颜之推心态发生了变化，这对其继承、改变儒家思想有着不可忽视的影响，有关其心态的论述将在下一节展开。

目前在研究颜之推的思想方面，人们往往侧重研究其儒家思想，对其佛家思想或儒释合一的观点却简单地以封建迷信一笔抹杀，这种态度既不客观，也不科学。只要深入了解颜之推生活的时代背景、思想氛围和文人的思想趋向，我们就不难理解颜之推佛教思想及其调和儒释思想的倾向了。

颜之推儒释合一的思想与南北朝后期，尤其是梁朝的儒释思想背景是分不开的。不仅儒学在梁朝极盛，而且南朝佛教至梁朝也最为兴盛，这与梁武帝萧衍以帝王之尊的提倡是分不开的。萧衍早年在笃信佛教的竟陵王萧子良门下，名列“八友”之中。《南齐书》卷四十《竟陵文宣王子良传》记子良开西邸，招文学，“招致名僧，讲语佛法，造经呗新声，道俗之盛，江左未有也”。萧衍在此期间与僧人即有接触。开国之后更是“笃信正法，尤长释典，制《涅盘》、《大品》、《净名》、《三慧》诸经义记，复数百卷。听览余闲，即于重云殿及同泰寺讲说，名僧硕学、四部听众，常万余人”（《梁书》卷三《武帝纪下》）。他在造像筑室、

---

① 《明万历甲戌颜嗣慎刻本序跋·重刻颜氏家训序》，转引自王利器:《颜氏家训集解（增补本）》，第616页。

修建塔寺、讲译经书等方面都积极实践，尤以多次舍身佛寺最为有名。在其影响下，长子昭明太子萧统、第三子简文帝萧纲、第七子元帝萧绎以及一大批文人名士如姚察、徐陵等人均好佛。当然梁武帝的举动还包含着利用儒释相关思想为其巩固政治局面、维持社会安定服务的政治用心，故"其提倡佛法，亦往往参合儒教。其议论佛理，亦常引及儒书"①。梁武帝以帝王之尊以身作则，大力提倡、推行儒释思想，势必加快儒释思想的融合、深化。

在北朝，佛教至北齐也很兴盛。高洋本人"以肉为断慈，遂不复食"(《北史》卷七《齐本纪中》)。天保十年春，"(正月甲寅)如辽阳甘露寺"、"二月丙戌，帝于甘露寺禅居深观，唯军国大政奏闻"(《北齐书》卷四《文宣帝纪》)。《续高僧传》也记载了高洋崇信佛教的事迹：

有齐宣帝，盛弘释典。(卷九《释灵裕传》)

齐天宝年中，文宣皇帝盛弘讲席，海内髦彦咸聚天平(齐以旧邺宫为天平寺)……常徒学士几百千人。(卷六《释真玉传》)

断酒禁肉，放舍鹰鹞，去官畋渔，郁成仁国；又断天下屠杀，月六年三，敕民斋戒，官园私菜，荤辛悉除。(卷十六《释僧稠传》)

北齐其他皇帝也相信佛教，《北齐书》卷七《武成帝纪》记高湛"(河清二年)五月壬午，诏以城南双堂闰位之苑，回造大总持寺"。《北史》卷八《齐本纪下》称高纬天统五年"春正月辛亥，

① 参见汤用彤：《汉魏两晋南北朝佛教史》，北京大学出版社，1997年9月版，第十三章《佛教之南统》之"梁武帝"(下引此书，版本皆同)。

诏以金凤等三台未入寺者,施大兴圣寺”。同年,“夏四月甲子,诏以并州尚书省为大基圣寺,晋祠为大崇皇寺”。《北齐书》卷八《幼主纪》记载高恒曾“凿晋阳西山为大佛像,一夜然油万盆,光照宫内。又为胡昭仪起大慈寺,未成,改为穆皇后大宝林寺”。总的说来,北齐诸帝多热衷建寺造像,但于佛教义理甚少钻研,其宗教信仰似不专于佛教,亦有沉迷巫术者。事实上佛教并不赞同巫术,故《治家》篇云:“吾家巫觋祷请,绝于言议。”与梁武帝舍身佛寺、宣讲佛经、晚年茹素节欲的狂热举动相比,北齐帝王要世俗、骄纵、残忍得多。《北史》卷七《齐本纪中》称文宣帝高洋后期“以功业自矜,遂留情耽湎,肆行淫暴”,更以杀人为戏,“手自刃杀,持以为戏。凡所屠害,动多支解”。可以说,佛教并没有影响到他们的人生观,就像儒学没有使他们变得文雅一样。

佛教在萧梁与北齐都因为得到最高统治者的尊崇而兴盛一时,尽管前者侧重义理探讨,后者倾向宗教膜拜,其宗教氛围相去不远。可以说,在宗教信仰方面,颜之推由南入北未感到很大的压力。

佛教自从传入中国,与儒、道思想就有着相互交错、相互斗争和相互融合的历史。魏晋南北朝时期,儒释思想由彼此辩难逐渐走向相互吸收、协调,融合的趋势逐步大于矛盾的趋势。从两晋开始,思想界就已经产生了儒佛融合的思潮。东晋著名文人孙绰首开中国文人统合儒释的先声,其《喻道论》直言,“周、孔即佛,佛即周、孔,盖外内名之耳”,“周、孔救极弊,佛教明其本耳”,并强调佛教最讲孝义。到了南朝,佛教教义诸如因果论、顿悟说、涅盘佛性说、神不灭说,已逐渐为广大士人所接受,许多著名文人,如颜、谢家族中的一些文人都与佛教有着十分密切的关系。他们从中努力寻求中国传统儒家思想所没有解决的对于宇宙和人生问题的解释。融合儒释的思潮在南朝文人中间已成为一种普遍的风尚，刘宋时期的大诗人谢灵运著《辩宗论》以宣扬竺道生的顿悟成佛、一阐提人皆有佛性等新说，把佛家心性学说与儒家正心诚意相沟通。齐梁间文坛宗主沈约著《均圣论》、《内典序》等文章，提出“内圣外圣，义均理一”，在理论上，表现出明显的融合儒释的立场。不少士人在生活情趣上，也表现出融合儒、释、道的倾向。最有名的莫过于南齐文人张融，其遗令表示临终要“左手执《孝经》、《老子》，右手执小品《法华经》”(《南齐书》卷四十一《张融传》)。可以说，至南朝后期，儒释兼修已成为文化主流，士大夫在思想义理和生活趣味上大多呈现出儒释兼融的态势。

颜之推上承南朝后期儒释融合的思想潮流，在《归心》篇中提出儒释合一的观点，重申儒释两教在本质上是一致的。颜之推的儒释一体思想不是简单突出佛教义理的深刻，而是重在发掘儒、佛两家基本思想的相通之处，即“本为一体”。以此巧妙地将两家思想协调起来，作为《归心》篇的思想基础：

> 原夫四尘五荫，剖析形有；六舟三驾，运载群生：万行归空，千门入善，辩才智惠，岂徒《七经》、百氏之博哉？明非尧、舜、周、孔所及也。内外两教，本为一体，渐积为异，深浅不同。内典初门，设五种禁；外典仁义礼智信，皆与之符。仁者，不杀之禁也；义者，不盗之禁也；礼者，不邪之禁也；智者，不酒之禁也；信者，不妄之禁也。

颜氏认为佛教义理之深刻、思想之广博，远在儒家思想之上。尽管儒释之间有深浅之别，但佛教教义与儒家纲常是共通的，佛教的五戒与儒家的五常都一样劝人向善。这与魏收的观点相似，魏收在《魏书》卷一百一十四《释老志》中曾提出佛教“有五戒：去杀、盗、淫、妄言、饮酒，大意与仁、义、礼、智、信同”。在《归心》篇中，颜之推强调佛教的修行不能只注重出家一种形式，修心是修行的根本，“诚孝在心，仁惠为本”才是最重要的，从深层意义上肯定了儒家忠孝、仁义观念是佛教徒必备的人格修养，也就是说儒家的伦理道德与佛教的修持密切相关。在义理方面，佛教虽然比儒家高深，但在修养方面，儒家道德素养又是佛教所必需的。简单地说，儒释两者本质上相同，具体的修行则互相补充。因此，颜之推儒佛思想合一的思想并不是一种思想被另一思想的简单涵盖，而是两种思想的彼此交融。这种交融反映出经过长期“磨合”，南北朝后期儒释思想趋于协调。

为进一步调和儒释思想，颜之推强调儒家君子的不忍人之心与佛家戒杀护生之心息息相通：

> 儒家君子，尚离庖厨，见其生不忍其死，闻其声不食其肉。高柴、折像，未知内教，皆能不杀，此乃仁者自然用心。含生之徒，莫不爱命；去杀之事，必勉行之。

作者充分发挥了儒家的君子远庖厨之说，赋予它与佛家的戒杀护生同等重要的意义，使儒家注重人类情感的“不忍人之心”与佛家“含生之徒，莫不爱命”的理性告诫结合起来，也就是将儒家之“仁”与佛家之“慈悲”结合起来，从情、理两方面共同打动人心。这种以儒解佛的方式也影响到志怪小说《冤魂志》，具有儒释合一的品格，对人间的残酷杀戮行为表现出极大的愤怒、批判，这一点在第四章还有论述。

颜之推以儒解佛的方式一方面延续了梁武帝《净业赋序》

所表现出的儒释互相吸收、协调的趋向[①]，另一方面，通过对士大夫家族生活中作出切实的要求，颜之推的儒释观体现出在生活方式上调和儒释思想的倾向。较之梁武帝、北齐文宣帝舍身、造寺、断肉不食等带有行政意味的举动，颜之推的儒释观直接体现在士族阶层现实生活中，有着更现实、具体的意义。他不仅在文章中宣扬，而且在生活中也努力做到戒杀。除了在《归心》篇结尾记载了六则因杀生而受恶报的故事，告诫子弟"去杀之事，必勉行之"之外，颜之推还在《终制》篇中提出自己死后，后人在祭祀过程中务必戒杀：

> 灵筵勿设枕几，朔望祥禫，唯下白粥清水干枣，不得有酒肉饼果之祭。
>
> 四时祭祀，周、孔所教，欲人勿死其亲，不忘孝道也。求诸内典，则无益焉。杀生为之，翻增罪累。若报罔极之德，霜露之悲，有时斋供，及七月半盂兰盆，望于汝也。

颜氏要求或以简单的素食祭祀自己，或举行佛教盂兰盆法会超度自己，坚决拒绝子孙杀生祭祀，以实际行动实现其戒杀主张。

文化的发展绝不是一元化的单调态势，在佛教兴盛的同时，梁朝与北魏、北周都出现过排斥佛教的事件。梁朝释教势盛之时，大臣郭祖深与荀济上书反佛，认为佛教能祸国短祚[②]。北魏太武帝、北周武帝都曾在国内发起大规模的排佛举动，尤以北周

---

① 梁武帝《净业赋序》云："及至南面，富有天下，远方珍羞，贡献相继。海内异食，莫不毕至。方丈满前，百味盈俎。乃方食辍箸，对案流泣，恨不得以及温凊，朝夕供养，何心独甘此膳！因尔蔬食，不啖鱼肉。"明显以儒家的孝义观念发挥佛家的戒杀思想。

② 参见汤用彤：《汉魏两晋南北朝佛教史》，第十三章之"郭祖深与荀济之反佛"。

武帝之毁废较为“酷烈”①。北周建德六年（北齐隆化二年，577年）北周灭北齐，周武帝入邺之后，“诏伪齐东山、南园及三台，并毁撤”（《北史》卷十《周本纪下》）。周武帝大肆毁撤以邺城为主的北齐境内佛教，对信奉释教，又新沦为亡国之人的颜之推无疑有很重的负面影响②。

经历了萧梁和北齐两个佛教较为昌盛的时代，颜之推也耳闻目睹了南北反佛、毁佛的言论和运动。除了自觉地对佛教思想进行维护和解释，颜氏在《归心》篇中还将南北朝反对佛教的言论、观点进行归纳、概括并予以回击：

> 俗之谤者，大抵有五：其一，以世界外事及神化无方为迂诞也，其二，以吉凶祸福或未报应为欺诳也，其三，以僧尼行业多不精纯为奸慝也，其四，以糜费金宝减耗课役为损国也，其五，以纵有因缘如报善恶，安能辛苦今日之甲，利益后世之乙乎？为异人也。今并释之于下云。

“今并释之于下”表示出这种回击有着主动、系统的特点。这五个问题实际涉及了四个方面：其一是关于认识论的问题，其二与其五与佛教的因果报应说相关，其三牵扯到僧尼修行是否精进的问题，其四认为佛教有损国家经济利益，实际是皇权（即国家利益）与佛教之间的冲突。颜之推对这些问题的总结是很系统

---

① 北周建德三年（574）武帝毁佛：“初断佛、道二教，经像悉毁，罢沙门、道士，并令还俗。”（《北史》卷十《周本纪下》）“三宝福财，散给臣下。寺观塔庙，赐给王公。”（《广弘明集》卷八）

② 周武帝此番毁撤的“东山、南园及三台”当是北齐首都邺城附近的佛教寺院。前面说过，北齐武成帝高湛曾于河清二年，诏以城南双堂闰位之苑，回造大总持寺。后主高纬于天统五年，诏以金凤等三台未入寺者，施大兴圣寺，当知此三地深受北齐统治者重视。

的:将认识论的问题放在首位,接下来就是因果报应说,其次涉及出家人的修行问题和佛教与国家利益的关系。颜氏以条分缕析的方式反驳这些诘难。解释第一个问题时,颜之推就宇宙中的自然万象接连提出了二十多个疑问,以说明人类认识能力有限:

> 夫遥大之物,宁可度量?今人所知,莫若天地。天为积气,地为积块,日为阳精,月为阴精,星为万物之精,儒家所安也。星有坠落,乃为石矣;精若是石,不得有光,性又质重,何所系属……地既滓浊,法应沉厚,凿土得泉,乃浮水上;积水之下,复有何物?江河百谷,从何处生?东流到海,何为不溢……潮汐去还,谁所节度?天汉悬指,那不散落?水性就下,何故上腾……乾象之大,列星之夥,何为分野,止系中国?

众多疑问一气呵成,并理性地指向人的认识能力,认为人的认识能力是有限的:“凡人之信,唯耳与目;耳目之外,咸致疑焉。”颜之推由此类推,佛教所讲的恒沙世界、微尘数劫并不因人们认识不到就不存在,可以看出他的论辩非常灵活。

对于第二和第五个关于因果报应的疑问,颜之推认为报应是普遍存在的。对个人来说如影随形、“有如影响”;对社会而言,“善恶之行,祸福所归。九流百氏,皆同此论,岂独释典为虚妄乎?”由于“精诚不深,业缘未感,时傥差阑,终当获报耳”,机缘不成熟或人们不虔诚信佛,才不会明了果报。机缘一旦成熟,果报终要现前。而且,因果报应与人的三世业缘是相关的,福祸、贫富、寿夭皆是由于善、恶的行为(即业)的缘故:“项橐、颜回之短折,伯夷、原宪之冻馁,盗跖、庄蹻之福寿,齐景、桓魋之富强,若引之先业,冀以后生,更为通耳。”针对为善而得祸报,为恶反而得福的现象,颜氏则虔诚地宣说不要因暂时的福祸而失去对佛教的信仰:"如以行善而偶钟祸报,为恶而傥值福征,便生怨尤,即为欺诡;则亦尧、舜之云虚,周、孔之不实也,又欲安所依信而立身乎?"强调只有坚定对佛教的信仰,才能立身处世。其虔敬可见一斑。

针对第五个疑问,颜氏延续了"形体虽死,精神犹存"的神不灭论,并积极鼓吹三世轮回说:

> 人生在世,望于后身似不相属;及其殁后,则与前身似犹老少朝夕耳……今人贫贱疾苦,莫不怨尤前世不修功业;以此而论,安可不为之作地乎……凡夫蒙蔽,不见未来,故言彼生与今非一体耳;若有天眼,鉴其念念随灭,生生不断,岂可不怖畏邪?

正因为精神不灭,所以修行和积累功德就是造福来生。颜之推告诫子孙一定要信仰佛教,用功修行:"当兼修戒行,留心诵读,以为来世津梁。"它从侧面反映出佛教的三生理论最终指向人的生命终点,众多士大夫信奉佛教是因为它提供了儒家思想和道教所没有提供的如何解脱人生的思想。这或许可以解释魏晋文人多是注重玄学修养,而南北朝文人则热衷儒释双修的思潮变化。

针对第三个关于僧尼修行的诘难,颜之推的反驳非常尖锐。他首先从具有普遍意义的人性入手,然后将僧俗与士人放在平等的基础上比较各自的修行、素养:

> 开辟已来,不善人多而善人少,何由悉责其精絜乎?见有名僧高行,弃而不说;若睹凡僧流俗,便生非毁……俗僧之学经律,何异士人之学《诗》、《礼》?以《诗》、《礼》之教,格朝廷之人,略无全行者;以经律之禁,格出家之辈,而独责

无犯哉？

作者意在说明不论僧人还是凡人，在修行（身）方面都有勤奋、懈怠和超脱、庸俗之分。人们应该客观地对待僧人，不能只见其中凡庸之人，而不见那些讲经说法、弘扬佛教的名僧大德。这虽然在一定程度上回护佛教，但客观上对人们认识佛教也有一定积极意义。而且，在僧俗对比中，指责朝廷权贵略无全行的牢骚，可谓是愤激之词。这种尖刻与愤激包含了作者很多人生的感慨，尖锐的言辞超出了对宗教义理的探讨，带有明显的批判现实味道。

由于南朝的齐、梁与北方的北魏曾一度盛行造寺，出家的僧尼最多达到二百万，在一定程度上影响了国家的经济生产。南北朝反对、排斥佛教的言论或运动即从佛教与国家的关系出发，认为佛教主张出家修行、僧尼不耦不耕，是害政之尤。梁武帝萧衍虽笃信佛教，而晚年政治荒废，国家最终陷于侯景之乱，武帝本人也困死台城，更促使相当一部分士大夫相信佛教能毁国。北周卫元嵩即说："国治不在浮屠（此处指寺庙）。唐虞无佛图而国安，齐梁有寺舍而祚失。大周启运，远慕唐虞之化，宜遗齐梁之末法。"①将政权存亡与佛教所代表的宗教信仰直接对立起来。对此，颜之推辩解说佛教对政权并不构成威胁：

> 内教多途，出家自是其一法耳。若能诚孝在心，仁惠为本，须达、流水，不必剃落须发；岂令罄井田而起塔庙，穷编户以为僧尼也？皆由为政不能节之，遂使非法之寺，妨民稼穑，无业之僧，空国赋算，非大觉之本旨也。（《归心》篇）

作为由南入北的士大夫，颜之推非常熟悉梁武帝当年造寺、讲

① 转引自汤用彤：《汉魏两晋南北朝佛教史》，第386页。

经、舍身等狂热的行为,更对梁武帝晚年政治无度引起的国家动乱有着亲身体验。他指出那种片面为追求功德过度兴建寺庙、侵占国土、耗减人口而无节制的为政手段是毫不足取的极端行为;同时,指责这些举措导致国家政局混乱、经济衰退,有违佛教的本旨(即大觉)。其“皆由为政不能节之”的观点带有很强的现实意义,表现出对梁武帝所代表的统治阶层佞佛风气的大胆批判。对最高统治者为政措施的批评和不满,表明了颜之推对梁末统治阶层佛教信仰的深刻反思。应该说,在《归心》篇中,颜之推不单单表现出对宗教的热情、虔诚,也表现出儒家知识分子对现实社会的理性思索。儒家批判现实的精神和佛家“载运群生”的宗教热忱在此篇中紧密结合起来。

总体而言,《归心》篇表现出颜之推极大的宗教热忱。从文章结构来讲,开篇阐明儒释一体的观点和结尾告诫子弟戒杀护生所占篇幅并不大,批评那些反对佛教的观点占了文章主要篇幅。可以说,在总结儒释之间相互融合、相互斗争的思潮的基础上,颜之推从多方面自觉地维护佛教思想,并适当地阐释了佛教义理。这是对南北朝后期儒释思想的自觉整理、辩解和宣传,因此具有一定的现实意义和理论意义。

颜之推以“复圣”之后的身份宣扬佛教思想,一方面大受佛教徒的欢迎,备受赞扬;另一方面则深受正统儒家学者的责难,甚至被斥责为“异端”①。但应该明了的是,颜之推本人是“一个崇佛的儒者”(丁爱博语),其思想以儒家思想最为主干,进而形

① 释道宣《广弘明集序》称赞“颜之推之《归心》,词彩卓然,迥张物表”。而《清雍正二年黄叔琳刻〈颜氏家训〉节钞本序》指责《归心》篇“流入异端”;《清康熙五十八年朱轼评点本序》批评颜之推“实忝厥祖”。

成儒释一体的观点。其本质是以儒家思想为根本，以儒解佛，对儒释两种思想的互相吸收、融合。在一定范围的世俗生活中，颜之推也曾努力把佛教思想与士大夫的世俗生活结合起来，宣扬佛教修行有众多途径，出家只是其中的一种，而不是唯一的途径。他认为子孙为了谋生完全可以在家修行：

> 汝曹若观俗计，树立门户，不弃妻子，未能出家；但当兼修戒行，留心诵读，以为来世津梁。人生难得，无虚过也。（《归心》篇）

颜之推儒释一体思想体现出对现世生活的热切关注，所谓“树立门户”和“兼修戒行，留心诵读”，即是把儒家之立身治家观念和佛家日常修行结合起来，努力使佛家思想融入士族的世俗生活，并促进士大夫安身立命。应该说，“兼修”的方式代表了以儒为重，以佛为辅的生存方式。因此，颜之推将佛教信仰、修行交付子孙作为家族传统保持下去的观点，不仅带有实践的意义，有别于那些只以文章的形式宣扬佛教，生活依旧腐化的文人，也使其儒释一体观同时具有理论基础和生活基础。与南朝初期刘宋颜、谢等人热衷探讨儒释义理不同，颜之推的儒释合一观点不以理论著称，表明南北朝后期儒释思想融合的潮流逐渐转向对士族世俗生活的影响。

最后，附带谈一下颜之推关于道家思想及玄学清谈的看法。道家思想在梁朝也很盛行，《勉学》篇云：

> 洎于梁世，兹风复阐，《庄》、《老》、《周易》，总谓《三玄》。武皇、简文，躬自讲论。周弘正奉赞大猷，化行都邑，学徒千余，实为盛美。元帝在江、荆间，复所爱习，召置学生，亲为教授，废寝忘食，以夜继朝，至乃倦剧愁愤，辄以讲自释。

颜之推虽曾在萧绎集团中“颇预末筵，亲承音旨”，但对道家思想并不感兴趣，“性既顽鲁，亦所不好”。在他看来，道家思想注重“农、黄之化”，与儒家思想有很大抵触，“周、孔之业，弃之度外”。颜之推认为道家思想“全真养性，不肯以物累己”的本质，最终导致“藏名柱史，终蹈流沙；匿迹漆园，卒辞楚相”等疏远社会、放纵个人的任诞之风。由于人生经历坎坷多难，颜之推个人非常重视生存的安危，有很重的全生保命思想（后将论及），他无法接受何晏、嵇康等玄学家与当政者采取不合作的处世态度。颜氏带着功利的眼光对道家思想所进行的评价，单纯把魏晋玄学家惨遭杀戮的命运归结为学术或个性，却忽略了魏晋之际“名士少有全者”的历史背景，这使他对道家思想的论述有失全面、深刻。

值得注意的是，颜氏敏锐地指出，梁朝玄学仅限于士族文人的语言交往，而非哲学探讨。由于齐梁文人已经不具备正始文人那样深刻的哲学思维和高度的玄学修养，与玄学有密切关系的清谈已经失去哲学思辨的深度，逐渐蜕变成士族社交场合的语言游戏和娱乐的方式：

> 直取其清谈雅论，剖玄析微，宾主往复，娱心悦耳，非济世成俗之要也。（《勉学》篇）

事实上南朝以降，清谈逐渐由哲学领域进入文学领域甚至士族生活领域，演变为门阀士族的品格标记：

> 势门上品，犹当格以清谈；英俊下僚，不可限以位貌。（任昉《为萧扬州作荐士表》）

王僧虔《诫子书》虽有“谈何容易”的感慨，但更叮嘱子弟“《才性四本》，《声无哀乐》，皆言家口实，如客至之有设也”，它补充说明了宋齐以降，清谈正是门第中人的品格标记，士大夫一定要精心准备才可以进行清谈。王僧虔"皆言家口实,如客至之有设也"的说法与颜之推所云"宾主往复,娱心悦耳",共同说明了南朝清谈以娱乐性为主要特点,已失去了哲学思辨意义,逐渐降为门第的摆设。

不仅一些士大夫对清谈持批评态度,而且身为统治者、以玄学修养著称的萧绎也对清谈提出严厉批评:

> 世有习干戈者,贱乎俎豆;修儒行者,忽行武功。范宁以王弼比桀、纣,谢混以简文方赧、献。李长有显武之论,文庄有废庄之说。余以为不然。余以孙、吴为营垒,以周、孔为冠带,以老、庄为欢宴,以权实为稻粮,以卜筮为神明,以政治为手足,一围之木持千钧,五寸之楗制开阖,总之者,明也。(《金楼子·立言》)

"以老、庄为欢宴",再次表明在士族文人的生活中,玄学清谈实际上具有明显的娱乐性质。在对比儒、墨、法、名、道诸家思想之后,萧绎对道家思想提出的批评甚为严厉:

> 天下一致而百虑,同归而殊途,何者?夫儒者列君臣、父子之礼,序夫妇、长幼之别。墨者堂高三尺,土阶三等,茅茨不剪,采椽不斲,冬日以鹿裘为礼,盛暑以葛衣为贵。法家不殊贵贱,不别亲疏,严而少恩,所谓法也。名家苛察缴绕,检而失真,是谓名也。道家虚无为本,因循为务,中原丧乱,实为此风。何、邓诛于前,裴、王灭于后,盖为此也。(《金楼子·立言》)

萧绎将中原丧乱的原因直接归于道家思想的观点,显然比颜之推指责清谈无"济世成俗"之用更为尖刻。反映出南朝后期,随着道家思想的发展,士族一方面依旧保持着清谈风气,但更多地把清谈作为士族门第的标志、象征;另一方面也对儒、道等诸多思想进行对比和思考，对道家思想崇尚虚无所带来的放纵风气有所批判，《家训》就体现出从实用的角度出发，对玄学和清谈的批评。

应该说，颜之推的复杂思想实际上反映出经过三百多年的社会动荡，南北朝后期的士族知识分子经历了儒、释、道多种思想的洗礼之后，在立身处世方面，开始摈弃玄学而向儒家道德传统回归的社会心理，《家训》在这种回归过程中，可谓首开风气。但是颜之推并不是一位哲学家，他未能建立一个相对完整的思想体系，在他对儒、释思想进行调和与比较当中还存在着肤浅、生硬之处。

第三节 "自资"、自利与"自咎自责"——颜之推心态剖析

颜之推本人"一生而三化"的极其特殊的人生经历，决定了其心态与生活在相对安定的社会环境、相对单纯的文化环境中的士大夫的心态大不相同。经历了南北政权兴替、宦海浮沉之后，颜之推的心态变得非常复杂，甚至扭曲。为全面地研究颜之推心态，我们既要回顾颜氏人生中的重要事件，更要兼顾他的诗歌、辞赋以及《家训》，从文本中解读作者的心态变化。虽然颜之推的诗歌、辞赋数量并不多，《家训》目的在于"整齐门内，提撕子孙"，并不直接展示作者的内心世界，但颜之推在训诫子孙的过程中，将自己一生的经验和教训都加以总结，较为直接地交代给后人。由此，我们可以从侧面对其心态进行把握和研究。

我们注意到颜之推从青年到中年、老年，在不同人生阶段，心态变化之大超出常人。

颜之推早年任萧绎集团的湘东国右常侍，加镇西墨曹参军，

"好饮酒，多任纵，不修边幅，时论以此少之"(《北齐书》本传)。《序致》篇自言年轻时"虽读《礼传》，微爱属文，颇为凡人之所陶染，肆欲轻言，不修边幅"。可以推断，青年时代的颜之推心态较为单纯，他既表现出一定文学才华，同时又喜好饮酒，任纵不羁，自由发表言论。颜氏认为这是受社会影响，即"颇为凡人之所陶染"的缘故。有梁一代，很多士人都延续了魏晋文人的放诞之风，表现得负才傲物、好饮酒、危言高论：

(刘)孝绰少有盛名，而仗气负才，多所陵忽，有不合意，极言诋訾。(《梁书》卷三十三《刘孝绰传》)

(谢几卿)然性通脱，会意便行，不拘朝宪，尝预乐游苑宴，不得醉而还，因诣道边酒垆，停车褰幔，与车前三驺对饮，时观者如堵，几卿处之自若。(《梁书》卷五十《谢几卿传》)

(庾)仲容博学，少有盛名，颇任气使酒，好危言高论，士友以此少之。唯与王籍、谢几卿情好相得，二人时亦不调，遂相追随，诞纵酣饮，不复持检操。(《梁书》卷五十《庾仲容传》)

梁朝士族文人的负才诞纵是比较普遍的现象，已成为一种风气。青年颜之推生活比较平静、顺利，言谈举止自然容易"为凡人之所陶染"。颜之推早年的诗歌《神仙诗》更表现出青年人特有的任纵之气：

红颜恃容色，青春矜盛年；自言晓书剑，不得学神仙。风云落时后，岁月度人前；镜中不相识，扪心徒自怜。愿得金楼要，思逢《玉钤篇》。九龙游弱水，八凤出飞烟。朝游采琼宝，夕宴酌膏泉。峥嵘下无地，列缺上陵天；举世聊一息，中州安足旋。

"红颜恃容色，青春矜盛年"传达出少年意气风发的气息，"举世聊一息，中州安足旋"折射出心灵上自由自在、毫无约束。

其中的情感活跃而单纯，表明作者这时尚未受到挫折与磨难。这首诗意在展现一位青年士族子弟的文学才华，表达他的自由不羁、轻快、单纯和浅显。

只有生命的磨难才能使一个人的心态产生突变。颜之推遭受的第一个磨难就是大宝二年(551)在侯景之乱中被俘，几乎遇害。这次遭遇打破了弱冠颜之推平静的生活，使他第一次亲身体会到死亡的恐怖，发出“荷性命之重赐”(《观我生赋》)那种劫后余生的复杂感慨。同时，被囚建康的经历使颜之推目睹了梁朝的都城、颜氏家族的故乡——建康被战乱破坏殆尽：“野萧条以横骨，邑阒寂而无烟。”(《观我生赋》)野外横卧的白骨真实展现着战乱对生命的冲击。侯景之乱对梁朝的冲击和破坏十分严重，国家、士族和士大夫(个人)都处于危险境地。被囚建康期间，颜之推不仅体会到黍离之悲和桑梓之痛，还亲眼目睹了江南士族阶层“覆灭略尽”、受到重创的悲惨场面：“畴百家之或在，覆五宗而翦焉。”所谓随晋渡江的诸多中原冠带，在侯景之乱中所剩无几①。残酷的现实将一个不谙世事的士族子弟，带到恐怖、悲凉的场景中，让他直面个人的命运和士族阶层的命运。这对颜之推来说，不能不是一个刺激。被俘的经历使其切身体会到国朝的倾危、士族阶层的覆灭和个体生命的脆弱，逐渐

---

① 由于侯景之乱，江南世家大族遭到极大的打击和削弱。侯景攻克建康之前，即“纵兵杀掠，交尸塞路，富室豪家，恣意裒剥，子女妻妾，悉入军营。及筑土山，不限贵贱，昼夜不息，乱加殴棰，疲羸者因杀之以填山”(《梁书》卷五十六《侯景传》)。城陷之后，“江南之民及衍王侯妃主、世胄子弟为景军人所掠，或自相卖鬻，漂流入国者盖以数十万口，加以饥馑死亡，所在涂地，江左遂为丘墟矣”(《魏书》卷九十八《岛夷萧衍传》)。加之江南遭受连年旱蝗，百姓饥饿无食，即使富家大室也只能坐以待毙，致使“千里绝烟，人迹罕见，白骨成聚如丘陇焉”(《南史》卷八十《侯景传》)。

开始磨砺自己："年十八九，少知砥砺"、"二十已后，大过稀焉"（《序致》篇）。十九、二十岁的年龄，恰好是颜之推经历侯景之乱的年龄。这段遭遇既是其坎坷人生的开端，又是其心态转变的开始。具体说，颜之推对故国的政治、对士族阶层本身的弊病、对自身的生存都有所思考，尤其是对后面两个问题的思考都贯穿在《家训》和《观我生赋》中。

承圣三年（554）西魏灭梁是颜之推遭受的第二个磨难。在国家被异族消灭的时候，颜之推并没有像祖父颜见远那样以身殉国，他感到苟活的羞耻，"小臣耻其独死，实有愧于胡颜"（《观我生赋》）。对故国的怀念也表现在对"先圣之规模"、"前王之典故"等先进文化、文明惨遭战火破坏的极大痛心。同时，由于入关北上、永离故国，颜氏内心的漂泊感异常突出：

> 尔其十六国之风教，七十代之州壤，接耳目而不通，咏图书而可想。何黎氓之匪昔，徒山川之犹曩；每结思于江湖，将取弊于罗网。聆代竹之哀怨，听《出塞》之嘹朗，对皓月以增愁，临芳樽而无赏。（《观我生赋》）

北方长期受游牧民族统治，对颜之推来说，其风教、文化和风土人物都异常陌生和遥远。被迫离开了文化发达的南方而栖身于文化非常落后，甚至野蛮的北方，作为汉族士大夫，颜之推对北方的异族文化有着明显的距离感和隔膜感。

入北的南朝士族面临严峻考验，生存成为首要问题。梁朝文人庾信、王褒因诗歌创作上的才华而受到北周朝廷的优待①。与

① 《北史》卷八十三《王褒传》云："（周）明帝即位，笃好文学，时褒与庾信才名最高，特加亲待。"同卷《庾信传》云："（周）明帝、武帝并雅好文学，信特蒙恩礼。"

庾信、王褒相比,颜之推的文学才华并不出色,这就决定了他入北后须凭借自身的处事能力和学识才能够受到异族统治者的注意和任用(并不是优待)。可以说,第二次磨难使颜之推领悟到学识、能力与生存之间有着十分密切、微妙的关系。《古意二首》其二云"宝珠出东国,美玉产南荆",以珠宝比喻自身才华,表现出凭借实际才能赢得生存的自信。《观我生赋》云"每结思于江湖,将取弊于罗网",也用《庄子·山木》丰狐文豹的典故曲折地暗示自己富有才能。事实上,北人的确赏识颜之推处理文案的才能:"(西魏)大将军李显庆重之,荐往弘农,令掌其兄阳平公远书翰。"(《北齐书》本传)颜之推入齐之后受到统治者的欢迎,同样是因为其具有处理国家事务的实际才能:"聪颖机悟,博识有才辩,工尺牍,应对闲明",高洋"见而悦之,即除奉朝请,引于内馆中",祖珽"令掌知馆事,判署文书"。而且颜之推在北齐朝廷也以"处事勤敏,号为称职"著称(《北齐书》本传)。

虽然面对生存,颜氏心中也有着出世与入世的矛盾,"将取弊于罗网"(《观我生赋》)、"常悲黄雀起,每畏灵蛟迎"(《古意二首》其二),对因才华而招致的祸患表现出一定忧虑。但"北方政教严切,全无隐退者故也"(《终制》篇)的生存环境,促使颜之推在几经磨难之后,最终选择了务实的生存之路,心理上逐渐接受了北方重实用、重事功的思想,心态逐渐变得务实、谨慎。

颜之推的实用心态主要特点是强调能力与生存之间有着密切联系。因此,《家训》在谈论生存之道时已不再过多宣扬出身等士族阶层的外在因素的重要性,指出生存须依靠士大夫个人:

> 父兄不可常依,乡国不可常保,一旦流离,无人庇荫,当自求诸身耳。(《勉学》篇)

颜之推意识到动荡的现实社会中家族(父兄)、国家(乡国)对士大夫来说都不可靠,唯有依靠个人的积极努力才能赢得生存的机会。这种努力具体说来就是立身扬名、读书仕进:

夫圣贤之书,教人诚孝,慎言检迹,立身扬名……(《序致》篇)

汝曹宜以传业扬名为务……(《终制》篇)

《家训》的开篇与结尾都有意识地叮嘱子孙应以继承素业、显扬名声为重,足见颜之推的务实心态。为了生存,颜之推不仅上承儒家思想,强调"贵学",孜孜追求"以就素业"和"以济功业",更强调学习与生存、学习与命运之间的密切联系,强调学以致用,肯定学习对改善士大夫个人的生存状况和社会地位有着切实的帮助。在《勉学》篇中表现为十分注重强调学习与实际能力的培养,提倡读书学问"本欲开心明目,利于行耳"、"夫学者所以求益耳"、"学之所知,施无不达",并严厉批评士大夫在社会活动中"但能言之,不能行之"、"军国经纶,略无施用"的弊病。学习的目的固然是启发智慧、开阔视野,但颜之推强调学习最终指向"行之"、"效之"所代表的实践活动。所谓"利于行"和"施无不达",从不同方面表明学习的最终目的在于行,在于应用,在于实践。简言之,颜之推将学习目的与人的实践活动紧密联系在一起,努力突出学习的实用价值。

在这一心态影响下,《勉学》篇在一定程度上超越了道德色彩浓厚的先秦儒家传统的学习目的论,带有浓厚的实践色彩。学习的内容势必超出儒家经典,涉及更多的社会行业。颜之推主张士大夫在"明《六经》之指"的基础上,更需"涉百家之书",标榜"博学求之,无不利于事也"。其中,"博学"与"利于事"之间的密切关系,实质上就是学习与实用的密切关

系。它与更多的社会行业和更广泛的社会阶层都有着密切的关系:

人生在世,会当有业:农民则计量耕稼,商贾则讨论货贿,工巧则致精器用,伎艺则沉思法术,武夫则惯习弓马,文士则讲议经书。

爰及农商工贾,厮役奴隶,钓鱼屠肉,饭牛牧羊,皆有先达,可为师表……

针对士人"耻涉农商,差务工伎"的弊病,颜之推指出学习绝不限于文士讲经习道,而应涉及农商工贾等多方面。

同样,颜之推指责老、庄之书"盖全真养性,不肯以物累己也",也是从实用的立场出发。其批评和否定道家思想"非济世成俗之要"的观点固然失之偏颇,但其中隐含着重视学习本身"济世成俗"的社会作用的观念,这从侧面证明了在颜之推"贵学"思想中,实用是很重要的一个出发点。

事实上,实用心态贯穿了《家训》全书,颜之推多次提出"有益于物"、"应世经物"的实用观点,突出济世利物的处世原则:

士君子之处世,贵能有益于物耳,不徒高谈虚论,左琴右书,以费人君禄位也。

吾见世中文学之士,品藻古今,若指诸掌,及有试用,多无所堪。居承平之世,不知有丧乱之祸;处庙堂之下,不知有战阵之急;保俸禄之资,不知有耕稼之苦;肆吏民之上,不知有劳役之勤,故难可以应世经物也。(《涉务》篇)

"有益于物"是指士大夫要具备实际的工作能力,有益于社会、国家,与"济世成俗"(《勉学》篇)是息息相通的。应该说,《家训》的主要目的是教育子孙如何生存。在教育后人立身扬名、积极参与社会实践活动方面，颜之推的实用心态发挥了很大作用。

应该指出，颜之推苟活于乱世他乡固然是因为其自身的学识、才能，但以济世应物的能力赢得生存的机会并不能消解其内心的苦闷和压力。入北之后，颜之推有着执著的“恋土”情结：“假南路于东寻”（《观我生赋》）；北齐临危之时，劝后主“取青、徐路共投陈国”（《北齐书》本传）；入隋后，又主张采用“梁国旧事”革新朝廷音乐，但其一生屡事新朝的举动也表现出对生存的努力和执著。我们可以将颜之推与其他一些入北文人作一对比。客观地说，很多进入北齐的梁朝文人都是由于梁末的政治、外交或军事原因：

（袁奭）萧庄时以侍中奉使贡。庄败，除琅邪王俨大将军谘议。（《北齐书》卷四十五《袁奭传》）

（江旰）因使至淮南，为边将所执，送邺。（《北齐书》卷四十五《江旰传》）

萧庄在淮南，以（朱）才兼散骑常侍，副袁奭入朝。庄败，留邺。（《北齐书》卷四十五《朱才传》）

（荀仲举）从萧明于寒山被执。（《北齐书》卷四十五《荀仲举传》）

但北齐灭亡之后，一部分入北的梁朝文人或逃归南方，或客游他乡，以不同的方式远离新政权：

（江旰）齐亡，逃还建业。（《北齐书》卷四十五《江旰传》）

（朱才）齐亡，客游信都而卒。（《北齐书》卷四十五《朱才传》）

这些萧梁文人显然以间接的方式表明了自己与新朝的疏远。尽管入北的原因相同，但在北齐灭亡后，颜之推与朱才等人的人生选择不同。颜之推选择进入北周，与新朝廷合作，寻找新的实现自身价值的机会。他一方面万般感慨“向使潜于草茅之下，甘为畎亩之人，无读书而学剑，莫抵掌以膏身，委明珠而乐贱，辞白璧以安贫，尧、舜不能荣其素朴，桀、纣无以污其清尘，此穷何由而至，兹辱安所自臻？”（《观我生赋》）另一方面，依旧选择参与政治以求自我发展的道路。这种与其他入北文人不同的选择也表明了在生死关头，颜之推将自我发展看得非常重要，再次表明其务实的心态。

颜之推二十四岁入北，在北方经历了西魏、北齐、北周、隋四个朝代，以在北齐生活的时间最长：从文宣帝天保七年（556）到幼主承光元年（577），凡二十二年。北齐落后和野蛮的社会环境，政坛上的诸多磨难，促使颜之推的心态发生了更大的变化，他不仅变得务实，而且也变得谨慎多虑。这种变化首先从生活习惯开始，《北齐书》本传一则记载颜氏入北齐不久的文字值得注意：

> 天保末，从至天池，以为中书舍人，令中书郎段孝信将敕书出示之推。之推营外饮酒，孝信还以状言，显祖乃曰："且停。"由是遂寝。

“营外饮酒”是颜之推青年时期“好饮酒”之习的自然表现，但北齐君主决不接受这种南方文人的任诞之风，高洋任命颜之推之事的搁浅就直接表示出他对颜之推身上这种南朝文人风气的不满。发生在入北文人荀仲举身上的另一件事情也可以说明这一点：

> 长乐王尉粲甚礼之（荀仲举）。与粲剧饮，啮粲指至骨。显祖知之，杖仲举一百。或问其故，答云："我那知许，当是正疑是麈尾耳。"（《北齐书》卷四十五《荀仲举传》）

这一小事再次证明了高洋所代表的北齐统治者对南朝文人放纵之风的严厉打击。而且，“北方政教严切，全无隐退者”（《终制》

篇),即使土著文人也很难忍受北齐严切的政治风气①。因此,颜之推入仕北齐之后,必须自觉地打磨身上那些南方文人的风气。随着南方文人习气逐渐淡化、消失,颜之推身上那种南方文人的鲜明个性也逐渐减弱、消失。

北齐统治者推行的大鲜卑主义在北齐的政治和文化上占主导地位,汉族士大夫所代表的汉族文化处于次要的、被动的地位。这对由南入北的颜之推可以说是文化与生存的双重考验。北齐占主导地位的大鲜卑主义文化与汉族较为发达的文化形成了激烈的冲突,于是就产生了汉族士大夫主持的、与鲜卑贵族对抗的文林馆,以及鲜卑贵族(或鲜卑化的汉人)对汉族士大夫的大肆打击,最突出的例子就是崔季舒等六人被杀事件。颜之推直接参与文林馆的文化事业,并成为重要的组织者和领导者,因而汉族、鲜卑族之间的政治冲突直接冲击到他本人:"秖夜语之见忌,宁怀䜣之足恃。諫譖言之矛戟,惕险情之山水,由重裘以胜寒,用去薪而沸止。"(《观我生赋》)文林馆受鲜卑贵族冲击成为颜之推遭受的第三个磨难,虽然他侥幸保住了性命。

在北齐政权中经历了种种政治上的磨难之后,颜之推的心态变得异常谨慎、畏惧,全身虑祸的思想成为《家训》的重要内容:

深宜防虑,以保元吉。(《文章》篇)

---

① 祖鸿勋著名的《与阳休之书》虽极言山水之乐,以"水石清丽,高岩四匝,良田数顷"劝休之归隐山林,追求"庄生之逍遥",但是文章也流露出对高齐政权的不满,表现出北朝文人对仕途险恶的忧虑:"昆峰积玉,光泽者前毁;瑶山丛桂,芳茂者先折"、"象由齿毙,膏用明煎"。祖鸿勋追求山居生活的直接目的是为了全身免祸,以期"保其七尺,终其百年",而不是欣赏山水自然美。

吾每为人所毁，常以此自责。（《名实》篇）

凡损于物，皆无与焉。（《省事》篇）

谦虚冲损，可以免害。（《止足》篇）

夫养生者先须虑祸，全身保性，有此生然后养之，勿徒养其无生也。（《养生》篇）

在乱世中保住性命的重要前提就是“虑祸”，只有认真考虑事情的利害关系，才能远离灾祸，保全身家性命。

其次，颜之推谨慎、畏惧的心态产生了惧祸心理与小心翼翼的生存心理。这种心态贯穿于《家训》之中，表现为反复叮嘱子孙在立身、治家、为官等诸多方面都要谨慎从事、有所顾忌、不露锋芒。务必“少欲知足，为立涯限”（《止足》篇），要以理性克制情性，绝不能无休止地追求物质利益和政治利益，以期免于祸患。颜之推不厌其烦地向子孙指出，即使是个人的言行也不能走向极端，哪怕是言行诚实，也需要为生存留有余地：

人足所履，不过数寸，然而咫尺之途，必颠蹶于崖岸，拱把之梁，每沉溺于川谷者，何哉？为其旁无余地故也。君子之立己，抑亦如之。至诚之言，人未能信，至洁之行，物或致疑，皆由言行声名，无余地也。（《名实》篇）

士大夫只有注意给自己的言行声名留下余地，才会为生存留下更从容的发展空间。可以说，留有余地的生存观与“少欲知足”的人生观本质上都来源于颜之推的畏惧心态。

畏惧心态在很大程度上限制了颜之推的文学观念，使他明显偏离了正常的文学、审美标准，评价屈原、司马迁、谢灵运等文坛大家，竟将“有盛名而免过患”作为衡量文人成就的最高标准：

自子游、子夏、荀况、孟轲、枚乘、贾谊、苏武、张衡、左思之倖,有盛名而免过患者,时复闻之,但其损败居多耳。

《文章》篇激烈批评屈原等作家所谓"多陷轻薄"的鲜明个性,过分纠缠于文人的命运、过于推崇能够全身保命的文人,间接反映出畏惧心态对颜之推的文学价值观念造成负面影响。它甚至改变了颜之推这样一个有深厚理论素养的文人兼学者的审美经验和价值判断,使他无法客观、正确地评价历史上的文人骚客。此外,颜之推在《文章》篇中反复告诫后人在文学创作中一定要深自防虑,务必克服文人负才傲世的弊病:

> 今世文士,此患弥切,一事惬当,一句清巧,神厉九霄,志凌千载,自吟自赏,不觉更有傍人。加以砂砾所伤,惨于矛戟,讽刺之祸,速乎风尘,深宜防虑,以保元吉。

惧祸心态衍生出"深宜防虑,以保元吉"的心理顾忌,严重妨碍文学创作中个体性情的自由挥洒。同时,这种心态也极大地阻碍、限制了文学评论:

> 山东风俗,不通击难。吾初入邺,遂尝以此忤人,至今为悔;汝曹必无轻议也。

在文学批评中,意见不同是很正常的事情。但在颜之推看来以此得罪人是大不可为(当然北齐文学风气比较保守、闭塞也使得文学批评无法充分开展),"必无轻议"的谨慎心理很大程度上体现出"深宜防虑"的心态。

客观地说,颜之推作为文学评论者,这种畏惧心态势必误导他过分看重作家的性格、命运等因素,难以对作家、作品以及正常的文学评论活动作出客观评价,从而大大削弱了其文学理论深度。

颜之推总结多年的从政经验,提出了为官要居于中品的"中庸"之术:

仕宦称泰，不过处在中品，前望五十人，后顾五十人，足以免耻辱，无倾危也。高此者，便当罢谢，偃仰私庭。(《止足》篇)

告诫后人在仕途上切不可奔走索求，要力避因躁竞而种下祸根：

须求趋竞，不顾羞惭，比较材能，斟量功伐，厉色扬声，东怨西怒；或有劫持宰相瑕疵，而获酬谢，或有喧聒时人视听，求见发遣；以此得官，谓为才力，何益盗食致饱，窃衣取温哉！世见躁竞得官者，便谓"弗索何获"；不知时运之来，不求亦至也。(《省事》篇)

颜之推在处世方面虽然大力标榜儒家"守道崇德"思想，不过分追求爵禄，但他尖锐地指出政治游戏的本质就是"既以利得，必以利殆"。汲汲于爵禄、名利者，虽可赢得短暂的显赫："印组光华，车骑辉赫，荣兼九族，取贵一时"，终因势力庞大"为执政所患"，落得个"莫不破家"(《省事》篇)的悲惨结局。所以，他一再强调为官的危险性，告诫子孙不要过于功利化，与"利"一定要保持距离：

自丧乱已来，见因托风云，徼幸富贵，旦执机权，夜填坑谷，朔欢卓、郑，晦泣颜、原者，非十人五人也。慎之哉！慎之哉！(《止足》篇)

畏惧心态使颜之推格外推崇古人"无多言，多言多败；无多事，多事多患"的遗训，在政治生活中小心翼翼地生存。这种心态也促使颜之推对士大夫的政治义务作出种种限制，如谏诤，"以正人君之失"固然是应该的，但要做到"思不出位"，即不越职言事。又如上书陈事，固然有"陈国家之利害"的益处，但士大夫论政得失往往有着"攻人主之长短"、"带私情之与夺"等不良倾

向，最终导致“终陷不测之诛”的下场，因此，君子应遵守法度，耻于越位献书言计。(《省事》篇)

颜之推一生经历了许多国家变故和人生磨难，心态变得非常复杂，主要体现为务实心态和畏惧心态。前者使他努力发挥儒家入世思想和实用理性精神，通过完善自我人格、培养实践能力的方式积极适应社会。后者使他以儒家的道德观念和个人的理智为约束力，自觉克制和限制士大夫个体的物质、政治欲望，最终得以远离政治漩涡，甚至变得极端克制、忍让和患得患失，在一定程度上扭曲了人格。其务实心态实际上表现出士族阶层重振文化优势的努力，其畏惧心态则是已无政治优势可言的士族的权宜之策。前者促使颜之推积极进取以谋求生存之道、“务先王之道，绍家世之业”；后者促使他在社会生活，尤其是政治生活中谦退谨慎，尽力回避险难之事，远离危险境地。不可否认，颜之推的复杂心态中既有儒家的实用理性精神，也有浓重的委曲求全心理，使他尽可能磨灭自己的个性，消除自己的锋芒以适应社会。磨灭自己的个性本身也是一个“铭肌镂骨”的痛苦过程，加之外在恶劣的生存环境，颜之推的心态在一定程度上变得扭曲。颜氏“自南及北，未尝一言与时人论身分”(《省事》篇)，表现得谨慎、低调。因初入邺城以文学批评得罪北齐文人，却表现得“至今为悔”(《文章》篇)，对自己偶然的过失无法释怀就不只是一种小心，而是心灵的极度压抑、扭曲。《文章》篇更有“深宜防虑，以保元吉”之言，至于“戒之哉”、“慎之哉”之类充满怵惕的告诫在《家训》中触目皆是。颜之推过于注重生存的人生经验也使其心态变得功利，将是否有利于生存作为衡量士大夫诸多社会活动的标准。对此，纪昀甚至讽刺说：“此自圣贤道理，然出自黄门口，则另有别肠，除却利害二字，更无家训矣,此所谓貌合而神离。"[1]纪氏所言,不无道理。

颜之推在诸多的人生磨难中,体会到生存的艰难;在众多的打击当中,体会到保全性命的重要性。所以在政权更替之际,颜之推总是选择侍奉新主的政治道路,以期赢得生存的机会。但是赢得生存的机会并不意味着拥有宁静和坦然的内心。在辗转南北多个政权期间,生存艰难、仕途险恶使颜之推心态变得复杂,甚至使其心态变得严重的扭曲、矛盾。作为一名深受儒家传统思想熏陶的士大夫,颜之推在朝市迁革、山谷陵替的过程中,必须面对忠孝节义的道德"磨难"。对待人臣的忠孝节义,颜之推祖父颜见远、父亲颜协"并以义烈称"(《北史》本传),以消极的方式表示与最高统治者的不合作或疏远。颜之推播越南北,却在汉族、鲜卑族等不同政权中谋求生存,其气节显然无法与乃祖、乃父相比。而在与统治者合作的过程中,其内心的压力、耻辱感是非常沉重的。面对忠和孝、家族利益和国家利益、入世和避世种种矛盾,颜之推也曾作出辩解,但其内心终未得到平衡,依旧非常苦闷、矛盾。这种矛盾的心态最突出的表现就是颜之推一方面赞美儒家舍生取义的人生观,另一方面在生死关头仍旧取生舍义:

> 不屈二姓,夷、齐之节也;何事非君,伊、箕之义也。自春秋已来,家有奔亡,国有吞灭,君臣固无常分矣;然而君子之交绝无恶声,一旦屈膝而事人,岂以存亡而改虑?(《文章》篇)

> 夫生不可不惜,不可苟惜。涉险畏之途,干祸难之事,贪欲以伤生,谗慝而致死,此君子之所惜哉;行诚孝而见贼,

① 转引自王利器:《颜氏家训集解(增补本)》,第10页。

履仁义而得罪，丧身以全家，泯躯而济国，君子不咎也。（《养生》篇）

也许正是有鉴于乃祖、乃父的死节之举，才选择了委曲求全的人生道路。颜氏一面宣扬生命不可苟惜，一面又辩解"岂以存亡而改虑"，认为动荡社会中君臣已无常分，很显然颜之推在现实生活中并未积极实践儒家义理。这些观点一定程度上是颜之推为自己屡仕新朝进行的辩解，但这种前后矛盾的人生观，恰好反映出他本人内心的软弱以及心理的难以平衡。与前面那些务实的教诲和谨慎的告诫相比，这些辩解显得自相矛盾。还需注意的是，颜之推入北后，不仅要面对个人的生存问题，更承担着颜氏家族的生存和延续。迫于家族"骨肉单弱，五服之内，傍无一人，播越他乡，无复资荫"（《终制》篇）的压力，他最终选择了生存而不是忠义，承认自古忠孝难全，家族利益与国家利益无法完全一致："身计国谋，不可两遂。诚臣徇主而弃亲，孝子安家而忘国，各有行也。"（《归心》篇）再一次将国家利益放在后面。

入北后的生存已经让颜之推倍感沉重，而他心态中还有及其沉重的一面：浓重的耻辱感。如果说，前文所论述的颜氏的"当自求诸身"、"得以自资"（《勉学》篇），体现出自求、自立的实际眼光、实用心理的话，那么，"小臣耻其独死"（《观我生赋》）则迸发出作者内心无法消解的亡国之耻。相比于散文，这种耻辱以及伴随而来的忏悔，更多地倾泻在辞赋和诗歌之中。颜之推"一生三化"，经历了侯景陷建康、西魏陷江陵和北周灭北齐，其中，萧梁覆亡给他留下铭肌镂骨之痛。《古意二首》其一云：

未获殉陵墓，独生良足耻。悯悯思旧都，恻恻怀君子。白发窥明镜，忧伤没余齿。

足见独生的耻辱萦绕心头，伴随终生，无法摆脱。每念及亡国经历，只能徒增忧郁。

《观我生赋》中耻辱、羞愧、憾恨等词语也很多见，例如：

> 小臣耻其独死，实有愧于胡颜，牵痾疻而就路，策驽蹇以入关。下无景而属蹈，上有寻而亟搴，嗟飞蓬之日永，恨流梗之无还。

又如：

> 遭厄命而事旋，旧国从于采芑……遂留滞于漳滨，私自怜其何已。

颜之推内心的自怜自哀甚至发酵成为一种极端的自我蔑视、自我讽刺：

> 予一生而三化，备荼苦而蓼辛，鸟焚林而铩翮，鱼夺水而暴鳞，嗟宇宙之辽旷，愧无所而容身。夫有过而自讼，始发矇于天真，远绝圣而弃智，妄锁义以羁仁，举世溺而欲拯，王道郁以求申。既衔石以填海，终荷戟以入榛，亡寿陵之故步，临大行以逡巡。向使潜于草茅之下，甘为畎亩之人，无读书而学剑，莫抵掌以膏身，委明珠而乐贱，辞白璧以安贫，尧、舜不能荣其素朴，桀、纣无以污其清尘，此穷何由而至，兹辱安所自臻？而今而后，不敢怨天而泣麟也。

人生的磨难使颜之推内心充满酸楚、凄苦，失林离群之鸟、无水曝鳞之鱼的比喻既恰切又震撼。内心难以言状的耻辱感、精神上的屈辱，让作者向自己的人生发起了猛烈的批判和否定，以“向使潜于草茅之下，甘为畎亩之人”否定了读书仕进之路。《终制》篇则直陈现实中的耻辱：“计吾兄弟，不当仕进；但以门衰，骨肉单弱，五服之内，傍无一人，播越他乡，无复资荫；使汝等沉沦厮役，以为先世之耻；故靦冒人间，不敢坠失。”以个人之耻挽回家族之耻。

诗歌、辞赋中这种浓郁的耻辱、忏悔，让很多后代学者看到了颜之推真诚的一面，而予以褒扬。沈豫《秋阴杂记》曾指出颜之推《观我生赋》较之庾信《哀江南赋》更加感人：

有说《哀江南赋》，情词悱恻，子山独步一时。然云：“宰相以干戈为儿戏，缙绅以清谈为庙略。”全是责人，而致命遂志之语，一无流露。读颜之推《观我生赋》，其哀音苦节，与子山同遭侯景之难，而其词则曰：“小臣耻其独死，实有愧于胡颜。”较信颇为悃款。①

唐人修《北齐书》，于《文苑传》录颜之推《观我生赋》，足见唐人以文学家目之推，且赞该赋“文致清远”，意谓其具有阳刚之气和强烈的感染力。论庾信，则指责其辞赋“其体以淫放为本，其词以轻险为宗。故能夸目侈于红紫，荡心逾于郑、卫”，“斯又词赋之罪人也”（《周书》卷四十一）。

王夫之评价颜之推《古意二首》，亦由衷赞美其情感之深厚、真实，有过庾信：

平赡尔雅，杂叙无痕迹，乃似东京人制作。六代人士过奖风流，廉隅几丧，不昧初心者，庾开府、颜黄门而已。开府俊朗，遂多得之慷慨，以申悲愤；黄门彬彬大雅，正以典则将其忠孝。度彼参此，情文交得者，唯黄门乎？②

王夫之亲历明朝灭亡，其对《古意二首》“独生良足耻”数句的体

---

① 王利器：《颜氏家训集解（增补本）》，第658页。

② 王夫之评选，张国星点校：《古诗评选》，河北大学出版社，2008年11月版，第330页。

会颇深，故称颜之推不弃廉隅之初心，“正以典则将其忠孝”，正由于心存忠孝，诗歌方显“彬彬大雅”气度，独得“情文交得”之赞。

诗歌、辞赋中的耻辱感与忏悔，使颜之推在人生浮沉起落之中，表现出面对灵魂的可贵勇气。虽然《观我生赋》和《古意二首》，无法与托尔斯泰、奥古斯丁、卢梭《忏悔录》、巴金《随想录》相提并论，但他“自咎自责，贯心刻髓”（《终制》篇）承受着内心难以摆脱的痛苦和矛盾，坦陈心中的耻辱、忏悔，在六朝诗文中是非常罕见与珍贵的，令人不能忽视其艺术价值，不能不敬重其为人。

第四节　“纂书盛化之旁，待诏崇文之里”
——颜之推入北后的文化、文学活动

颜之推于北齐文宣帝天保七年（556）入邺，在参与北齐朝政的同时，也参与了北齐的文化、文学活动。具体地说，颜氏与北齐文人交流的范围广泛，包括了文学批评、文字学、训诂学、典章制度等诸多内容：

吾初入邺，与博陵崔文彦交游，尝说《王粲集》中难郑玄《尚书》事。（《勉学》篇）

《穀梁传》称公子友与莒挐相搏，左右呼曰“孟劳”。“孟劳”者，鲁之宝刀名，亦见《广雅》。近在齐时，有姜仲岳谓：“‘孟劳’者，公子左右，姓孟名劳，多力之人，为国所宝。”与吾苦诤。时清河郡守邢峙，当世硕儒，助吾证之，赧然而伏。又《三辅决录》云：“灵帝殿柱题曰：‘堂堂乎张，京兆田郎。’”……有一才士，乃言：“时张京兆及田郎二人皆

堂堂耳。”闻吾此说，初大惊骇，其后寻愧悔焉。（同上）

吾尝从齐主幸并州，自井陉关入上艾县，东数十里，有猎闾村。后百官受马粮在晋阳东百余里亢仇城侧。并不识二所本是何地，博求古今，皆未能晓。及检《字林》、《韵集》……悉属上艾。时太原王劭欲撰乡邑记注，因此二名闻之，大喜。（同上）

余尝为赵州佐，共太原王劭读柏人城西门内碑。碑是汉桓帝时柏人县民为县令徐整所立，铭曰：“山有巏嵍，王乔所仙。”方知此巏嵍山也。巏字遂无所出。嵍字依诸字书……入邺，为魏收说之，收大嘉叹。值其为《赵州庄严寺碑铭》，因云：“权务之精。”即用此也。（《书证》篇）

河间邢芳语吾云：“《贾谊传》云：‘日中必熭。’注：‘熭，暴也。’曾见人解云……此释为当乎？”吾谓邢曰：“此语本出太公《六韬》……晋灼已有详释。”芳笑服而退。（同上）

至邺已来，唯见崔子约、崔瞻叔侄，李祖仁、李蔚兄弟，颇事言词，少为切正。李季节著《音韵决疑》，时有错失；阳休之造《切韵》，殊为疏野。（《音辞》篇）

《书证》篇“《诗》云：‘駉駉牡马’”条记邺下博士与作者之间就《駉颂》进行的辩难；“‘也’是语已及助句之辞”条批评北齐儒生由于“邺下《诗》本，既无‘也’字”而对《诗经》的错误注解；《名实》篇“有一士族，读书不过二三百卷”条记录笃好文学的东莱王韩晋明告知颜之推某士大夫文学、学术“多非机杼”的事实；此外，《文章》、《风操》等篇还有一些记载颜氏与北齐文人之间的文学、礼学交流的片断。从这些篇章中可以推断，颜之推进入北齐之后不久即与北齐文人进行了文化、文学（批评）方面的交流。其中,占较大比重的是文字学、训诂学和音韵学方面的学术交流。颜之推在交流过程中,既表现出文字和训诂方面的深厚功底,也在适应北齐学术环境的同时,对北齐学术的弊病进行思考和批评。《音辞》篇曾就北齐文人的语言面貌进行批评,《勉学》篇则对北齐学术风气进行评价:

洛阳亦闻崔浩、张伟、刘芳,邺下又见邢子才:此四儒者,虽好经术,亦以才博擅名。如此诸贤,故为上品,以外率多田野间人,音辞鄙陋,风操蚩拙,相与专固,无所堪能,问一言辄酬数百,责其指归,或无要会。邺下谚曰:“博士买驴,书券三纸,未有驴字。”

颜氏还批评了北齐儒士学术视野狭窄:“不涉群书,经纬之外,义疏而已。”结合前面所引的文字,可以说,颜之推的观点显然是有感而发,切中北齐学术之弊。

这种学术、文化交流过程也伴随着文学方面的往来,如前所引《书证》篇“余尝为赵州佐”条云“(魏收)为《赵州庄严寺碑铭》,因云:‘权务之精’”,即说明颜氏与魏收之间交流涉及文学作品,否则,颜之推不会知道《赵州庄严寺碑铭》的内容。尽管在《文章》篇中,颜氏认为自己初入邺时批评他人作品的举动很不慎重,这从反面说明了他初入北齐即参与邺京的文学批评活动。

由于南朝的文化较发达,文学水平较高,学人往往误认为南朝文学始终高于北朝文学,颜之推由南入北,则是从优越的文化环境到了贫瘠的文化环境。实际上,南朝文学经历了齐梁新变之风以后,由于诗歌内容狭窄、单一,从梁朝后期就开始走下坡路。尽管北朝的文化氛围远远比不上南朝,文学成就也远逊南朝,但北方自北魏元宏迁洛后大力推行汉化以来,文学创作逐渐起步、发展，至北魏末和北齐而兴盛起来。① 不可否认，北齐文化具有浓重的、落后的鲜卑文化色彩，但这并不意味着它的文学创作水平低下。因为一方面北齐文人热衷学习南朝优秀的文学作品，另一方面，经过北魏、东魏和北齐建国初期的发展，北齐自身文化、文学都有较大发展，其文化、文学水平比北周要高出许多。就文学而言，北齐文坛上先后涌现出不少较为出色的作家，《北齐书》卷四十五《文苑传序》云：

> 有齐自霸图云启，广延髦俊，开四门以纳之，举八纮以掩之，邺京之下，烟霏雾集，河间邢子才、钜鹿魏伯起、范阳卢元明、钜鹿魏季景、清河崔长儒、河间邢子明、范阳祖孝征、乐安孙彦举、中山杜辅玄、北平阳子烈并其流也。复有范阳祖鸿勋亦参文士之列。天保中，李愔、陆邛、崔瞻、陆元规并在中书，参掌纶诰。其李广、樊逊、李德林、卢询祖、卢思道始以文章著名。皇建之朝，常侍王晞独擅其美。河清、天统之辰，杜台卿、刘逖、魏骞亦参知诏敕。自愔以下，在省唯撰述除官诏旨，其关涉军国文翰，多是魏收作之。及在武平，李若、荀士逊、李德林、薛道衡为中书侍郎，诸军国文书及大诏诰俱是德林之笔，道衡诸人皆不预也。

这段文字记录了有齐一代所有文人，虽不免有所夸张，但北齐本土文人呈现出人才济济的现象却是不争的事实。北齐开国之初承东魏文学之余绪，邢邵、魏收、卢元明、祖鸿勋诸人支撑文坛；天保年间樊逊、李德林、卢询祖、卢思道等人开始崭露头角；河清、天统年间又涌现出杜台卿、刘逖等人；至武平年间李德林、

① 参见曹道衡：《中古文学史论文集》，中华书局，1986 年 7 月版，《试论北朝文学》。

薛道衡等人崛起,唯其如此,武平三年文林馆奏立才成为可能。而且,北齐文人多擅长应用文,其文学活动与“参掌纶诰”、“参知诏敕”密切相关,表现出鲜明的实用特色,即使以文章著名的魏收也多作“军国文翰”。而且,北齐整体文化环境认同文笔、笔札这些具有实用色彩的应用文①。如:

> 孙搴,字彦举,乐安人也……以文才著称……高祖大悦,即署相府主簿,专典文笔。(《北齐书》卷二十四《孙搴传》)
>
> (杜)弼长于笔札,每为时辈所推。(《北齐书》卷二十四《杜弼传》)
>
> (杜)台卿文笔尤工,见称当世。(《北齐书》卷二十四《杜弼传》附)
>
> (荀士逊)以文辞见用。(《北齐书》卷四十五《荀士逊传》)

这些文人都以文笔而非诗歌著称,不仅受到帝王的重用,更得到社会的推崇。颜氏入邺之后,因具有掌管书翰的经验受到北齐显祖的重视,“即除奉朝请,引于内馆中,侍从左右”(《北齐书》本传),可以直接了解北齐帝王的文化价值取向。

在学习南朝文学的过程中,北齐文人非常注重学习南朝骈文。著名文人邢邵、魏收之间还因此产生过争议:

> 邵又云:“江南任昉,文体本疏,魏收非直模拟,亦大偷窃。”收闻乃曰:“伊常于《沈约集》中作贼,何意道我偷任昉。”(《北齐书》卷三十七《魏收传》)

抛开邢、魏之间的言论攻击,不应忽视的是,沈、任在齐梁间以文笔著称,邢、魏学习的重点应该是沈、任二人的骈文。要之,北齐

---

① 北朝的文笔、笔札多指应用文,即散文,有别于南朝文学中的“文笔”。

文学创作以散文、骈文为主流，不独以诗歌为重，文人的主要创作精力用于写作文章，这与南朝文人多擅长诗歌创作大不相同。北齐这种注重文笔的环境为颜之推的文学创作方向由诗歌转向笔札提供了可能性，而武平三年文林馆设立又为这种可能提供了一个实践的机会。

北齐后主武平三年(572)文林馆设立，几乎聚集了所有北齐文人，标志着北齐文才兴盛：

> 于是更召引文学士，谓之待诏文林馆焉。珽又奏撰《御览》，诏珽及特进魏收、太子太师徐之才、中书令崔劼、散骑常侍张雕、中书监阳休之监撰。珽等奏追通直散骑侍郎韦道逊、陆乂、太子舍人王劭、卫尉丞李孝基、殿中侍御史魏澹、中散大夫刘仲威、袁奭、国子博士朱才、奉车都尉眭道闲、考功郎中崔子枢、左外兵郎薛道衡、并省主客郎中卢思道、司空东阁祭酒崔德、太学博士诸葛汉、奉朝请郑公超、殿中侍御史郑子信等入馆撰书，并敕(萧)放、(萧)悫、(颜)之推等同入撰例。复令散骑常侍封孝琰、前乐陵太守郑元礼、卫尉少卿杜台卿、通直散骑常侍王训、前南兖州长史羊肃、通直散骑常侍马元熙、并省三公郎中刘珉、开府行参军李师上、温君悠入馆，亦令撰书。复命特进崔季舒、前仁州刺史刘逖、散骑常侍李孝贞、中书侍郎李德林续入待诏。寻又诏诸人各举所知，又有前济州长史李翥、前广武太守魏骞、前西兖州司马萧溉、前幽州长史陆仁惠、郑州司马江旰、前通直散骑侍郎辛德源、陆开明、通直郎封孝骞、太尉掾张德冲、并省右民郎高行恭、司徒户曹参军古道子、前司空功曹参军刘颉、获嘉令崔德儒、给事中李元楷、晋州治中阳师孝、太尉中兵参军刘儒行、司空祭酒阳辟疆、司空士曹参军

卢公顺、司徒中兵参军周子深、开府参军王友伯、崔君洽、魏师謇并入馆待诏，又敕右仆射段孝言亦入焉。(《北齐书》卷四十五《文苑传序》)

虽然文林馆中也存在着“亦有文学肤浅，附会亲识，妄相推荐者十三四焉”的不良现象，但“当时操笔之徒，搜求略尽”、“待诏文林，亦是一时盛事”。由于召引文学之士的规模很大，文林馆的设立是分批完成的：“珽等奏追通直散骑侍郎韦道逊”、“复令散骑常侍封孝琰”、“复命特进崔季舒”、“寻又诏诸人各举所知”，说明搜求文才的过程是一个逐渐扩大的过程。这表明北齐文学经历了天保、皇建、河清、天统之朝，至武平年间达到顶峰。《隋书》卷七十六《文学传序》认为南北朝文学兴盛有各自不同的阶段：

暨永明、天监之际，太和、天保之间，洛阳、江左，文雅尤盛。于时作者，济阳江淹、吴郡沈约、乐安任昉、济阴温子昇、河间邢子才、钜鹿魏伯起等，并学穷书圃，思极人文，缛彩郁于云霞，逸响振于金石。英华秀发，波澜浩荡，笔有余力，词无竭源。方诸张、蔡、曹、王，亦各一时之选也。

这段文字认为南朝文学兴盛于齐梁间，“永明、天监之际”正是其黄金时期。而北方文学兴盛要稍微晚一些，出现于北魏孝文帝元宏后期的太和年间(477—499)和北齐文宣帝高洋天保年间(550—559)。但《隋书》卷七十六《文学传序》忽视了北齐文学具有强大后起力量。如果说北齐建国初期的文人邢邵、魏收、卢元明等人还体现出北魏、东魏文学生命力，那么，天保至武平年间，北齐后期文坛上涌现出李德林、卢询祖、卢思道、薛道衡等人，客观上证明了北齐本土文学不容忽视的生命力。而同时期的陈朝却只有徐陵、阴铿等少数几人支撑文坛。北齐灭亡后，随驾后赴长安的十八人中有十人曾待诏文林馆。这些文人入周之后，经过短暂的过渡进入隋朝，成为隋朝文学的中坚力量：

> 时之文人，见称当世，则范阳卢思道、安平李德林、河东薛道衡、赵郡李元操、钜鹿魏澹、会稽虞世基、河东柳䛒、高阳许善心等，或鹰扬河朔，或独步汉南，俱骋龙光，并驱云路……（《隋书》卷七十六《文学传序》）

值得注意的是，虽然隋朝统一天下，南北文人汇集长安，但总体而言，北朝文人要略胜一筹。其中，卢思道、薛道衡、李德林、李元操和魏澹为北齐文人，全是文林馆中人，再次证明了北齐文学的强大实力。卢、薛二人更名列隋朝三大家之中，成为隋朝文学的代表。

与“贵于清绮”、“宜于咏歌”的南朝文学不同，北齐文学明显带有北方“词义贞刚”、“重乎气质”的特点，最终体现出“便于时用”的特色。文林馆中所进行的文化活动主要与文笔有着密切的联系，与诗歌联系甚少。文林馆的主要任务是处理国家公文，同时也进行编纂大型书籍，尤其是类书的工作。如《北齐书》卷八《后主纪》记载武平三年二月“敕撰《玄洲苑御览》，后改名《圣寿堂御览》”。同年八月“《圣寿堂御览》成，敕付史阁，后改为《修文殿御览》”。此外，颜之推《观我生赋》自注还记录文林馆撰有《续文章流别论》。与南朝文人以诗酒相会的风雅特点不同，文林馆中的文人活动明显带有实用的特点。

可以说，颜之推入齐，适逢北齐文学处于上升、发展阶段，他一方面得益于一个富有生命力的文学环境，另一方面，该环境的文学取向注重“便于时用”的笔札，加上颜之推的务实心态又促使他选择具有实用色彩的散文，其文学才能遂逐步向散文、骈文发展，逐渐远离诗歌。进入文林馆之后，颜之推即表现出“工尺牍”的特长，大受祖珽重视，“令掌知馆事，判署文书”（《北齐书》本传）。抛开借助文林馆与鲜卑文化抗衡的政治、文化原因不谈，颜之推此时主要与朝廷公文打交道，即主要与应用文打交道。文林馆文化活动客观上为颜氏的文学创作由诗转向文提供了外在环境，颜之推在此充分锻炼了写作应用文的能力，为其散文写作奠定了坚实的基础。

除了编纂书籍、处理国家公文之外，文林馆中的文人还就文学创作和文学批评进行交流。这些文人以北齐本土文人为主，也聚集了由南入北的一批文人，如颜之推、萧放、萧悫、袁奭、眭道闲、朱才、诸葛汉、萧溉、江旰等人。待诏文林馆就为南北文人之间的文化、文学交流提供了难得的机会。由于北齐文学处于上升阶段，文人的文学趣味逐渐成熟，由单一变得多样，颜之推与北齐文人的交流侧重文学批评。《文章》篇记录了北朝文人对南朝文学的学习、批评的多种态度、观点。从时间上看，少数例子发生在文林馆设立之前：

范阳卢询祖，邺下才俊，乃言："此(指王籍《入若耶溪》诗云：'蝉噪林逾静，鸟鸣山更幽')不成语，何事于能？"魏收亦然其论。

卢询祖卒于文林馆成立之前①，魏收是"北地三才"之一，在北齐文坛上享有盛誉，卒于文林馆成立之初，两人可视为北齐前期文人。卢询祖本人有一定文学才华，《北齐书》卷二十二《卢询祖传》称他"文章华靡"，并载有《筑长城赋》和为赵郡王妃郑氏所制的《挽歌词》，后者风格清丽可爱，尤其"春艳桃花水，秋度桂枝风"颇见作者借鉴南朝诗歌之处。魏收也很注意学习南朝文

① 据曹道衡、刘跃进《南北朝文学编年史》(人民出版社，2000 年 11 月版)记：566 年 7 月，卢思道作《卢记室诔》。其中，卢记室即卢询祖，当知卢氏对王籍《入若耶溪》诗的评价在 566 年之前。

学，后将提及。可以说，卢、魏两位北齐文人都有学习南朝文学的经历，而他们对王籍诗句表现冷淡，反映出与南朝诗人迥然不同的审美情趣。

在北朝文人向南朝文学学习之初，南朝的作家、作品曾有着不可动摇的地位，因此，北齐前期的文坛争论主要是学习南朝文学的争议，《文章》篇记录了最激烈的邢、魏之争：

> 邢子才、魏收俱有重名，时俗准的，以为师匠。邢赏服沈约而轻任昉，魏爱慕任昉而毁沈约，每于谈讌，辞色以之。邺下纷纭，各有朋党。祖孝征尝谓吾曰："任、沈之是非，乃邢、魏之优劣也。"

《北齐书》卷三十六《邢邵传》云："（邵）词致宏远，独步当时，与济阴温子昇为文士之冠，世论谓之温、邢。钜鹿魏收，虽天才艳发，而年事在二人之后，故子昇死后，方称邢、魏焉。"《北齐书》卷三十七《魏收传》云："始收比温子昇、邢邵稍为后进，邵既被疏出，子昇以罪幽死，收遂大被任用，独步一时。议论更相訾毁，各有朋党。"由此可以判断，邢、魏交恶当在温子昇547年去世之后，到北齐文宣帝天保八年（557）达到高潮并公开化①。邢邵、魏收之间关于任、沈优劣的激烈争议更多地反映出北齐文人早期对南朝文学的学习以接受为主。天保七年颜之推入齐，对邢、魏之间的争论未能全面了解，而"武平中，黄门郎颜之推以二公意问仆射祖珽，珽答曰：'见邢、魏之臧否，即是任、沈之优劣。'"（《北齐书》卷三十七《魏收传》）其中，"武平中"应是文林馆成

---

① 《北齐书》卷三十七《魏收传》记天保八年夏三台成，"文宣曰：'台成须有赋。'（杨）愔先以告（魏）收，收上《皇居新殿台赋》，其文甚壮丽。时所作者，自邢邵已下咸不逮焉。收上赋前数日乃告邵。邵后告人曰：'收甚恶人，不早言之。'"

立之后，颜之推有时间、有机会对北齐文坛的重大现象进行思索、探寻。《文章》篇通过记录北齐文人对南朝文学的学习、借鉴间接反映出北齐文学的前进历程。

北齐文人学习南朝文学并非一味地接受，随着北齐文学的发展、成熟，北齐文人表现出与南朝文人大为不同的审美取向。其中，既包含着南北文学间的差异，也隐含着北齐文人审美意识的进步：

> 兰陵萧悫，梁室上黄侯之子，工于篇什。尝有《秋诗》云："芙蓉露下落，杨柳月中疏。"时人未之赏也。吾爱其萧散，宛然在目。颍川荀仲举、琅邪诸葛汉，亦以为尔。而卢思道之徒，雅所不惬。（《文章》篇）

卢思道为北齐后期文人，其对南朝诗歌纤巧、清新诗风表现出不满，显示出北齐后期文人已经不再片面认同南朝审美趣味，而是有着自己的审美标准。而这种审美能力的进步是以北齐文学进步为基础的①。在北齐文学进程中，"卢思道之徒"的观点已不同于早年的邢、魏之争，它更多地反映出北朝诗人具有较成熟的审美能力，创作已不再一味追随、模仿南朝文学。从547年前后，魏收与邢邵在学习、评价南朝文学上的争执算起，到武平年间，卢思道诸人对萧悫《秋诗》"雅所不惬"，其间只有二十余年的时间。"雅所不惬"正表明了北朝文人在创作上进步的同时，

① 如前所述，北齐文学经过数十年的发展，自文宣帝天保年间逐渐超过南朝文学，南北朝文学遂呈现出南衰北盛的格局。《隋书》卷五十七《薛道衡传》记北齐后主武平元年（570），陈使傅縡聘齐，齐"以道衡兼主客郎接对之。縡赠诗五十韵，道衡和之，南北称美，魏收曰：'傅縡所谓以蚓投鱼耳。'"又云："江东雅好篇什，陈主尤爱雕虫，道衡每有所作，南人无不吟诵焉。"这些事例说明，北朝后期文学创作水平发展迅速，出色的北朝诗人已经大大超过南朝文人。

也逐步形成了自己的审美观念。武平三年"待诏文林馆",几乎聚集了北齐文坛上所有文士,魏收、萧悫、诸葛汉、颜之推、卢思道、薛道衡等人都参与其中,它实际上为诸多北朝文人和入北的南朝文人提供了一个互相交流与切磋的机会。颜、卢二人对于萧悫《秋诗》的不同评价应该发生在待诏文林馆期间。《文章》篇对卢思道等北齐文人评价南朝作品的记载,客观上反映出北朝文学进步的历程。

最后,综述一下颜之推的著述情况,并附带分析他所常用的文体。颜之推一生著述丰富,《北齐书》本传云:"有文三十卷、撰《家训》二十篇,并行于世。"据王利器考订,颜之推的著作还有:

> 《承天达性论》(《法苑珠林》一一九《传记》篇),《训俗文字略》一卷(《隋书·经籍志》、《册府元龟》六〇八)、《证俗文字音》五卷(《家庙碑》。《隋书·经籍志》颜之推《证俗音字略》六卷,《宋史·艺文志》颜之推《证俗音字》四卷,又《字始》三卷,郭忠恕修《汗简》所得凡七十一家事迹,列有颜黄门《说字》及《证俗古文》,即《证俗音字略》,亦即《证俗文字音》也,今有辑本。《玉海》四五:"颜之推《证俗音字》四卷,援诸书为据,正时俗文字之谬,凡三十五目。"《新唐书·艺文志》有张推《证俗音》三卷,说者谓"张推"即"颜之推"之误),《急就章注》一卷(《旧唐书·经籍志》、《新唐书·艺文志》。王应麟《急就篇后序》:"颜之推注解,轶而不传。"则是书于南宋时已亡佚矣),《笔墨法》一卷(《新唐书·艺文志》),《集灵记》二十卷(《隋书·经籍志》、《册府元龟》五五六。《旧唐书·经籍志》、《新唐书·艺文志》作十卷。今有辑本),《冤魂志》三卷(今存。《册府元龟》五五六作《冤魄志》,《法苑珠林》一一九作一卷,宋

以后书目著录者作《还冤志》。又有敦煌写本),《诫杀训》一卷(《法苑珠林》一一九。《广弘明集》二六引《诫杀家训》,即从《家训·归心》篇后半部分别出单行者),《八代谈薮》(《遂初堂书目》),《七悟》一卷(《隋书·经籍志》。《新唐书·艺文志》作《七悟集》,《旧唐书·经籍志》误作颜延之撰),《稽圣赋》(令狐峘《颜鲁公神道碑铭》。《新唐志》有李淳风注颜之推《稽圣赋》一卷,今案:《一切经音义》五一引李淳风注《稽圣赋》一条)。①

颜之推的著述按照体裁和内容大致可以分为以下几类:学术性著作有《证俗音字》、《急就章注》、《笔墨法》;志怪小说有《集灵记》、《冤魂志》、《八代谈薮》(《遂初堂书目》道光二十六年刻《海山仙馆》本归为小说类,今暂归于志怪小说类);散文有《家训》;辞赋有《稽圣赋》、《观我生赋》和《七悟》。其中,《家训》、《冤魂志》和《观我生赋》流传至今,篇幅较为完整。逯钦立《先秦汉魏晋南北朝诗》辑其诗歌共五首,另有一句佚名诗。此外,《稽圣赋》有佚句,《集灵记》和《证俗音字》有辑本②。从著述情况来看,颜氏作品以文为主,《北齐书》本传云其“有文三十卷、撰《家训》二十篇”,也说明颜之推的创作是以文笔为主,并不以诗赋为重。而且,其著作带有明显的学术成分,具体到《家训》中,《书证》、《音辞》和《勉学》等文章就有着浓重的学术特点。学者特有的周密的思维方式和论述方式在一定程度上也影响了《家训》的行文方式,关于这一点在第三章还有相应的论述。

① 王利器:《颜氏家训集解(增补本)》,第656页。

② 《小学钩沉》(《芋园丛书》本)存有清任大椿辑、王念孙校《证俗音》。鲁迅《古小说钩沉》辑有《灵异记》佚文一则。缪钺《颜之推年谱》:“今惟《家训》及《还冤志》存,其余诸书均佚。”有误。

第二章 《颜氏家训》研究(上)

"整齐门内,提撕子孙"
——浸透浓厚家族观念的《颜氏家训》

第一节 精神贵族的保家之念
——南北朝"家训"现象的文化底蕴

自汉代以来,遗令、诫子侄书、家诫等多种形式的家训为数不少,而"家训"文化真正形成和兴盛是在六朝时期,并成为东晋南北朝特有的文化现象。具言之,"家训"文化至南北朝蔚为大观,涌现出大量训诫后人的文字,南朝尤其突出:谢混有《诫族子诗》(《宋书》卷五十八《谢弘微传》),颜延之有《庭诰》(《宋书》卷七十三《颜延之传》),王僧虔有《诫子书》(《南齐书》卷三十三《王僧虔传》),徐勉有《诫子书》(《南史》卷六十《徐勉传》)。北朝世族亦有浓厚的家训风气,刁雍曾"著《教诫》二十余篇以训子孙"(《北史》卷二十六《刁雍传》),魏收"以子侄少年,申以戒厉,著《枕中篇》"(《北齐书》卷三十七《魏收传》)。作为由南入北的士大夫,颜之推更是留下了二十卷的《颜氏家训》。以作者自身的人生经验、教训垂训子弟,固然是"家训"文化的主要目的,但这些文字何以集中出现于东晋南北朝时期,显然值得深思。对其出现的历史原因和文化底蕴作一番简要的分析,将有助于我们解读颜之推及其《家训》。

东晋至南北朝，士族阶层经历了发展、兴盛和衰退的漫长历史过程，众多家训作品伴随着士族阶层的兴衰、浮沉，描述着士族阶层的精神面貌、精神需求。而且，东晋南北朝"家训"文化的写作主体和接受对象都属于士族阶层。可以说，"家训"文化的本质是士族文化，与士族的文化意识、生存意识息息相关。

首先，作为魏晋南北朝的文化贵族和教养贵族，士族非常注意文化的传承，家训成为士族门第之风和精神素养的重要标志。虽然随着历史的前进与朝代兴替，门阀士族自东晋后期开始逐渐由盛而衰，但是在东晋南北朝二百七十余年间，士族始终是社会的主流，有着强大的政治、经济势力。作为特殊的社会阶层，士族与当时社会的政治、经济、文化、教育都有着相当密切、重要的联系。士族在政治上"平流进取，坐至公卿"①，在经济上占有大量土地与劳动力。应该肯定，门第的形成，经济基础是关键，政治是保障，但是仅靠这两点并不能保持士族的生存优势。因为东晋南北朝门阀士族并不同于影响一时一地的豪强地主，豪强地主会因改朝换代、政府的打击、农民起义种种原因而倏忽消失。而门阀士族虽经王朝更迭、异族入侵依旧绵衍长存的现象，单从政治与经济方面来解释，还不够全面。门阀士族的延续离不开政治利益，更离不开自身的文化命脉。因为在东晋南北朝，文化是构成门第的必要条件。田余庆曾提出："非玄非儒而纯

① 语出《南齐书》卷二十三《褚渊、王俭传》。高门士族开始做官多为秘书郎与著作佐郎这样地望清美且升迁很快的官职。有人甚至相当自负："自负才地，谓当时莫及……一二年间，便望宰相。"(《宋书》卷七十五《王僧达传》)

以武干居官的家庭，罕有被视作士族者。”①很明显，如不具备文化优势，仅凭政治、经济优势，决不会成为士族。

客观地说，士族门阀与文化命脉、文化优势之间有着极其微妙的关系。东晋南北朝时期，士族握有政治、经济特权，既是文化的继承者，又是文化的垄断者。前两种优势为他们提供了优越的社会环境和富裕的物质生活，使其有足够的精力投入到文化整理、研究和文学、艺术创作当中。重视文化、学术、教育则又为士族阶层培养出众多的文学、艺术、礼学等方面的人才。其中，最具代表性的是东晋门阀士族，他们不仅左右朝政，经济上以大田庄产业为其雄厚的物质基础，而且在文化上居于统治地位，文艺上也表现出特殊才能，涌现出诸如琅邪王氏、高平郗氏、颍川庾氏和陈郡谢氏等文艺世家。唯其如此，东晋南北朝出现了诸多文艺世家、学术世家。应该肯定的是，门阀士族的维系固然离不开血缘，但血缘与文化比较，文化更重要②。换言之，六朝士族的特色、标志主要在于其文化优势。有的海外学者甚至提出六朝士族并非“土地贵族”，而是“官僚贵族、教养贵族”③。事实上，建立在家族基础上的门第文化是东晋南北朝时期的特殊现象，它也是东晋南北朝文艺、学术发达的文化基础。陈寅恪曾明确指出文化因素在士族发展中占

① 田余庆：《东晋门阀政治》，北京大学出版社，2000 年 4 月版，第 339 页（下引此书，版本均同）。

② 参见张可礼：《东晋文艺综合研究》，山东大学出版社，2001 年 1 月版，第三章《门阀士族与东晋文艺》。

③ 参见〔日〕谷川道雄著，马彪译：《中国中世社会与共同体》，中华书局，2002 年 12 月版，第一编第二章之《六朝贵族的自律世界》（下引此书，版本均同）。

有不容忽视的地位①。建立在学业（主要是家学）基础上的优雅、高贵的门风，成为士族有别于凡庶的鲜明标志。《勉学》篇亦云士大夫如不能学习儒家经典，发奋“以就素业”，终将“自兹堕慢，便为凡人”，此处的凡人即指寒门庶族，士族、庶族之间的文化差距不言而喻。颜之推入周之后，于困顿境地中依旧标榜“务先王之道，绍家世之业”，则表明家学、门风正是士族延续的重要因素。颜之推颇感自豪的“吾家风教，素为整密”（《序致》篇），也传达出两个重要信息：一是门第风教，即门风的形成要经历长时间的传承与积累；一是门风实际是士族有别于寒素的文化标志。足见文化因素在士族生存过程中的重要性。颜氏家族于学术则“世善《周官》、《左氏》”（《北齐书》本传），于文学则“家世文章，甚为典正，不从流俗”（《文章》篇）。颜之推所云“吾幼承门业”（《杂艺》篇）又折射出该家族在书法方面不俗的艺术修养。可以说，在六朝门第文化的熏染之下，《家训》本身有着极为浓厚的文化底蕴，自觉地维护并传递着家族的文化命脉。

士族政治、经济的优势，常常因社会动荡、政权变更受到极大影响，甚至迅速衰退。与此不同的是，六朝士族文化优势有着较为特殊的发展规律，在六朝历史中能够薪火相传。南北朝时期，士族阶层由于自身的衰退已无法保持政治、经济优势，文化优势就成为他们捍卫自身阶层的法宝、壁垒。这一点在本章第

① 陈寅恪《政治革命及党派分野》云：“夫士族之特点既在其门风之优美，不同于凡庶，而优美之门风实基于学业之因袭，故士族家世相传之学业乃与当时之政治社会有极重要之影响。”见《陈寅恪集：隋唐制度渊源略论稿·唐代政治史述论稿》，生活·读书·新知三联书店，2001 年 4 月版，第 260 页。

四节还有详细论述。

门第风教是士族的文化徽标，但是，士族的文化优势单靠垄断是无法保持的，只有把家族成员作为文化或学术的培养对象，才可以真正完成延续门第文化的任务。陈寅恪提到的“家世相传之学”说明士族需要依靠血缘关系，在家族中形成一定规模的门风或家学以保持、传递这种优势。对六朝士族而言，一方面，文化因素要比血缘因素更为重要；另一方面，文化优势的传承又依赖于血缘的延续，因为优秀的士族子弟正是担负起家族文化使命的合适人选。所以，在门第中培养优秀子弟作为家族文化命脉的继承者是每个士族家庭的迫切愿望。这里有陈郡谢氏和琅邪王氏的两个例子：

> 谢太傅问诸子侄：“子弟亦何预人事，而正欲使其佳？”诸人莫有言者，车骑答曰：“譬如芝兰玉树，欲使其生于阶庭耳。”（《世说新语·言语》）

> （王筠）又与诸儿书论家世集云：“史传称安平崔氏及汝南应氏，并累世有文才，所以范蔚宗云崔氏‘世擅雕龙’。然不过父子两三世耳；非有七叶之中，名德重光，爵位相继，人人有集，如吾门世者也。沈少傅约语人云：‘……自开辟已来，未有爵位蝉联，文才相继，如王氏之盛者也。’汝等仰观堂构，思各努力。”（《梁书》卷三十三《王筠传》）

王、谢是东晋南朝士族的典型代表，这两个例子都寄托了世家大族对后代的殷切希望，表现出培养优秀子弟以延续家族优势的强烈愿望。所不同的是谢氏处于门阀士族兴盛时期，教育后人侧重实际的政治才能；王氏处于门阀士族衰落时期，政治上已无实力可言，告诫子孙的内容较为具体细致，涉及家族名誉、爵位延续和文学创作三方面。如果说，谢氏“芝兰玉树”生于中庭的语气中还带着一种风流自赏的话,那么,王氏子孙却要面对现实,各思努力。因此,家训在很大程度上成为表达士族保持自身优势的强烈愿望的重要文化载体。王僧虔在刘宋时即著《诫子书》,告诫子弟不能轻易玄谈,而要饱读文史以图生存:

> 舍中亦有少负令誉弱冠越超清级者,于时王家门中,优者则龙凤,劣者犹虎豹,失荫之后,岂龙虎之议?况吾不能为汝荫,政应各自努力耳。或有身经三公,蔑尔无闻;布衣寒素,卿相屈体。或父子贵贱殊,兄弟声名异。何也?体尽读数百卷书耳……为可作世中学,取过一生耳。(《南齐书》卷三十三《王僧虔传》)

王氏的"失荫"、"蔑尔无闻"之虑反映出南朝士族政治、经济特权逐步丧失的不容乐观的生存状况,因此,士大夫只有通过"读数百卷书"、"作世中学",即培养和维持家族文化优势才能够不辱门第、不虚人生。不难看出,南朝家训已经担负起保持士族文化命脉的重任。

客观地说,六朝士族文化有很多载体,例如谢氏家族的诗歌、颜氏家族的骈文、王氏家族声名赫赫的书法,不少家族拥有史学、经学的学术传统。家训只是诸多文化载体中的一种,多以概括的语言文字表达对子弟的希望或警示,较少涉及文化、艺术等具体知识。因此,南朝之初,王僧虔所代表的有识之士大夫在家训中简要涉及了士族的文化命脉。但是到了颜之推生活的南北朝后期,社会极为动荡,文化受到极大的破坏,鉴于"汝曹生于戎马之间,视听之所不晓"的状况,颜氏只好"故聊记录以传示子孙"(《风操》篇),以家训的形式承担部分家学传统。《家训》为激励后人读书学问,书中《风操》、《勉学》、《书证》、《音辞》等文具体传授礼学、训诂、文字学知识,将学术、文化作为家训的重要内容。至此，家训成为士族文化的重要载体。

除了强调保持家族文化优势之外，南朝家训还非常注重向子弟灌输家族观念，强调家族的延续。社会动荡、王路夷陵、英主罕有，士族重视家族利益甚于国家利益已是六朝普遍现象。每当改朝换代之际，士族就必须面对一个现实问题：或者尽忠旧朝，或者拥戴新主。从刘宋至萧梁的八十余年政权频繁更迭的历史中，许多士大夫在新朝旧主之间摇摆、徘徊之后，最终还是投向新统治者，与新朝合作①。梁朝立国之初，萧齐时已起家入仕途的士族，王氏如王亮、王莹、王瞻、王志、王峻、王暕、王泰、王份，谢氏如谢朏、谢览，都在新朝做了官②。与新政权合作的最直接的目的就是保存家族，齐梁之际的袁昂临终告诫子孙时说得很明白：

> 吾释褐从仕，不期富贵，但官序不失等伦，衣食粗知荣辱，以此阖棺，无惭乡里。往忝吴兴，属在昏明之际，既暗于前觉，无识于圣朝，不知天命，甘贻显戮，幸遇殊恩，遂得全门户。自念负罪私门，阶荣望绝，保存性命，以为幸甚；不谓叨窃宠灵，一至于此。（《梁书》卷三十一《袁昂传》）

袁昂最强调的两点："官序不失等伦"和保全门户，都是为家族、门户服务的。告诫子孙的中心是如何保持士族自身利益，而非强调士族对国家应尽的义务。袁昂出身于陈郡袁氏，是南朝著

---

① 以谢氏家族为例，谢灵运在晋宋之交还曾"自谓才能宜参权要，既不见知，常怀愤惋"（《南史》卷十九《谢灵运传》），以致"倔强新朝"（张溥语）。但灵运孙谢超宗则采取与新政权合作的态度："及齐受禅，为黄门郎。有司奏撰郊庙歌……超宗辞独见用。"（《南史》卷十九《谢超宗传》）

② 参见周一良：《魏晋南北朝史论集》，北京大学出版社，1997 年 6 月版，下编《论梁武帝及其时代》（下引此书，版本皆同）。

名的世家大族之一,其观点颇能代表南朝士族在政局变幻中的真实心理。梁朝萧子显修《南齐书》时感慨士族阶层在市朝变革中只顾及自家之“宠禄”,早已抛弃了殉国之节:“君臣之节,徒致虚名”、“殉国之感无因,保家之念宜切”(《南齐书》卷二十三《褚渊、王俭传》)。应该说,南朝士族为了保全家族的门阀地位,对于朝市变革可以置之不问。每当易代之际,他们考虑的是家族的生存及其政治、文化优势的延续,君臣之义、殉国之节倒在其次。

颜之推生活的时代虽与袁昂相去不远,但颜氏的遭遇比袁氏要坎坷许多,羁旅漂泊和艰难适应异族文化的经历使其更加体会到支撑门户的苦衷,士族阶层没落的现状和充满磨难的个人遭遇使《家训》一书格外强调家族利益。从全书的体系来看,作者将家族置于首位,卷一共有五篇文章,依次是:《序致》、《教子》、《兄弟》、《后娶》和《治家》。内容紧密围绕家族中的父子、兄弟、夫妻等重要的人伦关系,把培养优秀子弟、协调家族关系等家族事务放在重要位置。门第、门户、家族观念更是贯穿全书:

吾家风教,素为整密。(《序致》篇)

异姓宠则父母被怨,继亲虐则兄弟为仇,家有此者,皆门户之祸也。(《后娶》篇)

家之常弊,可不诫哉!(《治家》篇)

而家门颇有不同,所见互称长短。(《风操》篇)

笃学修行,不坠门风……(同上)

或因家世余绪,得一阶半级……(《勉学》篇)

吾家世文章,甚为典正,不从流俗……(《文章》篇)

如在兵革之时,构扇反覆,纵横说诱……此皆陷身灭族之本也。(《诫兵》篇)

三世之事，信而有征，家世归心，勿轻慢也。(《归心》篇)

汝曹若观俗计，树立门户……(同上)

但以门衰，骨肉单弱，五服之内，傍无一人……(《终制》篇)

可以看出，家族观念实为《家训》一书的核心，辐射到伦理、礼学、文学、宗教信仰方方面面。应该说，无论是袁昂临终的只言片语，还是王僧虔、颜之推等人对子弟自觉、及早的提醒，南北朝后期士大夫皆注意告诫子孙维持门第、保护家族，士族的家训都将"保家之念"，即保存家族的物质利益，尤其是维持文雅的门风和高贵的社会地位作为重要的生存理念传递给子孙。

六朝"家训"现象的表面是家族内部的教育活动，但其本质与六朝士族门第有着密切联系，体现出士族家族与门第文化的特殊关系，体现着士族的精神世界、文化优长和文化需求。随着六朝士族的衰败，南北朝后期的"家训"文化越来越明显地负担着延续士族的血缘和文化命脉的双重使命。这种趋势促使六朝家训的表达形式也发生相应的变化，从较早的诗歌形式，如谢混《诫族子诗》，逐渐演变为能够深刻说明事理的骈文或散文形式。就产生过程而言，少数家训是短时间内完成的随机告诫，如袁昂的临终遗言，多数家训为长时间内进行的系统说教。其中，体系最完整、内容最广博、见解最丰富的当属颜之推的《家训》，它被陈振孙誉为"古今家训，以此为祖"。

第二节 "治家之宽猛，亦犹国焉"
——《颜氏家训》之门第教育思想(上)

前面提到《家训》一书以家族为核心组织、编排资料，在研

究《家训》有关内容之前,不妨先看一下全书的篇目:

卷一 序致第一
教子第二
兄弟第三
后娶第四
治家第五
卷二 风操第六
慕贤第七
卷三 勉学第八
卷四 文章第九
名实第十
涉务第十一
卷五 省事第十二
止足第十三
诫兵第十四
养生第十五
归心第十六
卷六 书证第十七
卷七 音辞第十八
杂艺第十九
终制第二十

就体制而言,《家训》体制系统、全面。全书二十篇,一篇一题,每一篇都集中论述某一问题。开篇的《序致》说明《家训》的写作宗旨,其他十九篇则分别论述齐家、修身、为学、仕宦、文字学等具体内容,涉及社会文化生活的多个层面。具体说来,卷一主要讲述家族内部的人际关系和治家方式,属于伦理学范畴。卷二《风操》篇和《慕贤》篇主要是介绍包括士大夫的风度、礼学修养等在内的社会活动(属于礼学范畴)。卷三《勉学》篇重点论述了文化优势对士族生存、发展起着决定作用。卷四《文章》篇阐述作者的文学理论观点;《名实》篇辨析名与实之关系,此篇继《勉学》和《文章》之后,强调子孙无论从政,还是习文都要克服浮躁作风,要诚实处世、以“德艺周厚”为奋斗目标;《涉务》篇深刻批评了梁朝士族的腐朽性,意在培养子弟处理实际事务的能力,这一卷表现出颜之推的务实精神。卷五涉及面较广,从居官、理财、全身养性和宗教信仰等方面,体现出作者全身免祸的思想。卷六《书证》篇考证经、史典籍,堪称训诂学论文,体现出作者深厚的学术功力。卷七《音辞》篇则是音韵学论文,《杂艺》篇侧重叙述了书法、绘画等南朝发达的众多艺术门类,《终制》篇谈论丧葬礼制,并反观作者坎坷的人生经历和由此带来的矛盾与痛楚。

概括地说,《家训》的立足点是家族:卷一论述的是有关“齐家”的具体内容和方法;卷二、三、四、六、七,详细论述了士大夫的道德、文学、文化和艺术修养,卷二尤其强调士族的礼学素养;卷五从家族生活、社会事务、宗教信仰等方面强调保身避祸思想,甚至体现出颜之推功利、世俗的心理。虽说《家训》全书结构庞大、篇章众多,但作者的思路清晰有序,那就是由家族到个人,由伦理道德到文化、艺术素养,其思路紧紧围绕着家族生存和延续这个中心。

家族的文化传承要靠优秀的子弟,而门第教育是培养子弟的重要途径。在繁杂的家族事务中,《家训》自觉地把门第教育放在首要位置,居于全书第二篇的《教子》蕴含着颜之推对门第教育的高度重视。

《家训》主张门第教育应及早进行，尤其强调早期教育。由于幼儿对新鲜事物的接受能力强，思想单纯，可塑性极强，如以“孝仁礼义，导习之”，终会收到事半功倍的效果。《家训》多次强调儿童时期是教育的最佳时期，《教子》篇云：“当及婴稚，识人颜色，知人喜怒，便加教诲，使为则为，使止则止。”《勉学》篇云：“人生小幼，精神专利，长成已后，思虑散逸，固须早教，勿失机也。”又云：“幼而学者，如日出之光。”《慕贤》篇云：“人在少年，神情未定”，易于“熏渍陶染”和“潜移暗化”。所以，抓住教育的良机，为子孙的成长奠定良好基础，是家族教育的成功开端。可以说，《家训》的门第教育思想较为科学、开明，对今天的教育理念仍有积极的启发。

在门第教育中，子女只是教育的对象，教育主体是父母。《家训》指出家族教育的关键是父母：“父母威严而有慈，则子女畏慎而生孝矣”（《教子》篇），“夫风化者，自上而行于下者也，自先而施于后者也。是以父不慈则子不孝”（《治家》篇）。呵护子女是父母的天性，但一味溺爱不利于其身心健康，只能助长不良行为。《家训》强调“教”和“爱”的矛盾是家族教育中的主要矛盾，优越的生活使士大夫过于关注子孙的物质享受即“饮食运为”，忽于对子孙进行必要的道德教育和行为规范，必然导致士族子弟养成骄慢性格，难以约束、调教。《家训》严厉批评了家族中“无教而有爱”的错误教育方式：

> 吾见世间，无教而有爱，每不能然；饮食运为，恣其所欲，宜诫翻奖，应诃反笑，至有识知，谓法当尔。骄慢已习，方复制之，捶挞至死而无威，忿怒日隆而增怨，逮于成长，终为败德。（《教子》篇）

过分溺爱子弟导致家长无法严格约束其言行，只能导致子弟缺乏道德修养,终难在社会上立足。黄叔琳肯定《家训》揭示出士族家族教育的弊端,深刻而富有警示意义:“曲传常态,善道凡情,可为炯戒也。”①可以说,《家训》主张士族教育中,应理智地处理“教”和“爱”的关系,长辈“威严而有慈”,父母对子女要勤于教育和严于督训:“当以疾病为谕,安得不用汤药针艾救之哉?”良好的家教就像针药可以使人抵抗疾病、获得健康一样,能使后代拥有健全的人格。

强调家长威严的同时,《家训》还主张家长对子女的爱要“均”,即平等地对待和关爱子弟:“贤俊者自可赏爱,顽鲁者亦当矜怜。”(《教子》篇)《家训》从根本上反对父母毫无原则的偏爱,指出这种错误方式不仅能将子女,甚至能把家族推至祸患之境:

> 有偏宠者,虽欲以厚之,更所以祸之。共叔之死,母实为之。赵王之戮,父实使之。刘表之倾宗覆族,袁绍之地裂兵亡,可为灵龟明鉴也。(《教子》篇)

《家训》甚至坚持君子不亲教其子的原则,认为父子之间要保持一定距离以维持父辈的尊严,同时,晚辈要尽到自己的义务:“父子之严,不可以狎;骨肉之爱,不可以简。简则慈孝不接,狎则怠慢生焉。由命士以上,父子异宫,此不狎之道也;抑搔痒痛,悬衾箧枕,此不简之教也。”(《教子》篇)父子之间不能过于亲昵,即“狎”,以防晚辈对长辈的懈怠轻忽;也不能过于简慢冷漠,即“简”,以免缺乏温情、“慈孝不接”,保持一定距离有利于进行家族教育。应该说,《家训》对门第教育思考得更加深入细致。

---

① 转引自王利器:《颜氏家训集解(增补本)》,第11页。

由于东晋南朝时期士族文化水平很高,不少士族妇女博学多才,在家族教育中发挥了不可忽视的作用。她们不仅能够对子女进行道德教育,还可以教授子女文学、艺术知识。《宋书》卷九十三《宗炳传》记宗母师氏"聪辩有学义,教授诸子"。《南齐书》卷四十七《王融传》云王母"临川太守谢惠宣女,惇敏妇人也。教融书学"。《南史》卷三十三《何承天传》记何五岁丧父,母徐氏"聪明博学,故承天幼渐训义"。

《家训》指出母教在士族教育中有着积极作用,严格的母教同样能够造就人才:

> 王大司马母魏夫人,性甚严正;王在湓城时,为三千人将,年逾四十,少不如意,犹捶挞之,故能成其勋业。(《教子》篇)

"王大司马"是指王僧辩,《梁书》卷四十五《王僧辩传》记载魏夫人"性甚安和,善于绥接",严格要求子弟,"深相责励,辞色俱严"。即使王僧辩"克复旧京,功盖天下",夫人"恒自谦损,不以富贵骄物",赢得朝野一致称赞。颜之推在《教子》篇中显然积极肯定了母教在士族教育中的作用。前文"共叔之死,母实为之"之反面例子,与魏夫人的正面典型,表明作者看到家族中父母均等地承担教育子女的义务,这种眼光无疑是开阔、达观的。

对士族教育而言,《家训》所提倡的"教"就是以"孝仁礼义,导习之"(《教子》篇)、"礼为教本"(《勉学》篇),本质是以儒家思想教育子孙。《家训》的门第教育思想秉承儒家重视伦理、道德教育的传统思想,注重伦理教育的重要性,自觉地以人伦为中心,协调处理家族内部关系。《家训》卷一《教子》、《兄弟》和《后娶》三篇文章专门从父子、兄弟、夫妻三个层面,从纵(父子关系)和横(兄弟、夫妻关系)两方面,论述"三亲"对维系家族具有重要意义。

在父系社会的家族人际关系当中,兄弟关系的重要性仅次于父子关系。颜氏家族的远祖——颜含在这一方面就树立了一个榜样,《晋书》卷八十八《孝友传》记载了他十三年竭尽全力侍奉兄长的颇富传奇色彩的感人故事。其兄颜几因病死于医家,托梦给引丧者和妻子,声称自己"寿命未死",请家人开棺相救,颜父不听,但颜含力主开棺救人:

> 含时尚少,乃慨然曰:"非常之事,古则有之,今灵异至此,开棺之痛,孰与不开相负?"父母从之,乃共发棺,果有生验,以手刮棺,指爪尽伤,然气息甚微,存亡不分矣。饮哺将护,累月犹不能语,饮食所须,托之以梦。阖家营视,顿废生业,虽在母妻,不能无倦矣。含乃绝弃人事,躬亲侍养,足不出户者十有三年。

颜含救护、侍奉兄长,表现出超常的爱心和耐心,其兄弟友于之情不仅受到时人称扬,亦被收入史书。这种行为更为颜氏家族树立起学习的楷模,在家族生活中起到了稳定、协调兄弟关系的积极作用。

颜含以友于闻名,对《家训》亦有巨大的感染力。如果说,颜之推认为父子之间以教与爱为重,那么,他主张兄弟之间以友爱为主。颜氏在谈论兄弟关系时,从日常生活角度,着力渲染兄弟之间的亲情,突出"友悌深至":

> 兄弟者,分形连气之人也,方其幼也,父母左提右挈,前襟后裾,食则同案,衣则传服,学则连业,游则共方,虽有悖乱之人,不能不相爱也。

> 二亲既殁,兄弟相顾,当如形之与影,声之与响;爱先人之遗体,惜己身之分气,非兄弟何念哉?(《兄弟》篇)

话语充满温情。同时,颜之推理智地指出,如果兄弟失和将会间接地影响、危及到整个家族的生存:“兄弟不睦,则子侄不爱;子侄不爱,则群从疏薄;群从疏薄,则僮仆为仇敌矣。如此,则行路皆踖其面而蹈其心,谁救之哉?”强调兄弟亲情对维系家族人际关系和谐具有非常重要的作用。但颜之推片面地把兄弟不睦的原因归结于仆妾和妻子,认为他们是“破坏”兄弟亲情这座建筑的“雀鼠”和“风雨”。与前面谈论“友悌深至”的以情动人相比,这种解释显然不能以理服人。

在封建家族中,夫妻关系直接关系到家族的和睦、和谐。《家训》清醒地认识到夫妻间的矛盾,尤其是家庭中后娶现象所带来的夫妻之间、父母与子女之间的矛盾将直接影响到家族的生存。从家族整体利益出发,《家训》不仅指出后娶风俗造成“假继惨虐孤遗,离间骨肉”的家庭悲剧,令人伤心断肠,不胜其哀,并进一步说明继室“惨虐孤遗”的举动将威胁到家族的安定,成为门户中的巨大隐患:“异姓宠则父母被怨,继亲虐则兄弟为仇,家有此者,皆门户之祸也。”(《后娶》篇)

南北的婚娶风俗有着很大差异,《家训》也非常注意评论其给家族造成的影响:

> 江左不讳庶孽,丧室之后,多以妾媵终家事;疥癣蚊虻,或未能免,限以大分,故稀斗阋之耻。河北鄙于侧出,不预人流,是以必须重娶,至于三四……身没之后,辞讼盈公门,谤辱彰道路,子诬母为妾,弟黜兄为佣,播扬先人之辞迹,暴露祖考之长短,以求直己者,往往而有。(《后娶》篇)

南方士族“不讳庶孽”、“以妾媵终家事”的方式大体上可以免于家族争斗的耻辱,北方“鄙于侧出”、“必须重娶”则常常导致家族矛盾的复杂化和激化,尤其是矛盾的公开化,必给家族蒙上巨大的耻辱，颜之推提醒子孙“此不可不畏”。

《家训》不仅重视父子、兄弟、夫妻所代表的“三亲”，而且主张“三亲”对维护和谐的家族人际关系应发挥各自的作用：“父不慈则子不孝，兄不友则弟不恭，夫不义则妇不顺。”（《治家》篇）主张父、兄、夫所代表的家长要用自己的风范和行为“自上而行于下”、“自先而施于后”，去积极影响子女、妻子，这对谢安“我常自教儿”的身教方式是一种发展①。但《家训》把“三亲”都纳入施教过程，其教育方式在一定程度上超出了谢安的父辈教子的单一方式。《家训》的门第教育观念间接说明门第教育方式并不限于长辈之“言”，而是关系到更多家庭成员之“行”。换言之，只有父慈、兄友、夫义等实际行动才能营造出子孝、弟恭和妇顺的和睦家庭氛围，这对后代的成长和家族的发展都是非常有益的。

物质生活是家族生存的基础：“生民之本，要当稼穑而食，桑麻以衣。”（《治家》篇）颜之推经历过不少生活的艰辛和困顿，《家训》比较注意教育子弟，使其知道物质生活来自多种农业劳作：“蔬果之畜，园场之所产；鸡豚之善，埘圈之所生。爰及栋宇器械，樵苏脂烛，莫非种殖之物也。”（《治家》篇）较之那些“未有力田”、“不知几月当下，几月当收”（《涉务》篇）养尊处优的士大夫要高明许多。对比南北不同的家族生活，《家训》更赞赏北方“躬俭节用，以赡衣食”的生活方式。同时，主张妥善处理士族物质生活中施与奢、俭与吝的关系，力求持家有度、生活节

① 《世说新语·德行》：“谢公夫人教儿，问太傅：‘那得初不见君教儿？’答曰：‘我常自教儿。’”所谓“自教儿”是指家长以身作则，以言传身教的方式教育、影响后代，不徒夸夸其谈也。

俭、戒奢戒吝。值得注意的是,这种维持家族正常发展的好施不奢、节俭不吝的中庸之道还包含着关心、接济亲族的深层含义:

然则可俭而不可吝已。俭者,省约为礼之谓也;吝者,穷急不恤之谓也。今有施则奢,俭则吝;如能施而不奢,俭而不吝,可矣。(《治家》篇)

“施而不奢,俭而不吝”隐含着救济、帮助亲族的深层意义,“施”的对象是亲族、乡党,它意味着家族内部的经济救助、支援,能更好地维系大家族的生存。因此,《家训》高度赞扬裴子野收养贫寒亲戚的行为:

裴子野有疏亲故属饥寒不能自济者,皆收养之;家素清贫,时逢水旱,二石米为薄粥,仅得遍焉,躬自同之,常无厌色。(《治家》篇)

作者的意图并不限于赞美裴子野救人饥寒的品德,而更赞同这种救济亲族的方式,肯定其对维系家族的生存具有重大意义。相反,士族家族如忽略了这种救济,也是治家失败的表现:

世间名士,但务宽仁;至于饮食馕馈,僮仆减损,施惠然诺,妻子节量,狎侮宾客,侵耗乡党:此亦为家之巨蠹矣。(《治家》篇)

《家训》还多次告诫子弟“亲友之迫危难也,家财己力,当无所吝”(《省事》篇)。很显然,救济和赈恤亲族的举动有利于家族的凝聚和发展。

婚姻之事在六朝士族社会中,也是关系门第与家族的大事,士族常常通过婚姻来加强、巩固自身社会地位,士、庶之间有着严格的界限,绝不通婚。可以说,婚姻与仕宦一样,都是士族门户高低的标志。南朝后期,高门士族日益腐朽、没落,政治、经济地位日趋下降;次等士族逐渐跻身政权之中,呈现出上升趋势。

于是,高门士族不得不用郡望、门阀和婚姻来自我标榜,构筑起防范次等士族的防线。他们不与次等士族通婚,以保持高贵的门第。但庶族寒门希望凭借联姻而挤入士族,已成为南朝后期的普遍现象,这使门第婚姻发生了变化,产生了危机,正统士大夫纷纷表示不平和不满①。

婚姻教育是《家训》门第教育的重要内容,出于维护门第的目的,《家训》严厉谴责那些只注重金钱,无视士庶门第差别的婚姻:

> 婚姻素对,靖侯成规。近世嫁娶,遂有卖女纳财,买妇输绢,比量父祖,计较锱铢,责多还少,市井无异。或猥婿在门,或傲妇擅室,贪荣求利,反招羞耻,可不慎欤!(《治家》篇)

买卖、"纳财"、"输绢"、"比量"、"计较锱铢"、"责多还少"等词语明显带有金钱交易的市井色彩,充分表现出作者对婚姻已由士族的标志堕落到市场上物质交易的极大感慨。同时,颜氏强调这种"贪荣求利"的投机婚姻终将带来家族的纷争与羞耻。为提醒子孙谨慎对待婚姻大事,颜之推还转述了九世祖颜含关于婚、宦之事的告诫:

> 汝家书生门户,世无富贵;自今仕宦不可过二千石,婚姻勿贪势家。(《止足》篇)

这种叮嘱的深意是希望后代在联姻过程中,应当远离势家,尤其

① 沈约《奏弹王源》云:"自宋氏失御,礼教凋衰,衣冠之族,日失其序。姻娅沦杂,罔计厮庶,贩鬻祖曾,以为贾道,明目腆颜,曾无愧畏。"(《昭明文选》卷四十)反映了庶族寒门依恃富有,通过杂婚,即士族与庶族联姻的方式混入士族的社会现象。高门士族对杂婚带来的士庶界限模糊表示出忧虑,更对衣冠大族出于经济利益造成的婚姻失序大为不满。

是政治势力过于“盛满”的家族。《晋书》卷八十八《孝友传》云:“桓温求婚于含,含以其盛满,不许。”颜含所云“书生门户,世无富贵”首要目的是节制后人在政治和经济上的欲望,本意在于远祸。而且,琅邪颜氏在六朝高门士族中社会地位较低,无法与琅邪王氏和陈郡谢氏相比。“婚姻勿贪势家”的另外一层含义就是避免与高门大族攀亲所带来的羞耻,因为在这方面琅邪颜氏有过教训:

> 王浑后妻,琅邪颜氏女。王时为徐州刺史,交礼拜讫,王将答拜,观者咸曰:“王侯州将,新妇州民,恐无由答拜。”王乃止。武子以其父不答拜,不成礼,恐非夫妇;不为之拜,谓为颜妾。颜氏耻之。以其门贵,终不敢离。(《世说新语·尤悔》)

王浑为太原王氏,属高门士族,生活在西晋初,《晋书》有传。观者所谓“王侯州将,新妇州民,恐无由答拜”之词,显然是出于门户之见。王浑不答拜颜氏女,女亦“以其门贵,终不敢离”都表明了在与王氏家族通婚中,颜氏家族所受的尴尬和羞辱。颜含对此不便直说,故警告子孙务必谨慎处理婚姻大事。

《家训》门第教育思想从丰富的社会经验和谨慎的治家理念出发,以“中庸”为持家准则,主张包括婚姻在内的家族生活不能过于追求物质享受和政治声誉,即不追求“满盈”之势。认为理想的家族生活只需具有必要的物质保障,不以富裕、奢华为标准,以求平安无祸:

> 常以二十口家,奴婢盛多,不可出二十人,良田十顷,堂室才蔽风雨,车马仅代杖策,蓄财数万,以拟吉凶急速,不啻此者,以义散之;不至此者,勿非道求之。(《止足》篇)

这显然是从南北朝门阀士族纵欲而伤身,志满而族灭的实例中得出的教训,是“谦虚冲损,可以免害”的思想在家族生活中的具体指导。此外,《家训》的治家经验中还有着提倡节俭,批评奢侈的可取之处。即使谈及身后事,颜氏仍旧坚持“省约为礼”的原则,主张简礼薄葬:

> 吾当松棺二寸,衣帽已外,一不得自随,床上唯施七星板;至如蜡弩牙、玉豚、锡人之属,并须停省,粮罂明器,故不得营,碑志旒旐,弥在言外……灵筵勿设枕几,朔望祥禫,唯下白粥清水干枣,不得有酒肉饼果之祭。(《终制》篇)

同时,颜之推也不主张家门之中迷信巫觋、浪费钱钞:“吾家巫觋祷请,绝于言议;符书章醮,亦无祈焉,并汝曹所见也。勿为妖妄之费。”(《治家》篇)

《家训》的门第教育基本思想集中体现在卷一《序致》、《教子》、《兄弟》、《后娶》和《治家》几篇文章中,代表着六朝士族对家族利益的极大关注。颜之推甚至把家族事务抬高到国家事务地位,“治家之宽猛,亦犹国焉”(《治家》篇),这正浓缩了国乱于上,家治于下的六朝士族心态,真实地反映了颜之推所代表的士族阶层,将家族的利益放在第一位。

简言之,《家训》卷一《教子》、《兄弟》等篇章重视家族人际关系的和谐,注重维护家族的整体利益,表现出鲜明的儒家价值观念特征。客观上说明,尽管南北朝时期,儒、释、道思想盛行,但儒家思想在处理社会事务,尤其是家族事务中确实发挥着巨大作用。第一章提到齐、梁士大夫多爱好玄学,出入玄、儒,兼修释、老,但在处理世俗事务方面,儒学的社会功能是玄学等思想不能代替的。可以说,士族门第教育的本质是以儒家思想自觉地维系家族、训诫子孙。

《家训》自觉地以儒家伦理道德思想训诫、培养子弟，加之，颜氏本人有着深刻的忧患意识，《家训》在道德修养、道德教育方面，也提出了一些发人深省的观点。

如第一章所述，北齐多数汉族士大夫为谋取政治利益，学习鲜卑语和胡舞成为社会主要风气。在此情况下，《家训》能够自觉地保存自己本民族的先进文化——汉文化，并教育子弟保持节操，对背弃民族文化的卑劣行径进行激烈批判。抨击齐朝汉族士大夫以“鲜卑语”和“弹琵琶”教子，向鲜卑贵族邀宠的投机思想：“异哉，此人之教子也！若由此业，自致卿相，亦不愿汝曹为之。”（《教子》篇）猛烈抨击北齐士族丧失气节、奴颜婢膝、侍奉权贵的行径，语气之严肃，全书罕见，其批判精神可嘉可叹。对此，顾炎武评价说：

> 嗟乎！之推不得已而仕于乱世，犹为此言，尚有《小宛》诗人之意；彼阉然媚于世者，能无愧哉！（《日知录》卷十三）

在仕宦问题上，《家训》告诫后人要固守儒家道德传统，以“蓄价待时”的方式追求爵禄，决不能不顾羞耻地奔走索求：

> 君子当守道崇德，蓄价待时，爵禄不登，信由天命。须求趋竞，不顾羞惭，比较材能，斟量功伐，厉色扬声，东怨西怒；或有劫持宰相瑕疵，而获酬谢，或有宣聒时人视听，求见发遣；以此得官，谓为才力，何益盗食致饱，窃衣取温哉！（《省事》篇）

颜氏提倡“守道崇德”，主张力避“须求趋竞”，实为以儒家道德观念对子弟的政治欲望加以约束，不使其过度膨胀，有其清醒之处。那些“托附外家，喧动女谒”的功利行为，只能带来短暂的富贵，最终却“为执政所患”、“纵得免死，莫不破家”。

在探讨颜之推的心态时，笔者曾指出在“生”和“义”的冲突上，颜氏本人有很深的矛盾。但《家训》坚持以儒家“舍生取义”的思想教育后人，强调“夫生不可不惜，不可苟惜”、“行诚孝而见贼，履仁义而得罪，丧身以全家，泯躯而济国，君子不咎也”（《养生》篇）。虽生当乱世，仍叮嘱子弟“肠不可冷，腹不可热，当以仁义为节文”（《省事》篇），其积极意义在于以儒家“仁义”观念，来规定、约束个人行为。那些履行“诚孝”、“仁义”的行为不仅包括全家济国，还包括尽力帮助有难的正直之士和亲友的举动：“穷鸟入怀，仁人所悯；况死士归我，当弃之乎？”“亲友之迫危难也，家财己力，当无所吝。”（《省事》篇）应该说，这对子弟的道德素养具有正面影响。

儒家在道德修养方面，非常注重个人的名节，因而儒家伦理学说也被称为“名教”。“名”与“实”是魏晋南北朝士人喜欢讨论的话题，魏晋玄学家对待“名教”多持批判态度，《列子·杨朱》甚至全盘否定了“名教”。《家训》的门第教育思想对儒家伦理道德思想中“名”与“实”的关系进行了辩解，肯定“名实”与教化有密切关系，“名教”的主旨是“劝”，即教化。具言之，就是根据士人们求“名”的心态，“因其情而致其善”积极引导、劝导他们“修善立名”：

> 或问曰：“夫神灭形消，遗声余价，亦犹蝉壳蛇皮，兽远鸟迹耳，何预于死者，而圣人以为名教乎？”对曰：“劝也，劝其立名，则获其实。且劝一伯夷，而千万人立清风矣；劝一季札，而千万人立仁风矣……故圣人欲其鱼鳞凤翼，杂沓参差，不绝于世，岂不弘哉？四海悠悠，皆慕名者，盖因其情而致其善耳。（《名实》篇）

《家训》指出教化的作用在于因势利导，既使个人立名获实，更可以借此树立一批道德典范，积极改善社会风气，黄叔琳称之为

"名通之论"①。同时,《家训》侧重从门第的角度谈论"名实",从家族利益出发,指明了"名教"与士族家族的利害关系:"祖考之嘉名美誉,亦子孙之冕服墙宇也,自古及今,获其庇荫者亦众矣。夫修善立名者,亦犹筑室树果,生则获其利,死则遗其泽。"尤其强调"修善立名"不仅可以使个人受益,"赢得生前身后名",更可以利益家族几代人。黄叔琳评价其"尤见远计"②,这种"远计"显然是身计家谋。

任何事物都有两面性,"名教"也不例外,"名教"的弊端在于导致贪图名声的士大夫言行虚伪、矫饰人生。《家训》在提倡"名教"的同时,也指出"名教"有使人伪饰自我、追逐名利的流弊:

> 吾见世人,清名登而金贝入,信誉显而然诺亏,不知后之矛戟,毁前之干橹也。虙子贱云:"诚于此者形于彼。"人之虚实真伪在乎心,无不见乎迹,但察之未熟耳。一为察之所鉴,巧伪不如拙诚,承之以羞大矣。伯石让卿,王莽辞政,当于尔时,自以巧密;后人书之,留传万代,可为骨寒毛竖也。(《名实》篇)

颜氏明言"名教"之弊在于促使人极端追求名利。但种种伪善的行为都掩饰不了贪婪的内心,历史上伯石、王莽之流"巧密"的伎俩丝毫不能掩盖其"厚貌深奸"的本质。《家训》教育子孙"巧伪"只是一时之举,只有真正讲究诚实、本分,即"拙诚",才是长久的生存之计。那些伪饰自己以盗取权利、抬高声价等行径,最终只会严重损害个人声誉:

> 近有大贵,以孝著声,前后居丧,哀毁逾制,亦足以高于

① 转引自王利器:《颜氏家训集解(增补本)》,第314页。
② 同上。

人矣。而尝于苫块之中,以巴豆涂脸,遂使成疮,表哭泣之过。左右童竖,不能掩之,益使外人谓其居处饮食,皆为不信。以一伪丧百诚者,乃贪名不已故也。(《名实》篇)

此外,"天才钝拙"的士大夫自恃"家世殷厚",虽"多以酒犊珍玩,交诸名士"以求声价,终为博学之士嘲讽。有鉴于此,颜之推坚决反对"治点子弟文章,以为声价"的功利行为,以防子弟高估自己,"益不精励",反葬送其文学才能。颜之推竭力强调士大夫贪求声誉的举动,最终带来"一有伪情,触涂难继,功绩遂损败"(《名实》篇)的后果。

在门第教育中,既要维护"名教"之实,又要反对"巧伪"之弊;既要鼓励子孙修身以求名,又要避免他们沦为追求浮华的巧伪之徒,《家训》深入解释"名"与"实"的从属、主次关系:

名之与实,犹形之与影也。德艺周厚,则名必善焉;容色姝丽,则影必美焉。今不修身而求令名于世者,犹貌甚恶而责妍影于镜也。上士忘名,中士立名,下士窃名。忘名者,体道合德,享鬼神之福祐,非所以求名也;立名者,修身慎行,惧荣观之不显,非所以让名也;窃名者,厚貌深奸,干浮华之虚称,非所以得名也。(《名实》篇)

应该肯定,在"名"与"实"的关系上,颜之推更注重"实","名"与"实"的关系表现为"德艺周厚,则名必善焉",只有德行、文艺周洽笃厚,才能真正赢得名声。因此,他所要求的"名"来自"体道合德"和"修身慎行"代表的踏实、谨慎、正直的行为,只有在德艺兼顾的基础上,才能获得真实的名声。这种见解深刻、有力,在一定程度上抵制了"贪名者"和"窃名者"所带来的浮华风气,其积极意义不可忽视。颜之推对"名实"的论述,表明在魏晋士大夫对儒学的冲击和否定之后,随着南朝儒学复兴,儒家知识分子对“名实”的重新思考和定位。但是,颜之推主要从门第教育的角度思索“名”与“实”的关系,对产生“贪名者”和“窃名者”的社会原因分析不足。

《名实》篇标榜的“德艺周厚,则名必善焉”的境界寄托了颜之推对子弟的一番厚望。同时,“德艺周厚”表明《家训》门第教育实际上注重修身慎行。本节所论《家训》以儒家思想为中心的道德教育,表现出颜氏注重培养子弟的苦心,其门第教育中还有侧重学艺,即关于学术、文艺方面的丰富训诫,将在下面进行论述。

第三节 “德艺周厚”
——《颜氏家训》之门第教育思想(下)

《家训》提倡“德艺周厚”的教育理念,意在使子弟在道德修养和学艺两方面延续家族命脉。这种兼顾德、艺的门第教育思想,不独注重后代的道德素养,还注意培养其深厚、全面的学艺,使之成为“触地而安”的“有学艺者”(《勉学》篇),凭借实际才能而立足社会。从这一点上看,《家训》门第教育思想在一定程度上超出了儒家以道德为主的教育思想。《家训》的不少篇章,如《风操》、《文章》、《书证》、《音辞》、《杂艺》等记录了关于礼学、文学、文字学和艺术等方面的丰富知识,以期培养出“德艺周厚”的子孙。

如前所述,六朝礼学发达、士大夫多精于礼学①。颜氏家族

① 钱穆在《略论魏晋南北朝学术文化与当时门第之关系》一文中指出:《隋书·经籍志》和张鹏一《隋志补》的数字显示,魏晋南北朝经学著作中,关于礼学方面的书籍最多:《礼》有136部,1622卷,此外,亡佚211部,计亡佚在内共有2186卷,远远超出《春秋》、《易》等著作。

是一个比较单纯的从学术到政治、社会行为都履行儒家传统的家族,且"世善《周官》",对《周礼》有着很深的造诣。在《家训》门第教育中,礼学占有主导地位,《风操》篇即专门阐述士大夫礼仪规范,表现出对礼学的高度重视。在此需稍作解释的是,礼学与六朝士族的门第有着特殊的关系:南朝士大夫精勤钻研礼学,不仅用以澄清朝廷礼仪,更将礼学作为门第教育的重要内容。出身高门的士大夫不仅自觉以礼学作为日常生活的规范,更有意识地将自己优雅得体的言行作为后人学习的典范。如刘宋王弘"明敏有思致,既以民望所宗,造次必存礼法,凡动止施为,及书翰仪体,后人皆依仿之,谓为王太保家法"(《宋书》卷四十二《王弘传》)。王弘属琅邪王氏,为王导曾孙,在南朝拥有很高的社会地位。其"造次必存礼法",不仅说明王氏家法以礼学为依据,更带有以身示范的明显主观意图。对王氏家族而言,这种示范是所谓家法;对寒门庶族而言,这种示范是高大的壁垒。具体说来,家法包括士大夫的举止行为、文化、礼学等方面的素养,并包括对书翰仪体所代表的士大夫的社会活动进行指点和调整①。

《风操》篇云:

吾观《礼经》,圣人之教:箕帚匕箸,咳唾唯诺,执烛沃

① 《风操》篇云:"近在扬都,有一士人讳审,而与沈氏交结周厚,沈与其书,名而不姓,此非人情也"、"南人冬至岁首,不诣丧家;若不修书,则过节束带以申慰"、"江南人事不获已,须言阀阅,必以文翰,罕有面论者";"江南凡遭重丧"条亦云:"有故及道遥者,致书可也。"《杂艺》篇云:"真草书迹,微须留意。江南谚云:'尺牍书疏,千里面目也。'承晋、宋余俗,相与事之,故无顿狼狈者。"可见书信形式是南朝士族往来的重要方式之一,并代表着士大夫的文化素养。

盥，皆有节文，亦为至矣。但既残缺，非复全书；其有所不载，及世事变改者，学达君子，自为节度，相承行之，故世号士大夫风操。而家门颇有不同，所见互称长短；然其阡陌，亦自可知。昔在江南，目能视而见之，耳能听而闻之；蓬生麻中，不劳翰墨。汝曹生于戎马之间，视听之所不晓，故聊记录以传示子孙。

颜氏指出《礼经》诸多“节文”主要是对士大夫的行为、礼仪进行规范。《风操》篇所云“家门颇有不同，所见互称长短”，说明了士大夫风操与“家门”，即门第有直接联系，表明六朝礼学兴盛与家族、门第有着极为密切的关系。《风操》篇本意也是希望子弟们具有丰富的礼学修养，形成高贵的门风。值得注意的是，南朝士族不仅重视礼学，还能够随着世事变迁，对礼学的内容有所改变和发展，“学达君子，自为节度，相承行之，故世号士大夫风操”，最终形成特别的社会标志，即士大夫风操。对内，它关系到士大夫的礼学素养、整个家族的家法和传统；对外，它是士族的高贵门面，在门第交往中发挥着巨大作用。颜氏所云“学达君子，自为节度”与王弘之“造次必存礼法”，皆从不同角度说明士大夫对传习礼学具有自觉意识。而这种自觉意识正是建立在丰富的礼学文化之上的，产生于南朝那种“目能视而见之，耳能听而闻之”的浓厚礼学氛围之中。

《风操》篇主要内容是讲述避讳和丧服，因为它们是士大夫必备的礼学常识。首先，士族在家族内外都须格外注重避讳：

凡避讳者，皆须得其同训以代换之。

今人避讳，更急于古。凡名子者，当为孙地。

凡亲属名称，皆须粉墨，不可滥也。

今世讳避，触途急切。

避讳是六朝士大夫家族教育中的必修课，主要是指子孙回避父祖的名字，扩而大之："凡亲属名称，皆须粉墨。"士大夫如不熟知父祖的名讳，将会受到整个士族阶层的指责，甚至会被他人欺骗、羞辱。为了增加家人、亲友的避讳知识，《家训》很注意利用家族教育的方式，向更多成员强化避讳的常识：

> 思鲁等姨夫彭城刘灵，尝与吾坐，诸子侍焉。吾问儒行、敏行曰："凡字与咨议名同音者，其数多少，能尽识乎？"答曰："未之究也，请导示之。"吾曰："凡如此例，不预研检，忽见不识，误以问人，反为无赖所欺，不容易也。"因为说之，得五十许字。诸刘叹曰："不意乃尔！"(《勉学》篇)

足见避讳是士大夫文化素养不可或缺的内容。应该说，熟悉避讳是士大夫富有礼学修养的最佳表现，那种"日对千客，不犯一人之讳"(《南史》卷五十九《王僧孺传》)的修养极大地表现出士大夫家法的严谨、高贵。

与避讳密切相关的是家族的宗亲世数，《风操》篇强调士大夫应具备丰富的家族宗亲常识：

> 凡与人言，称彼祖父母、世父母、父母及长姑，皆加尊字，自叔父母以下，则加贤字，尊卑之差也。

> 凡宗亲世数，有从父，有从祖，有族祖。

这些礼学规范以血缘宗法为基础，强调父系家族内部成员之间严格的等级秩序，尤其强调子孙对父祖的尊崇。"凡与人言，称彼祖父母"等事项表明礼学规范在士族之间的交往中同样发挥着巨大作用，在以家族交往为代表的士族社会活动中，维系着家族之间的和谐关系，展现出士大夫应有的素养，当然，它也是士族区别于寒族的高雅标志和风范。

《风操》篇另一主要内容是介绍有关丧服的知识。第一章

第二节曾引用周一良的观点以说明南朝礼学之发达，其中，对丧服的研究是南朝礼学的热门：《隋书》卷三十二《经籍志》中，《礼》这部分书有一百三十六部，其中关于《仪礼》全书的很少，而关于《仪礼》中《丧服》这一篇的却有四十八种之多。因为“丧服和家族道德规范密切联系，起着亲族法的作用”①，因而六朝士族非常注重丧礼。《风操》篇云：

> 江南凡遭重丧，若相知者，同在城邑，三日不吊则绝之；除丧，虽相遇则避之，怨其不己悯也。有故及道遥者，致书可也；无书亦如之。北俗则不尔。江南凡吊者，主人之外，不识者不执手；识轻服而不识主人，则不于会所而吊，他日修名诣其家。
>
> 江左朝臣，子孙初释服，朝见二宫，皆当泣涕；二宫为之改容。颇有肤色充泽，无哀感者，梁武薄其为人，多被抑退。裴政出服，问讯武帝，贬瘦枯槁，涕泗滂沱，武帝目送之曰：“裴之礼不死也。”

这两段文字都说明丧服是孝道的直接体现，是巩固家族血缘关系的纽带，南朝家族之间皆重视丧礼，它关系到家族间的正常往来，其社会作用不容忽视。服丧期间“贬瘦枯槁，涕泗滂沱”的子孙多受到舆论的称扬。《风操》篇引用《礼记·间传》的记载，向子孙讲述丧礼的具体细节：“斩缞之哭，若往而不反；齐缞之哭，若往而返；大功之哭，三曲而偯；小功缌麻，哀容可也，此哀之发于声音也。”这些与丧服相关的烦琐礼节，也是家族交往中区别亲疏关系重要的常识。南朝后期高门士族以门第来标榜自身，以丰富礼学素养为基础的士大夫风操势必成为高门大族的

① 周一良：《魏晋南北朝史论集》，下编《论梁武帝及其时代》。

独特标志、风范、象征。

家族间的交往既是士大夫活动的重要内容，也是展现其礼学修养的重要机会。《风操》篇格外强调子弟在士族间的交往中一定要以礼待客：

> 门不停宾，古所贵也。失教之家，阍寺无礼，或以主君寝食嗔怒，拒客未通，江南深以为耻。黄门侍郎裴之礼，号善为士大夫，有如此辈，对宾杖之；其门生僮仆，接于他人，折旋俯仰，辞色应对，莫不肃敬，与主无别也。

由此可见，士族交往中"拒客未通"是一大忌，极易给家族带来"失教之家"的不良声誉。所谓"善为士大夫"就是对来访士大夫表现出应有的尊敬和礼节，展现良好家教，树立良好的家族形象。

《家训》固然主张士大夫掌握丰富的礼节、仪规，以成就士大夫风操。但在南北文化交流频繁的特殊时代，《家训》在门第教育中还以发展、变通的目光看待士大夫风操，主张礼学修养应该以人情为重，"礼缘人情，恩由义断"（《风操》篇）。认为礼仪是因人的感情而设，应根据事理报答恩情，其中包含着理性的成分，避免产生因过分看重礼节而违背人情的行为。在注重人情的基础上所讲求的礼仪，没有停留在约束、限制个人行为的层面上，而是有着人文关怀的深层意义：使礼与人之间形成一种良性的关系。"礼缘人情"的观点更切合现实，更容易让人从感情上接受，而不是单从思想意识上被动地遵从。即使是避讳，《家训》主张士大夫要根据现实生活，理性地面对问题，不能违背正常的社会生活方式：

> 若在从容平常之地，幸须申其情耳。必不可避，亦当忍之；犹如伯叔兄弟，酷类先人，可得终身肠断，与之绝耶？

又:"临文不讳,庙中不讳,君所无私讳。"益知闻名,须有消息,不必期于颠沛而走也。梁世谢举,甚有声誉,闻讳必哭,为世所讥。又有臧逢世,臧严之子也,笃学修行,不坠门风;孝元经牧江州,遣往建昌督事,郡县民庶,竞修笺书,朝夕辐辏,几案盈积,书有称"严寒"者,必对之流涕,不省取记,多废公事,物情怨骇,竟以不办而退。此并过事也。(《风操》篇)

"闻讳必哭"尚且"为世所讥",足见崇尚礼学的南朝社会并不接受那些有违人情、过分迂执的避讳行为。父母的遗物,诸如文化典籍、为生什物,儿女固然不忍读用,也应"无容散逸,惟当缄保,以留后世",这显然是合理、实际的办法。相对于烦琐的礼节,《家训》更注重人情的真实,指出士大夫在父母忌日"必能悲惨自居"的真情远远胜于"端坐奥室,不妨言笑,盛营甘美,厚供斋食"(《风操》篇)的虚伪作风。可见,《家训》注重礼学修养却不拘泥、死板,表现出对人情的尊重,这是非常可贵的。

六朝士族文化优势的一个主要表现是产生了许多文学世家,六朝文学史因而与家族有着极微妙的关系。身处南北朝后期,并具有一定创作经验,颜之推对六朝家族文学有独到思考①。《家训》门第教育中文学教育占有一定比重,《文章》篇不少观点即是从门第、家族的角度对南北朝文学现象进行分析。具言之,从"以保元吉",即注重生存的角度谈论文学创作对人生的影响以及政治风云对文人命运的影响;从丰富的创作经验出发,告诫子弟回避某些敏感的文学题材;提倡以家族文学批评促进士大夫文学创作,并对家族文学批评的弊端作出一定反思。

① 颜之推关于家庭文学的观点曾以《〈颜氏家训〉家族文学观念初探》为名,发表于《山东理工大学学报(社会科学版)》,2008年第5期。

至于颜之推探讨南朝文学现象、文学理论等观点，将在第三章中专门论述。

自刘宋颜延之起，颜氏家族就展现出不俗的文学才华："文章冠绝当时"（《南史》卷三十四《颜延之传》）。《诗品·中品》称颜延之：

> 其源出于陆机。故尚巧似。体裁绮密。然情喻渊深，动无虚发；一句一字，皆致意焉。又喜用古事，弥见拘束。虽乖秀逸，固是经纶文雅；才减若人，则陷于困踬矣。汤惠休曰："谢诗如芙蓉出水，颜诗如错彩镂金。"颜终身病之。

其创作多体物工巧，摹写逼真，诗风绮丽，缀辞繁密。正是从颜延之开始，颜氏家族文学创作兼涉文笔，并非独擅诗歌一种体裁。颜延之"竣得臣笔，测得臣文"（《南史》卷三十四《颜延之传》）之说证明了颜氏家族文学传统中，文、笔都占有重要位置，这也是颜氏家族不同于擅长诗歌的谢氏家族之处。《文章》篇提到颜协在文学创作中就涉及诗、赋、铭、诔、书、表、启、疏等八种文体。"吾家世文章，甚为典正"还表明了在梁朝，颜氏家族文学风格以典雅严正为主，不同于华艳纤巧的主流之风。

《家训》认为家族文学必须拥有固定的、擅长的文学体裁和成熟的文学风格，该书关注家族文学首先表现在总结了本家族偏爱的文学样式和特有的文学风格。成熟的文学风格是家族文学成熟的重要标志。《诗品》称赞颜延之诗歌"体裁绵密"，《宋书》卷六十七《谢灵运传论》称"延年之体裁明密"。六朝文论中"体裁"实指诗风，"体裁绵密"、"体裁明密"是指颜延之缀词繁密、诗风绮丽的写作特点。《文章》篇提出家族文学"不失体裁，辞意可观"，便是指家族文学首先应具有成熟的风格。该文总结颜氏家族具有不同流俗的文学风格：

吾家世文章，甚为典正，不从流俗，梁孝元在蕃邸时，撰《西府新文》，讫无一篇见录者，亦以不偶于世，无郑、卫之音故也。

梁朝后期，文坛盛行以萧纲、萧绎为代表的，具有新变特色的诗歌，其艺术特点是过于讲究辞藻、对偶等形式因素，内容狭窄，风格浮艳。颜之推批评这种浮华文风的本质是“趋末弃本”，即“辞与理竞，辞胜而理伏；事与才争，事繁而才损”（《文章》篇），其弊端在于片面追求辞藻、用典等文学技巧，忽视内容的充实。相比之下，颜氏家族文学风格“典正”，保持着内容充实健康、文辞典雅的文学传统。尽管颜氏家族文风与新巧绮丽的主流文风相去甚远，未能得到萧绎的青睐，但反对郑卫之音、固守健康的文学风格，在南朝后期实属难得。颜氏在《书证》篇中曾指出“《古乐府》歌词，先述三子，次及三妇。妇是对舅姑之称”，但是“近代文士，颇作《三妇诗》，乃为匹嫡并耦己之群妻之意，又加郑卫之辞，大雅君子，何其谬乎？”指出君子的文章应与郑、卫之辞截然对立，委婉地表示出追求雅正的文学审美观。

同时，文风成熟也表现在家族文风自身的演进上，从刘宋到萧梁，琅邪颜氏文风由“明密”趋于“典正”，颜之推感受到华艳的流行文风，有意识地改变自己的创作风格，倾向于追求华丽辞藻。这样既保持了家族以往的风格，又吸纳了新变的当代因素，故“词情典丽，甚为西府所称”（《北齐书》本传）。颜氏家族文风由“典正”向“典丽”的华丽转身不仅表明家族文学对当代文风的关注，更表现出家族文学对自身的自觉调整。

《家训》对家族文学的关注、思考还表现为着意加强本家族的文学理论素养，自觉引导子弟认识文学创作的抒情本质、作者的个性及才气等重要问题。由于重视“体裁”，即文风，《家训》

非常注意探讨文学的抒情特征:“至于陶冶性灵,从容讽谏,入其滋味,亦乐事也”、“文章之体,标举兴会,发引性灵”(《文章》篇)。强调文学创作与情感的密切关系,突出了其抒发情感的本质特征。在此基础上,《家训》指出文学作品的风格要始终保持一致:“凡诗人之作,刺箴美颂,各有源流,未尝混杂,善恶同篇也。”认为文章的整体风格应该完整,具有一致的情感,力避将不协调的内容和感情混杂在一起。

注重情感并不意味着忽视理性,而且“典正”的家族文风使《家训》更看重文学作品的内容,“文章当以理致为心肾,气调为筋骨,事义为皮肤,华丽为冠冕”(《文章》篇)。视内容为作品的生命本源。《家训》认为文学创作过程中思维虽然十分活跃,但须用理性节制感情,以免文思混乱,因此写作方式同样需要理性的节制:“凡为文章,犹人乘骐骥,虽有逸气,当以衔勒制之,勿使流乱轨躅,放意填坑岸也。”(《文章》篇)文学创作虽有自由挥洒的空间,但作家要遵循一定的规矩法度,而不能毫无限制地肆意发挥,需自觉地控制主体的艺术构思、语言表达。

《家训》对创作过程中作者这一环节,特别是作者的才性有着清晰的认识。学者和文人的双重身份,使颜之推体会到文艺创作与学术研究之间存在明显的差别。文艺创作固然离不开后天的努力,但作家的才华、个性在创作中有着不可忽视的价值。《家训》自觉地将学问、知识和文学创作区分开来,指出在文学创作中,个人的才气必不可少,也无法强求:

> 学问有利钝,文章有巧拙。钝学累功,不妨精熟;拙文研思,终归蚩鄙。但成学士,自足为人。必乏天才,勿强操笔。(《文章》篇)

文章巧拙之分实际上表明文学创作与创作主体的才华、天资紧密相关。前面提及《家训》反对“事与才争,事繁而才损”的不良创作倾向,其中,“事”指后天习得的学识,“才”指先天的才气、个性,这从反面表明了文学离不开作家的才气。此外,《杂艺》篇以书法艺术为例,说明积累学问或磨练技能并不等于具有艺术天赋:“吾幼承门业,加性爱重,所见法书亦多,而玩习功夫颇至,遂不能佳者,良由无分故也。”个人深厚的书法素养、刻苦练习所获得的书法功力,甚至家族艺术传统,都无法取代艺术天分在文艺创作中的重要地位。可以看出,颜之推的观点延续了曹丕《典论·论文》、刘勰《文心雕龙·体性》等文对作家才性的看法。

纵观六朝文学史,不少家族都很注重探讨文学理论问题。西晋文坛上,陆机、陆云兄弟间就讨论了文章的审美风格。陆云的《与兄平原书》指出陆机作品之弊在于文辞繁多,故提倡追求清明、爽朗的艺术风格:“兄文章之高远绝异,不可复称言。然犹皆欲微多,但清新相接,不以此为病耳……云今意视文,乃好清省,欲无以尚。”南朝梁代萧纲、萧绎兄弟以文学著称,他们在讨论“京师文体”即主流文风的基础上,更加强调文学的抒情特征。萧纲的《与湘东王书》(湘东王即萧绎)提出“未闻吟咏情性,反拟《内则》之篇,操笔写志,更摹《酒诰》之作”,认为诗歌的基本特征就是抒情写志。萧绎也认同诗歌的特征在于“流连哀思”、“情灵摇荡”(《金楼子·立言》)。萧纲的《诫当阳公大心书》对子弟则侧重谈论诗歌的写作原则:“立身之道与文章异。立身先须谨重,文章且须放荡。”主张文学创作应自由抒写感情,不要拘束文笔。

陆氏、萧氏兄弟或评价族人文学创作的不足,或批评流行文风的弊端,进而描述理想文风,以突出文学抒情特征。简言之,他们都注重对作品的风格和文学自身特点的探讨。《家训》除了注意到这些问题,还关注创作过程中人的因素,即作者的才气、天赋。“勿强操笔”的要求,在于突出了作者自然禀赋的重要性。这促使颜氏后人更理性、深入地对待文学创作,对文学基本特征和创作主体的才性都进行深刻探究。颜氏家族的这种理论素养为六朝其他文学世家所不具备,反映出该家族对六朝,尤其是南朝发达的文学批评的积极吸收。

《家训》对家族文学的思考并未停留在文学创作及理论素养的层面上,而是讨论了家族文学批评的对象及其作用,深刻认识到家族文学与文学批评的密切关系。颜之推生活的南北朝后期已经不是家族文学的黄金时代,家族文学逐渐消歇的现实,促使《家训》从整体上关注东晋以来的家族文学活动,对家族文学批评现象进行理性的反思和总结。《文章》篇明确指出家族文学批评有助于提高家族文学的创作水平:

> 学为文章,先谋亲友,得其评裁,知可施行,然后出手;慎勿师心自任,取笑旁人也……但使不失体裁,辞意可观,便称才士。

东晋至南朝,不少文学士族都非常重视家族中的文学交流和批评,陈郡谢氏就是典型的代表,谢混主持的“乌衣之游”对诸多族人的文学创作起着积极的推动作用①。《文章》篇的“亲友”实代表着家族的文学批评,它围绕作品展开,是提高士大夫创作水平、促进作品传播的重要基础。同时,《家训》从理论角度确

① 《南史》卷二十《谢弘微传》载:“(谢)混风格高峻,少所交纳,唯与族子灵运、瞻、晦、曜、弘微以文义赏会,常共宴处,居在乌衣巷,故谓之乌衣之游。混诗所言‘昔为乌衣游,戚戚皆亲姓’者也……尝因酣宴之余,为韵语以奖劝灵运、瞻等曰:‘康乐诞通度,实有名家韵……数子勉之哉,风流由尔振。如不犯所知,此外无所慎。’”

定家族文学批评活动的对象是“体裁”和“辞意”,就是作品的风格和语言。围绕文风、内容、语言的批评实质上属于作品的批评,即文本的批评。可以说,《家训》将家族文学批评的重点锁定在作品上,确实抓住了问题的关键。

尤其可贵的是,《家训》还指出了创作个体与家族文学(整体)有着互相依存的微妙关系,并对六朝家族文学批评的弊病进行了深刻反思:

> 治点子弟文章,以为声价,大弊事也。一则不可常继,终露其情;二则学者有凭,益不精励。(《名实》篇)

其中,“子弟”、“学者”实为士大夫,就是家族文学的创作主体。“治点”是指他人而非作者本人对作品的润饰、修改,包含着浓重的矫饰色彩。而“声价”,是指士大夫乃至家族的文学声誉,表明士大夫的创作(个体)与家族文学(整体)依托在一起。《家训》指出家族文学批评的弊端在于片面追求名声,这对创作个体构成极大危害:其一,这种狭隘、虚伪的批评方式不能真正提高作者的创作水平,终无法掩盖其缺陷;其二,更大的危害在于使士族子弟产生依赖心理,不勤于创作、不精于琢磨,最后的结局就是个人的创作才华和家族文学声价都将“不可常继”。可以看出《家训》意识到家族文学批评的基本要素是“子弟”,即士大夫,也就是作者。

对家族文学的批评与思索并非自颜氏开始,《世说新语·文学》中也有一则跟家族文学批评相关的故事,我们不妨举出来,与《家训》对比一下:

> 庾仲初作《扬都赋》成,以呈庾亮。亮以亲族之怀,大为其名价云:“可三《二京》,四《三都》。”于此人人竞写,都下纸为之贵。谢太傅云:“不得尔。此是屋下架屋耳,事事

拟学,而不免俭狭。”

“以亲族之怀,大为其名价”,表明庾亮正是出于家族观念,凭借自己显赫的社会地位来抬高族人庾阐作品。尽管《扬都赋》一度广为传写,但谢安批评它模拟大于创新,评论的重点是作品的题材陈旧,但未揭示出家族文学批评的弊端。相比之下,颜之推的思考是从家族的角度出发,突出了士大夫的创作与家族文学声誉间的密切关系,因而更加深刻。《家训》理性地揭示出:家族中围绕作品的积极、活跃的批评活动促进了家族文学的发展;以追逐声价为目的的急功近利的文学批评则滋生了作者的惰性,严重阻碍了家族文学的发展。六朝的文章世家虽多以家门文章自矜,有所谓“人人有集”之说,文集不能行远的内因或许在此。《家训》对家族文学批评弊端的分析、总结,不谓不深。

颜之推本人经历复杂:由南朝进入北朝,一生身历萧梁、北齐、北周、隋四朝,三为亡国之人,既经历过南朝活跃的文学批评,也体验到北朝闭塞滞后的文学批评,能够用开阔的目光审视南北朝后期家族文学。同时,坎壈不遇的人生使他体验了朝市迁革对士族命运的影响,《家训》因而比较强调社会环境的压力对家族文学的影响,不少论述显得功利、保守和片面。

文学创作本应自由抒发情感、张扬个性,但《家训》过于强调环境压力,总是带着“引以为戒”的目的,告诫子弟在文学创作、批评等方面要慎之又慎。尤其是片面认为文学的抒情功能会导致文人道德缺失、行为轻薄,使文人陷于“损败”之境地,甚至影响生命安危:

> 文章之体,标举兴会,发引性灵,使人矜伐,故忽于持操,果于进取。今世文士,此患弥切,一事惬当,一句清巧,神厉九霄,志凌千载,自吟自赏,不觉更有傍人。加以砂砾

所伤，惨于矛戟，讽刺之祸，速乎风尘，深宜防虑，以保元吉。

客观地讲，文学能够“标举兴会，发引性灵”的观点已经接触到文学的基本特征，但可惜的是，《家训》出于“深宜防虑，以保元吉”的实用心理，将文学的抒情特征与文人恃才傲物、疏于操守等个人行为生硬地联系起来，偏离了对文学基本特征的深入探讨，而纠缠于躲避讽刺之祸，削弱了自身的理论光彩。

迫于环境压力，《家训》对家族文学的思考掺杂着过多的人生教训，一再提醒子弟远离文学争端或敏感的文学题材，要小心翼翼地进行文学批评：

山东风俗，不通击难。吾初入邺，遂尝以此忤人，至今为悔；汝曹必无轻议也。

凡代人为文，皆作彼语，理宜然矣。至于哀伤凶祸之辞，不可辄代。

此外，“《吴均集》有《破镜赋》”条云：“举此一隅，触涂宜慎。”“自古宏才博学，用事误者有矣”条云：“今指知决纰缪者，略举一两端以为诫。”“文章地理，必须惬当”条云：“此亦明珠之颣，美玉之瑕，宜慎之。”等等。这种对文学创作和批评作出诸多“必无”、“不可”之类的限定，本质上是一种消极的束缚，限制了作者的创作活力。颜之推注意到作者是家族文学的基本要素，但这些保守、片面的观点无形中扼制了自家子弟的创作热忱，颜氏后人在隋唐历史上不以文学著称，抛开时代的原因不说，颜氏家族文学观中的诸多限制就起了很大的反作用。令人感慨的是，《家训》观察、分析了家族文学及其弊端，又制造了家族文学的新的弊端，虽然其中的社会因素更重一些。

从整体上看，《家训》对六朝家族文学的思考是深刻而又自觉的。对家族文学的思考以作品为基础，侧重分析文学体裁和风格，并自觉地提高家族文学素养；对家族文学批评的思考则侧重指出作者与家族文学相互依存，最终将作者—作品—家族文学联系起来，显示出南北朝后期作家对六朝家族文学的密切关注和理性反思。

颜之推一生足迹广涉南北，对南北文化有深入的了解和独到的识见，并在文字、训诂、声韵和校勘方面有着很深的造诣，《家训》门第教育中学术教育占有相当比重。卷六《书证》篇和卷七《音辞》篇都是学术性很强的文章，前者录有颜之推对经、史典籍以及各种字书、韵书的考证四十七条，是《家训》中文字最长的一篇。后者则是声韵学的专论，基于"古今言语，时俗不同；著述之人，楚、夏各异"的复杂的语言现象，探讨不同地域、不同时代的声韵问题。《家训》注重积累学术知识的深层原因是，颜之推具有保存士族文化优势的清醒意识，"虽百世小人，知读《论语》、《孝经》者，尚为人师"、"若能常保数百卷书，千载终不为小人也"（《勉学》篇），注重文化优势与士族生存的微妙关系，学术积累、传承则是文化优势得以延续的直接体现。同时，在以鲜卑文化为主流文化的北齐，《家训》以门第教育的方式保存汉族文化也是现实可行的方式。

《家训》的学术教育内容广博，不仅包含着典章制度的考证、文学创作、音韵学现象的辨析，还包括颜氏与北方文人，如王劭、魏收、邢芳等人有关文字学、训诂学的讨论，（第一章最后一节已有列举，兹不赘述）表现出颜之推对南北文化和学术的思索和交流。可以说，《家训》的学术教育既不固守南朝学术，也不盲从北方学术，而是对南北学术作出对照、批评和修正，力求兼收并蓄。例如：

"也"是语已及助句之辞，文籍备有之矣。河北经传，悉略此字,其间字有不可得无者,至如“伯也执殳”,“于旅也语”,“回也屡空”,“风,风也,教也”……如斯之类,傥削此文,颇成废阙。《诗》言:“青青子衿。”《传》曰:“青衿,青领也,学子之服。”按:古者,斜领下连于衿,故谓领为衿。孙炎、郭璞注《尔雅》,曹大家注《列女传》,并云:“衿,交领也。”邺下《诗》本,既无“也”字,群儒因谬说云:“青衿、青领,是衣两处之名,皆以青为饰。”用释“青青”二字,其失大矣!又有俗学,闻经传中时须也字,辄以意加之,每不得所,益成可笑。(《书证》篇)

《汉书》:“田肎贺上。”江南本皆作“宵”字。沛国刘显,博览经籍,偏精班《汉》,梁代谓之《汉》圣。显子臻,不坠家业。读班史,呼为田肎。梁元帝尝问之,答曰:“此无义可求,但臣家旧本,以雌黄改‘宵’为‘肎’。”元帝无以难之。吾至江北,见本为“肎”。(《书证》篇)

河北切攻字为古琮,与工、公、功三字不同,殊为僻也。(《音辞》篇)

颜氏博览群书,学术目光敏锐,视野开阔。《家训》的学术教育对南北学术多有深入、细致的辨析,很大程度上表现出南北文化的交融和交流。

除了重视知识的积累,《家训》学术教育思想还体现出“所见渐广,更知通变”(《书证》篇)的特征,表现出颜氏对学术受社会的影响、学术随着时代的发展而前进的理性认识。以文字学为例,《家训》一方面看到文字学本身有着“随代损益,互有同异”(《书证》篇)的发展规律;另一方面,对使用文字过程中所出现的正体字和俗字有着较客观的态度,即主张著书立说使用正体字,而一般的文书和信函则可以采用社会上通行的俗字:“若文章著述，犹择微相影响者行之，官曹文书，世间尺牍，幸不违俗也。”这种通变的目光来自颜之推博览南北学术的实践活动，使《家训》之学术教育能摆脱时代和地域的局限，形成独到见解。

六朝士族非常注重语言修养，士族的言谈要比庶族更严谨、高雅。语言教育成为《家训》学术教育的一个重要内容。在语言教育方面，《家训》认为南方士大夫的语言修养更全面、更高雅：

> 然冠冕君子，南方为优；闾里小人，北方为愈。易服而与之谈，南方士庶，数言可辩；隔垣而听其语，北方朝野，终日难分。
>
> 吾见王侯外戚，语多不正，亦由内染贱保傅，外无良师友故耳……元帝手教诸子侍读，以此为诫。（《音辞》篇）

颜氏推崇南方士大夫优雅的谈吐，其主要原因是“南方士庶，数言可辩”，即南方士族的语言修养和发音方式都明显区别于、高于庶族（其中包括王侯贵族身边负责教育的“贱保傅”），无形中成为“冠冕君子”的“招牌”。北方士族由于忽视语言教育，被颜氏讥为“音辞鄙陋”（《勉学》篇）、朝野难分。

同时，《家训》指出语言修养不仅是士族身份的标记，还会直接影响到士大夫之间的交往：

> 比世有人名暹，自称为纤；名琨，自称为衮；名洸，自称为汪……非唯音韵舛错，亦使其儿孙避讳纷纭矣。（《音辞》篇）

缺乏语言素养的士大夫不仅连自己的名字都会说错，更让子孙无从避讳。因此，《家训》认为良好的语言教育对士大夫的言谈、社交起着关键作用，士族应加强语言教育，注意培养和监督子弟的语言学习，使其具备丰富的文字常识，在言谈、书面文字交流中一定合乎规范：

> 吾家儿女，虽在孩稚，便渐督正之；一言讹替，以为己罪矣。云为品物，未考书记者，不敢辄名，汝曹所知也。(《音辞》篇)

语言教育应从幼童抓起，逐步督训、修正；而且长辈传授知识的态度要谨慎，力求言之有据。

《家训》注重学术的门第传统极大地影响了颜氏后人，他们的学术成就都集中在史学和小学：颜之推次子愍楚著有《证俗音略》二卷(《旧唐书》卷四十六《经籍志》)；三男游秦撰有《汉书决疑》十二卷(《旧唐书》卷七十三《颜师古传》)；长男思鲁之子师古是唐朝著名学者，著有《汉书注》一百二十卷、《匡谬正俗》八卷。这种学术传统即是由《家训》奠定的。

尽管《书证》和《音辞》两文在《家训》中占有相当分量，但其偏重学术而文学特色较为淡薄。对此，后人多有微词。清人黄叔琳在雍正二年刻《颜氏家训》节抄本就删掉了这两篇文章，并在序言中予以指摘："义琐文繁，有资小学，无关大体；他若古今风习不同，在当日言之，则切近于事情，由今日视之，为闲谈而无当。"黄氏批评这两篇文章学术味道过浓、内容琐碎、缺少文学性及可读性，在一定程度上无关家训文化大体，殊不知，"在当日言之，则切近于事情"，表明《家训》真正体现着六朝的门第教育和门第文化。从整体上看，《勉学》、《书证》和《音辞》诸文在内容上各有侧重，但这三篇文章正是从思想意识和学术两方面显示出颜之推对保持门第文化优势的极大关注与捍卫，实为"切近于事情"。

六朝时期，歌舞、书法、绘画、雕塑等多种艺术都取得了丰厚的艺术成就，士族凭借自己的文化、艺术特权，在艺术创作上尤其取得了卓越成就，涌现出王羲之、顾恺之等书画天才。在浓厚的艺术氛围当中，艺术教育成为《家训》门第教育的另一重要组成部分，主张士族在经、史、文章之外，还须具备丰富的艺术修养。《杂艺》篇专门介绍了书法、绘画、射箭、卜筮、医方、弹琴、博弈、投壶等十种技艺，尤其强调音乐、书法和绘画与士族生活有着密切联系：

真草书迹，微须留意。江南谚云："尺牍书疏，千里面目也。"承晋、宋余俗，相与事之，故无顿狼狈者。

画绘之工，亦为妙矣；自古名士，多或能之。

《礼》曰："君子无故不彻琴瑟。"古来名士，多所爱好。洎于梁初，衣冠子孙，不知琴者，号有所阙……

《家训》介绍了东晋南朝士族全面、丰富的艺术修养，谚语"尺牍书疏，千里面目"，生动反映了在社会交往中，士大夫的艺术修养就是自己的门面。黄叔琳评价《杂艺》篇"所述虽琐细，然亦游艺之所不废"①，即是点明《家训》艺术教育的良苦用心。

六朝艺术中，书法、绘画成就最为突出，代表了这一时期艺术的最高水平。颜氏家族在书法方面颇有所成就，《梁书》卷五十《颜协传》云协"工于草隶"，宋朝陈思《书小史》卷七云颜协"工草隶飞白"、"荆楚碑碣，皆协所书"。颜之推本人有很深的书法素养："吾幼承门业，加性爱重，所见法书亦多"，"梁氏秘阁散逸以来，吾见二王真草多矣，家中尝得十卷"（《杂艺》篇）。颜之推不但推崇二王真草，而且具有很高的书法鉴赏能力，对同时代的优秀书法作品表现出卓越的鉴赏力：

梁孝元前在荆州，有丁觇者，洪亭民耳，颇善属文，殊工草隶；孝元书记，一皆使之。军府轻贱，多未之重，耻令子弟

① 转引自王利器：《颜氏家训集解（增补本）》，第567页。

以为楷法,时云:“丁君十纸,不敌王褒数字。”吾雅爱其手迹,常所宝持。孝元尝遣典签惠编送文章示萧祭酒,祭酒问云:“君王比赐书翰,及写诗笔,殊为佳手,姓名为谁?那得都无声问?”编以实答。子云叹曰:“此人后生无比,遂不为世所称,亦是奇事。”于是闻者少复刮目。(《慕贤》篇)

与众人轻视丁觇书法作品不同,颜之推非常欣赏其书法作品,其后萧子云对丁觇“殊为佳手”、“后生无比”的赞誉恰恰证明了颜之推眼力非凡。

在《家训》的门第教育思想中,儒家思想始终居于主导地位和支配地位,成就“素业”是士族最重要的任务,至于艺术修养,《家训》认为“微须留意”即可,“不须过精”,亦不可“以能自蔽”。加之颜之推的全身虑祸思想,《家训》甚至提出子弟不能专精某种技艺,更不能凭借艺术技艺而自命不凡,以免招致灾祸,须避免“若官未通显,每被公私使令,亦为猥役”所带来的羞辱。《杂艺》篇云:

王褒地胄清华,才学优敏,后虽入关,亦被礼遇。犹以书工,崎岖碑碣之间,辛苦笔砚之役,尝悔恨曰:“假使吾不知书,可不至今日邪?”以此观之,慎勿以书自命。

吴县顾士端出身湘东王国侍郎……父子并有琴书之艺,尤妙丹青,常被元帝所使,每怀羞恨。彭城刘岳……下牢之败,遂为陆护军画支江寺壁,与诸工巧杂处。向使三贤都不晓画,直运素业,岂见此耻乎?

(卜筮)倘值世网严密,强负此名,便有诖误,亦祸源也。

(算术)然可以兼明,不可以专业。

医方之事,取妙极难,不劝汝曹以自命也。

(音乐)唯不可令有称誉,见役勋贵,处之下坐,以取残杯冷炙之辱。戴安道犹遭之,况尔曹乎!

满怀忧虑的警告几乎涉及每一种技艺,这说明《家训》一方面把艺术作为门第教育的高雅装饰品,希望颜氏子弟具备足够的艺术修养,以彰显士族的高贵和多才多艺;另一方面,《家训》决不鼓励子弟将艺术作为专业,并极力阻止子弟将大量热情投入到艺术中去,目的是努力避免由艺术特长带来的役使和羞辱,尤其是对生存构成的威胁。

《家训》的门第教育思想包括礼学、文学、艺术等丰富内容,表现出六朝士族注重精神素养的特点。其中,《风操》、《文章》、《书证》、《音辞》和《杂艺》从多个方面反映出六朝士族丰富的精神世界和精神需求①。可以说,伦理道德修养、文化艺术素养和渊博的知识是构成士族精神世界的必要内容,而高贵、深厚的精神素养是六朝士族立足社会的重要基础。颜氏本人于困顿境地中依旧坚守"务先王之道,绍家世之业"(《勉学》篇)的理想,即是将建构士族精神世界放在为家族积累物质财富之上。但是这种建构并不是纯粹形而上的,而是颜之推在生存压力的逼迫下,努力适应现实环境的产物。如果说,本章第三节主要介绍《家训》中所体现出的士族精神世界,那么,第四节则侧重阐述建立这种精神世界的根本原因在于颜氏对士族命运的思索。

在南北朝多元文化、习俗的影响下,《家训》用发展的目光

① 〔日〕谷川道雄著,马彪译《中国中世社会与共同体》,第一编第二章之《六朝贵族的自律世界》:"六朝贵族的阶级基础,并非由物质手段所能够直接创造的,而是形成于被精神世界所扬弃的世界",六朝士族认为"只有学问及其实践的人的内在性,才能决定一个人的社会地位"。

看待、吸纳不同文化，其门第教育思想更注重实际，更富有人文情怀，变通、灵活而不固执、死板。这种兼容并蓄的思想在客观上既体现出南北朝文化的交流和发展，更反映出处于上升阶段的封建社会的思想、文化、学术不断探索和前进的历程。

由于特殊的人生经历，颜之推更加理性，更注重实用，对儒家思想既有继承也有改变。他将儒家哲学的实用理性和中庸思想放在家族的小圈子中加以发挥，从而把儒家思想中的实用理性极端化、世俗化，使《家训》门第教育思想带有许多保守、世俗的成分。其中，《家训》中有关文学、艺术的论述显得保守、片面，这是其门第教育思想的明显缺陷。例如文学、艺术等与个人才气、性情有直接关系，极易张扬个性，《家训》持有保守之论；礼学、文字学多关乎士大夫的学识积累，《家训》却能客观论之。这种前后矛盾的复杂思想本质上与颜之推重生存、尚实用的功利思想是分不开的。经历了东晋到南北朝末期的二百七十余年，士族的发展已由盛至衰，《家训》门第教育思想的出现具有很强的代表意义：它既表现出六朝士族对文化的继承、推动，也折射出六朝士族文化垄断和封闭的消极特点。

第四节　常思“优闲之过”

——论《颜氏家训》对南朝士族衰败的反思①

从东晋到南朝梁、陈，士族阶层经历了由盛及衰的漫长过

① 本节内容曾以《论〈颜氏家训〉对南朝士族衰败的反思》为题，发表于《山东教育学院学报》2005 年第 5 期。

程,其衰败的原因非常复杂,涉及军事、政治、经济、文化多方面。其中,高门士族自身的衰弱、寒门庶族的崛起以及农民起义与战乱的巨大打击是主要原因①。颜之推亲历梁末侯景之乱、西魏攻克江陵之大规模战乱,亲眼目睹了梁朝士族迅速衰亡的惨象,《家训》常有"离乱之后,朝市迁革"、"自荒乱已来"、"一旦流离,无人庇荫"、"其间与白刃为伍者,亦常数辈"等怵惕酸楚之语。在战乱中,南北朝士族多通过文、武两种方式来谋求生存。武力虽然具备保存个人、保护家族的作用,但《家训》明确反对子孙凭借武力立身处世,指出南朝士大夫已无杰出的军事才能,一味逞强好战只能招致祸辱:

> 颜忠以党楚王受诛,颜俊以据武威见杀,得姓已来,无清操者,唯此二人,皆罹祸败。顷世乱离,衣冠之士,虽无身手,或聚徒众,违弃素业,徼幸战功。吾既羸薄,仰惟前代,故寘心于此,子孙志之。孔子力翘门关,不以力闻,此圣证

① 东晋末年的孙恩起义极大地打击了门阀士族。起义席卷吴、会,打击对象主要是王、谢等高门大族,如会稽内史王凝之一家,吴兴太守谢邈、黄门郎谢冲一门,中书郎孔道、太子洗马孔福兄弟以及南康公谢明慧、嘉兴公顾胤等相继被杀,义军更临阵击杀领兵镇压的陈郡谢琰及其二子。此后,东晋门阀士族迅速走向衰败。而且,由于南朝士族多聚居在建康、扬州等大城市中,一旦发生战乱,世家大族很容易被削弱。侯景之乱大量掠夺、买卖人口的现象已在一定程度上削弱了梁朝士族的力量。《观我生赋》自注云:"中原冠带,随晋渡江者百家,故江东有《百谱》;至是,在都者覆灭略尽。"其后,西魏陷江陵,又把城中十万余人,包括一部分世族,赶入关中没为奴隶:"江陵既平,衣冠仕伍,并没为仆隶。"(《周书》卷三十二《唐瑾传》)可以说,在经历了侯景之乱和西魏破江陵等巨大变故后,南方门阀士族元气大伤,再也恢复不到冠带济济的盛况了。

也。吾见今世士大夫，才有气干，便倚赖之，不能被甲执兵，以卫社稷；但微行险服，逞弄拳掔，大则陷危亡，小则贻耻辱，遂无免者。(《诫兵》篇)

颜之推坚决反对子孙以战功入世，否定了“武”的生存方式，主张遵循儒家文化、成就“素业”以谋求生存，与前文所论《家训》注重文化优势的观点是一体两面。由于战乱的缘故，《家训》尤其强调对子孙进行文化教育的必要性：“汝曹生于戎马之间，视听之所不晓，故聊记录以传示子孙。”(《风操》篇)《家训》这种文化求生存的坚定观念，固然与颜氏家族儒家思想传统有关，更是源自颜之推对士族阶层的清醒认识。

尽管《家训》痛陈国家丧乱，士大夫流离失所、转死沟壑，颜氏也经历了许多磨难，但《家训》并未过多地突出这些外在原因，而是从士族阶层内部寻找其衰败、没落的原因。《家训》的《勉学》、《涉务》和《名实》等文章对士族衰亡的内因作了分析、总结，体现出深刻的反思精神。

颜之推认为士族的衰败，首先在于本身的腐朽与无能。《涉务》篇指出东晋初期，门阀士族与国家政治、军事、经济的联系最为密切，成为统治阶层的支柱：

晋朝南渡，优借士族；故江南冠带，有才干者，擢为令仆已下尚书郎中书舍人已上，典掌机要。

“晋朝南渡，优借士族”，显示出东晋之初，门阀士族具有强大势力，表现出较强的参政意识和实际才能，充分参与政权、“典掌机要”。事实上，永嘉之乱后，以河南地区为主的北方士族大量南渡，成为江左侨姓高门。他们与以建康为中心的三吴士族共同拥戴司马睿，并构成东晋的高门士族群体。高门士族成为统治的核心，甚至使东晋的权利结构发生变化，门阀士族势力得以平行或超越王权①。历史上,东晋初期大批高门士族,如琅邪王氏、颍川庾氏、谯郡桓氏、陈郡谢氏、太原王氏,先后掌握军政大权,拥有政治、军事、经济和文化上的优势,甚至充任北伐的主帅。但《家训》清醒地指出早在东晋,门阀士族中就存在"迂诞浮华,不涉世务"等脱离现实的迹象,成为日后衰败的先兆:

江南朝士,因晋中兴,南渡江,卒为羁旅,至今八九世,未有力田,悉资俸禄而食耳。假令有者,皆信僮仆为之,未尝目观起一墢土,耘一株苗;不知几月当下,几月当收,安识世间余务乎?故治官则不了,营家则不办,皆优闲之过也。(《涉务》篇)

北方士族南渡后不以羁旅为虑,生活完全依赖俸禄,毫不理会社会事务,更不了解农业等行业的具体劳作。过于悠闲的生活,只能导致士大夫生存能力衰退,所谓"优闲之过"清醒道出东晋乃至南朝士族衰败的深刻内因。

《家训》更指出降及梁朝,优闲的生活使士族已经完全丧失政治、军事才能,失去了参政机会,沦为朝廷的点缀。相比之下,寒族、庶族凭借自身才能跻身统治阶层,掌管国家机要:

文义之士,多迂诞浮华,不涉世务;纤微过失,又惜行捶楚,所以处于清高,盖护其短也。至于台阁令史,主书监帅,诸王签省,并晓习吏用,济办时须,纵有小人之态,皆可鞭杖肃督,故多见委使,盖用其长也。人每不自量,举世怨梁武帝父子爱小人而疏士大夫,此亦眼不能见其睫耳。(《涉务》篇)

揭示出南朝君王维持士族之"清高"地位,实为士族已不具备实

① 参见田余庆:《东晋门阀政治》,《后论》之《门阀政治——皇权政治的变态》。

际才能,已由政权的参与者、建构者退化为政权的旁观者、装饰品。所谓"举世怨梁武帝父子爱小人而疏士大夫",说明"小人",即庶族、寒族越来越受到政权倚重,在梁朝已成为普遍现象。颜氏指出士族阶层忽视自身腐朽、堕落的内因,一味怨恨帝王疏远的观点不切实际。

从史学资料看,自刘宋始,政权已落入刘裕代表的庶族寒门手中,宋、齐、梁三朝均由过江低等士族建立。宋齐时期,次等士族充当中书舍人,专掌军国机要,已夺取了至关重要的中书省大权。南朝史籍所载恩倖或倖臣传中人物,几乎都任此职,如戴法兴、纪僧真、刘系宗、茹法亮、吕文显、吕文度等皆为寒人,出身浊流,但大权在握。齐明帝甚至说:"学士不堪治国,唯大读书耳。一刘系宗足持如此辈五百人。"(《南齐书》卷五十六《刘係宗传》)"学士"所代表的高门士族已丧失治理国事的才干,只能以"大读书"之类的文化活动挽回颜面;而寒族正式成为政权的中坚力量。

《家训》指出梁朝士族堕落,尤表现为生活奢华、鄙薄武事:

> 梁世士大夫,皆尚褒衣博带,大冠高履,出则车舆,入则扶侍,郊郭之内,无乘马者。周弘正为宣城王所爱,给一果下马,常服御之,举朝以为放达。至乃尚书郎乘马,则纠劾之。及侯景之乱,肤脆骨柔,不堪行步,体羸气弱,不耐寒暑,坐死仓猝者,往往而然。(《涉务》篇)
>
> 梁朝全盛之时,贵游子弟,多无学术,至于谚云:"上车不落则著作,体中何如则秘书。"无不熏衣剃面,傅粉施朱,驾长檐车,跟高齿屐,坐棋子方褥,凭斑丝隐囊,列器玩于左右,从容出入,望若神仙。(《勉学》篇)

东晋门阀势力兴盛的主要原因之一是重视戎武,但梁朝士族已全无军事才能,“不知有战陈之急”(《涉务》篇)、“江南谓世之常射,以为兵射,冠冕儒生,多不习此”(《杂艺》篇),把国家政权中极为重要的军队指挥权让给了庶族。更有甚者,南朝士族在悠闲的生活中蜕变得体质羸弱,连基本的生存能力也荡然无存,在战乱中只落得坐以待毙的下场。

其次,梁朝士族严重缺乏处理社会事务的实际才能:“居承平之世,不知有丧乱之祸;处庙堂之下,不知有战陈之急;保俸禄之资,不知有耕稼之苦;肆吏民之上,不知有劳役之勤,故难以应世经务也。”(《涉务》篇)门阀士族难以处理政治、经济、农业等方面事务,日益失去对社会各个领域的特权,蜕变成“求诸身而无所得,施之世而无所用”的“驽材”(《勉学》篇)。全无军事才能,又失去处理政事的能力,士族的结局只能是离统治核心越来越远,在动荡的社会变迁中被消灭、被淘汰。《慕贤》篇所推崇的贤才,如梁太子左卫率羊侃、北齐尚书令杨愔、晋州行台左丞张延隽以及折冲之将斛律明月,均为北方士人,也从侧面证明了南朝士大夫缺乏实干的才能。

梁朝士族的腐朽还表现为严重缺乏学习社会事物的兴趣,士族阶层的文化优势由此迅速丧失:

> 多见士大夫耻涉农商,差务工伎,射则不能穿札,笔则才记姓名,饱食醉酒,忽忽无事,以此销日,以此终年。或因家世余绪,得一阶半级,便自为足,全忘修学;及有吉凶大事,议论得失,蒙然张口,如坐云雾;公私宴集,谈古赋诗,塞默低头,欠伸而已。有识旁观,代其入地。何惜数年勤学,长受一生愧辱哉!(《勉学》篇)

颜氏痛陈,在和平年代,士大夫失去文化优势,尚无法维护自家颜面,落得“愧辱”的下场;在乱离之世,丧失了政治、经济特权的士族,如果再没有文化优势、"不晓书记",就只有"自兹堕慢,便为凡人"。《家训》深刻、独到地揭示出南北朝后期,文化优势对士族阶层的生存具有决定意义。《勉学》篇在《家训》中单独占有一卷的篇幅,意在说明文化优势是家族生存、门第延续的基础;《风操》、《文章》、《书证》、《音辞》等篇则从礼学、文学、文字学等不同领域表明:维护文化优势是士族门第教育的根本原则。

经历了战争、动荡之后,《家训》突出士族文化优势、文化素养对本阶层生存具有重要意义,反映出东晋南北朝士族的生存与延续并不能单单依靠政治、经济因素,文化因素占有更重要的地位。在非常时期,文化优势甚至决定士族的生存。事实上,文化优势对东晋南朝士族相当重要,南齐皇室萧嶷临终曾告诫子孙:

> 才有优劣,位有通塞,运有富贫,此自然理,无足以相陵侮。若天道有灵,汝等各自修立,灼然之分无失也。勤学行,守基业,治闺庭,尚闲素,如此足无忧患。(《南齐书》卷二十二《豫章文献王传》)

萧嶷贵为皇室,享有政治、经济的极大特权,犹将勤学置于家族教育的首位,足见其看重门第中的文化优势。本章第一节曾引沈约对琅邪王氏的评价:"吾少好百家之言,身为四代之史,自开辟已来,未有爵位蝉联,文才相继,如王氏之盛者也。"(《梁书》卷三十三《王筠传》)沈约把"爵位"与"文才"并提,表明对士族而言,文化绝不是无足轻重的装饰,而同"爵位"一样,有着重要意义,维系着士族的发展。颜之推将"家世余绪"、"得一阶半级"与"修学"(《勉学》篇)对举,与沈说可谓息息相通。颜氏所云乱世之中"有学艺者,触地而安"和"若能常保数百卷书,千载终不为小人"的内涵与沈约的观点在本质上是相通的。与沈约相比，颜之推更加深入地强调文化优势对维护士大夫免于堕为凡人的重要性。只不过颜氏的观点来自亲身体验，萧嶷的观点得自统治经验，沈约的观点得自历史。

《家训》并没有孤立地强调文化优势，而是认为优势文化只有与社会实践联系起来，才能真正成为生存的优势。学习不仅是积累文化优势的基本途径，而且学必须致用：

> 夫明《六经》之指，涉百家之书，纵不能增益德行，敦厉风俗，犹为一艺，得以自资。
>
> 夫所以读书学问，本欲开心明目，利于行耳。
>
> 学之所知，施无不达。
>
> 夫学者所以求益耳。（《勉学》篇）

所谓"利于行"，就是指学习对成就学业、塑造人格、改善个人生存都具有积极影响。简言之，学习同士大夫的实践能力和社会行为结合起来，文化优势才具有实际意义。《家训》提出士族阶层学习的内容包括丰富的社会活动，并不局限于儒家经典；同时，学习与实践有着非常密切的关系，不徒具有"增益德行"的道德色彩：

> 人生在世，会当有业：农民则计量耕稼，商贾则讨论货贿，工巧则致精器用，伎艺则沉思法术，武夫则惯习弓马，文士则讲议经书。
>
> 爰及农商工贾，厮役奴隶，钓鱼屠肉，饭牛牧羊，皆有先达，可为师表……
>
> 未知养亲者，欲其观古人之先意承颜，怡声下气，不惮劬劳，以致甘腝，惕然惭惧，起而行之也；未知事君者，欲其观古人之守职无侵，见危授命，不忘诚谏，以利社稷，恻然自念，思欲效之也。（《勉学》篇）

从这些论述中可以看出，学习的目的既包括士大夫的道德修养和人格完善，又指向诸多社会行业和实践活动。在学与用的问题上，颜之推在遵循儒家思想的同时，又超越了儒家思想的局限，赋予学习更加丰富的社会内容，使《家训》所倡导的士族阶层文化优势建立在较为广阔的社会基础上，具有不能忽视的实际内容，显示出作者的清醒头脑和长远眼光。

最后，需要申明一点，《家训》强调文化优势对士族门第的重要性还隐含着保存、发展汉族文化的意义，这是沈约等人所不具备的。如前所述，北齐文化具有浓厚的鲜卑色彩，鲜卑文化是其主流文化。颜氏进入北齐，意味着离开较为先进的南方汉族文化环境，进入北方较为落后、野蛮的鲜卑文化环境。第一章曾提到以鲜卑文化教育后人以谋取进身之阶成为北齐朝野之好尚，《教子》篇所云“教其鲜卑语及弹琵琶，稍欲通解，以此伏事公卿，无不宠爱，亦要事也”，在北齐士大夫中具有相当代表性。颜之推对这种投机行为相当反感：“若由此业，自致卿相，亦不愿汝曹为之。”应该肯定，面对荣利之诱惑，颜之推能够冷静地把汉民族文化放在重要的位置上。在北齐士大夫热衷鲜卑文化、汲汲进取的时候，《家训》虽然只能在家族范围中维护汉族文化，但在保护和传播汉文化方面具有一定积极意义。

《家训》对南朝士族衰败的描写和分析多为治魏晋南北朝史学、文学的学者引用，不仅因为其生动的描写，更因为其深刻的思考与总结，抓住了士族衰败的内因，从多方面分析、甚至预言了士族的衰亡。同时，《家训》的独到之处在于突出了文化命脉对士族，尤其是生活在北方鲜卑文化环境中的汉族士族的发展、延续具有重要意义。《家训》最初的创作目的在于“整齐门内，提撕子孙”，但由于颜之推特殊的人生经历和深刻的反思精神，使《家训》对人生和社会的思索远远超出家族的范围。《家训》的门第教育思想从家族出发，进而对士族阶层进行自觉的分析和思索，其突出之处在于对文化优势的思考扩大到整个士族阶层，提出了以文化求发展的观点。颜之推的视野和思想由对颜氏家族子弟的教育（个体）扩大到对南朝士族（整体）的批评和反思，使《家训》门第教育思想不仅有着典型的时代特征，也具备相当的理论深度。

第三章 《颜氏家训》研究(下)

“质而明,详而要,平而不诡”——论《颜氏家训》文学成就

第一节 心危·虑详——《颜氏家训》的写作意图与内容

《家训》以其体制完整宏大、内容丰富广博被后人誉为“古今家训之祖”,在其体制和内容的背后是颜之推自觉、成熟的写作意图,因为随意、散漫的写作意图无法完成这部“制作弘奥”的著作。作者的写作意图有着特殊内涵,《序致》篇有直接的表述。注重门第教育是写作意图的第一个层面:

> 夫圣贤之书,教人诚孝,慎言检迹,立身扬名,亦已备矣。魏、晋已来,所著诸子,理重事复,递相模敩,犹屋下架屋,床上施床耳。吾今所以复为此者,非敢轨物范世也,业以整齐门内,提撕子孙。

颜之推表明《家训》的写作意图是自觉以“圣贤之书”所代表的儒家思想来教育和规范子弟,这受到后代学者的高度赞扬①。但这种教育并非空洞、抽象的说理,而是以丰富的人生阅历、具

① 清人卢文弨称赞《家训》:“立身之要,处世之宜,为学之方,盖莫善于是书。”转引自王利器:《颜氏家训集解(增补本)》,第629页。

体的社会现象为内容,这就引出了第二层写作意图。

写作意图的第二个层面是以个人作为家族教育的教材。将颜之推本人作为教育参照物,将个人的人生经验、教训置于家族教育当中供子孙参考、思索:

> 昔在龆龀,便蒙诱诲;每从两兄,晓夕温凊,规行矩步,安辞定色,锵锵翼翼,若朝严君焉……虽读《礼传》,微爱属文,颇为凡人之所陶染,肆欲轻言,不修边幅。年十八九,少知砥砺,习若自然,卒难洗荡。二十已后,大过稀焉;每常心共口敌,性与情竞,夜觉晓非,今悔昨失,自怜无教,以至于斯。追思平昔之指,铭肌镂骨,非徒古书之诫,经目过耳也。故留此二十篇,以为汝曹后车耳。

作者"追思平昔之指",自觉地将个人的教训、磨难和切身体验作为前车之鉴以启迪后代;《终制》篇亦云"聊书素怀,以为汝诫",亦表明作者意在把平素经历和思索作为教育内容传诸子弟。《家训》将作者自身的见闻、经历作为家族教育内容的方式,相对于单纯以"古书之诫"为主的说教,更加鲜活可感。

颜之推写作意图的第三个层面是自觉利用家族教育的心理优势。门第教育的特殊之处是教育范围限于家族之中,教育对象是自家子弟。教育对象和内容的特殊性质,决定了家族教育有着近距离说教的特色。同时,这种教育还有着社会公共教育所不具备的心理优势,晚辈对长辈的尊敬和信任将会强化家族教育的效果:对受教育者而言,他们与长辈之间的心理距离很近,这种优势促使长辈和亲友的劝告或教诲可最大限度发挥作用。颜之推显然意识到家族教育建立在血缘基础上,可以借助家庭人际间的信服和信赖心理,达到理想的教育效果。这种意图促使他选择适当的说理方式教育子弟,本章第二节将具体论述。

颜之推自觉、成熟的写作意图最终指向理想的家族教育效果。因此,具备成熟、细致的写作意图,是《家训》超出六朝其他家训文字的特出之处。这种意图促使作者尽可能合理编排《家训》的内容,安排《家训》体制和结构,选择相应的行文方式表述丰富的观点。对此,后代学者多指出《家训》的写作意图有谨慎、详细和细微的特点。张一桂、稚圭甫云:

> 嗣后渊源所渐,代有名德,是知《家训》虽成于公,而颜氏之有训,则非自公始也。乃公当梁、齐、隋易代之际,身婴世难,间关南北,故幽思极意而作此编,上称周、鲁,下道近代,中述汉、晋,以刺世事。其识该,其辞微,其心危,其虑详,其称名小而其指大,举类迩而见义远。其心危,故其防患深;其虑详,故繁而不容自已。(《明万历甲戌颜嗣慎刻本序跋·重刻颜氏家训序》)①

又明代颜氏后人云:

> 黄门祖《家训》仅二十篇,该括百行,贯穿六艺,寓意极精微,称说又极质朴。(《明程荣汉魏丛书本序跋及其他·重刊颜氏家训小引》)②

他们分别指出颜之推的写作意图有着"幽思极意"、"其心危,其虑详"和"寓意极精微"的特点。此外,清人黄叔琳也提出《家训》"其谊正,其意备"③,写作意图端正完备。这些学者都指出《家训》的写作意图有着详细、完备、幽微的特点,实肯定了《家训》具有自觉的写作意图。这种自觉的写作意图对研究《家训》的文学成就具有直接的启发。

① 转引自王利器:《颜氏家训集解(增补本)》,第616页。

② 转引自王利器:《颜氏家训集解(增补本)》,第623页。

③ 转引自王利器:《颜氏家训集解(增补本)》,第627页。

自先秦历史散文和诸子散文以来,中国古代散文即形成了鲜明的实用写作传统,这与以抒情言志为传统的古代诗歌大不相同。《家训》“整齐门内,提撕子孙”的写作意图本质上延续了先秦散文的实用传统,其幽微、细致、成熟的写作意图在很大程度上体现着古代散文实用传统的深刻影响。需注意的是,所谓“幽思极意”和“寓意极精微”,还包含着作者在写作过程中的理性思索和安排,对所选内容的用心安排和巧妙布置,以及对行文方式的选择、斟酌。也可以说,《家训》成熟的写作意图中在一定程度上包含了作者自觉地运用文学手法的意识。后代学者大多指出《家训》的写作意图促使其行文方式,尤其是说理方式具有细致、周备、质朴等文学特点:“称说又极质朴”①、“委曲近情,纤悉周备”②、“指陈原委,恺切丁宁”③。成熟的写作意图在一定程度上促使作者自觉地运用多种文学手段完成《家训》。

客观地讲,颜之推本人不仅富有文史修养,更具备一定文学理论素养,这是北朝另外两位散文家郦道元和杨衒之所不具备的。颜氏自觉追求“典正”的家族文学风格,推崇古人作品的“体度风格”。针对文章的内容与形式提出较为合理的观点:“文章当以理致为心肾,气调为筋骨,事义为皮肤,华丽为冠冕。”(《文章》篇)注重文章内容与形式的和谐。这些理论素养无形中积极影响着《家训》的写作,使其内容、形式、体制、风格方面具有一定文学色彩。此外,漫长的成书过程使颜之推能够从容地斟酌《家训》的结构、文字,将文学手法运用到说理、叙事

① 转引自王利器:《颜氏家训集解(增补本)》,第623页。

② 转引自王利器:《颜氏家训集解(增补本)》,第629页。

③ 转引自王利器:《颜氏家训集解(增补本)》,第632页。

当中，一定程度上又超越了散文尚实用的传统，这在六朝散文演进过程中是一个进步。

《家训》标举“整齐门内，提撕子孙”，但作者的视野并未局限于以修身、立世为代表的家族教育的狭小范围内，而是明确提出以“近世切要”（《勉学》篇），即以南北朝历史、政治、文化、风俗、学术思想等社会现象启发教育子弟。加之，颜之推阅历丰富、思想通博，对南北朝文化、历史有着深入的研究，《家训》内容故而非常丰富，囊括了纷纭的社会现象以及作者对社会现象的思索、评判。可以说，《家训》延续并发挥了儒家思想关注现实人生、积极参与社会活动的实践理性，不仅重视维持家族的良性发展，而且自觉思索人生、深刻反思社会历史变迁，其内容既有浓厚的伦理色彩又具有不可忽视的社会性。对此，后代学者予以高度评价。于慎行云：

> 夫其言阃以内，原本忠义，章叙内则，是敦伦之矩也；其上下今古，综罗文艺，类辨而不华，是博物之规也；其论涉世大指，曲而不诎，廉而不刿，有《大易》、《老子》之道焉，是保身之诠也；其撮南北风土，俊俗具陈，是考世之资也。（《明万历甲戌颜嗣慎刻本序跋·颜氏家训后叙》）①

于氏指出，《家训》内容包括“敦伦之矩”、“博物之规”、“保身之诠”和“考世之资”，即具有伦理性、博物性和社会性的特点。“涉世大指”与“考世之资”，皆强调《家训》与历史文化、现实社会有着密切关系。

《家训》的内容与儒家思想密切相关，对社会人生的探求有一定广度和深度。由于时代的原因，《家训》不可能表现出治国

① 转引自王利器：《颜氏家训集解（增补本）》，第618页。

平天下的宏大抱负，但是具有强烈的入世精神。积极关注社会、人生的儒家思想，促使《家训》更多地表现出对社会人生的观察、思考，而不是一味消极地全身、退避。《家训》一书本质上体现出作者对人生周详、深入的思索，尤其对个体生命历程的深刻反思和对子弟人生的全方位设计与期待，终表现出关注人生、社会的精神。目光集中于家族，作者的视野不免狭窄，作品虽缺乏博大深厚之感，但亦有深刻敏锐之处。可以说，《家训》一书上承南北朝"家训"文化，从题材上对六朝散文的发展有着不能忽视的拓展：它与南北朝文学史的山水散文、历史散文、地理散文并列，有独到的文学价值。

第二节　同言而信，同命而行

——《颜氏家训》说理方式之一[1]

与诗歌崇尚感发，注重抒情不同，中国古代散文崇尚实用，说理、叙事的主要目的在于明理[2]。六朝家训文字以士大夫的告诫、警示为主，主要采用说理的方式。《序致》篇批评魏晋诸子"理重事复，递相模敩"的弊病，实际上《家训》的内容与魏晋诸子亦有相似之处。所谓"理重事复"说明不论是魏晋诸子还是《家训》，内容都与"理事"紧密相连。而且，颜之推有着"文章

① 本节部分内容曾以《颜之推〈颜氏家训〉的说理方式初探》为题，发表于《临沂师范学院学报》2008 年第 2 期。

② 熊礼汇：《先唐散文艺术论》，学苑出版社，1999 年 1 月版，《前言》指出："古典散文写人心之所明，写所明之事、所明之理，以明理为主。古典散文的文学性、艺术美，正是由它写心之所明的艺术功能所决定的。"（下引此书，版本均同）

当以理致为心肾”(《文章》篇)的自觉追求,把义理情致视为文章的首要因素。《家训》以“理事”为主要内容,不仅包括作者对诸多社会现象的分析、评价,还包括作者叙述人生经验、社会阅历、识见。由此可见,说理和叙事是该书采用的两种重要的手法。《家训》通过分析、归纳复杂的历史、文化现象,得出道理以教育子弟。其说理的手法建立于描述、记录缤纷的社会、文化现象基础之上,说理和叙事有机地结合在一起。但为了将说理和叙事两种主要艺术手法论述清楚,本书从形式上把这两种手法分别加以论述。

家训是一种特殊文体,形象地说,就是对自家人说自家话。《家训》根据具体内容,用灵活的说理方式来教育子弟。一般说来,分析、挖掘复杂社会现象时,讲究以义理服人;论说家族生活、生存之道时,注重以情理服人。其中,以情理服人更多体现出家族教育说理方式的本色。《家训》的突出之处在于采用了“近距离”的说理手法。首先,《家训》的说理方式建立在家族血缘基础上,具有心理零距离的优势。《家训》本身有着鲜明的家族教育特征,有着历史散文、政论散文所不具备的血缘基础。这种血缘基础提供了极大的优势,使说理手法带有亲和的心理特点,即“夫同言而信,信其所亲;同命而行,行其所服。禁童子之暴谑,则师友之诫不如傅婢之指挥;止凡人之斗阋,则尧、舜之道不如寡妻之诲谕”(《序致》篇)。颜之推深入把握到家族教育中受教育者(或者说读者)的接受心理,“所亲”、“所服”表明家族教育完全可以借助亲情将理性的观点传递给后代。

《家训》采用特殊的话语方式,形成了宽和的语言风格。作者有意避免使用生硬的、命令式的祈使句,而是多省略第二人称代词“汝”、“尔”,改用语气平和的陈述句,以期有效地说服和训诫子孙:

家之常弊,可不诫哉!(《治家》篇)

何惜数年勤学,长受一生愧辱哉!(《勉学》篇)

孝为百行之首,犹须学以修饰之,况余事乎!(同上)

但当皆晓指趣,能守一职,便无愧耳。(《涉务》篇)

考之内教,纵使得仙,终当有死,不能出世,不愿汝曹专精于此。(《养生》篇)

但惧汝曹犹未牢固,略重劝诱尔。(《归心》篇)

虽然,要轻禽,截狡兽,不愿汝辈为之。(《杂艺》篇)

尽管《家训》凝聚作者的经历、体验良多,但在说理中颜氏却保持着从容、和缓的语气:“用其言,弃其身,古人所耻。凡有一言一行,取于人者,皆显称之,不可窃人之美,以为己力;虽轻虽贱者,必归功焉。”(《慕贤》篇)即使是为学、处世等严肃问题,作者也没有板着面孔训斥子孙。他不仅指出立身、治学、为宦方面应该避免的事项,更是本着提醒、防患的意图引导后人:“不可不留心也”、“此不可不畏”、“不愿汝曹为之”。这些语句皆语重心长,“但惧”、“不愿”、“不可不”等副词短语多带有希望引起后人注意的意愿,流露出宽容、平等的语气。这种平和的说理方式较六朝其他士大夫强硬的申斥更容易令人接受、信服。对此,明清学者均表示赞赏:

盖祖宗切切婆心,谆谆诰诫,迄今千余年,只如当面说话,订顽起懦,最为便捷。儿辈于《六经》子史,岂不当留心?但“同言而信,信其所亲;同命而行,行其所服”,黄门祖于《家训》篇首,曾揭是说,以引诱儿孙矣。(《明程荣汉魏丛书本序跋及其他·重刊颜氏家训小引》)①

① 转引自王利器:《颜氏家训集解(增补本)》,第623页。

自比于傅婢寡妻,而心苦言甘,足令顽秀并遵,贤愚共晓。

(《清雍正二年黄叔琳刻颜氏家训节钞本序·颜氏家训节钞序》)①

明代颜氏后裔评价《家训》“只如当面说话”的说理方式,代表了颜氏后人不仅从道理上更从心理上,对《家训》平和、亲切的说理方式的接受和赞美。清人黄叔琳则客观评价《家训》平和的说理方式“足令顽秀并遵,贤愚共晓”,肯定了《家训》温和的说理方式能够为更多的子弟所接受。

颜之推把个人经验作为教育参照物,不少观点皆有亲历、实证特点,而且说理注重以情感人:

古人云:“千载一圣,犹旦暮也;五百年一贤,犹比髆也。”言圣贤之难得,疏阔如此。傥遭不世明达君子,安可不攀附景仰之乎?吾生于乱世,长于戎马,流离播越,闻见已多;所值名贤,未尝不心醉魂迷向慕之也。人在少年,神情未定,所与款狎,熏渍陶染,言笑举动,无心于学,潜移暗化,自然似之;何况操履艺能,较明易习者也?是以与善人居,如入芝兰之室,久而自芳也;与恶人居,如入鲍鱼之肆,久而自臭也。墨子悲于染丝,是之谓矣。君子必慎交游焉。孔子曰:“无友不如己者。”颜、闵之徒,何可世得!但优于我,便足贵之。(《慕贤》篇)

先述古语以明圣贤难遇,继之以本人渴慕名贤之体验,次述人生历程中向贤之重要,从正反两面论交游之慎,复以圣人之语作结,强化慕贤慎友之论点,亦理亦情,训诱子弟。将感性的切身体会与理智的说服、诱导结合在一起,一再体现出借情达理的风格。

---

① 转引自王利器:《颜氏家训集解(增补本)》,第627页。

至于《教子》、《兄弟》等篇论及家族人际关系,无论说理还是议论都注重以温情打动子孙:

兄弟不睦,则子侄不爱;子侄不爱,则群从疏薄;群从疏薄,则僮仆为仇敌矣。如此,则行路皆踖其面而蹈其心,谁救之哉?人或交天下之士,皆有欢爱,而失敬于兄者,何其能多而不能少也!人或将数万之师,得其死力,而失恩于弟者,何其能疏而不能亲也!(《兄弟》篇)

与缩短心理距离的说理方式相应的是,颜氏将自己作为家族教育参照物,以自身的经验、教训警示后代。结合颜之推"生于乱世,长于戎马,流离播越,闻见已多"(《慕贤》篇)的生平,《家训》"撮南北风土,俊俗具陈"的内容,大都是作者自己的亲历、亲闻。换言之,《家训》建立在作者的见闻与经历的基础之上,所明之理带有明显的实证性、亲历性,具有很强的说服力,这是六朝其他家训所不具备的。例如:

多见士大夫耻涉农商,差务工伎,射则不能穿札,笔则才记姓名,饱食醉酒,忽忽无事。以此销日,以此终年。(《勉学》篇)

吾见世中文学之士,品藻古今,若指诸掌,及有试用,多无所堪。(《涉务》篇)

自丧乱已来,见因托风云,徼幸富贵,旦执机权,夜填坑谷,朔欢卓、郑,晦泣颜、原者,非十人五人也。慎之哉!慎之哉!(《止足》篇)

吾见今世士大夫,才有气干,便倚赖之,不能被甲执兵,以卫社稷;但微行险服,逞弄拳腕,大则陷危亡,小则贻耻辱,遂无免者。(《诫兵》篇)

庾肩吾常服槐实,年七十余,目看细字,须发犹黑。邺

中朝士，有单服杏仁、枸杞、黄精、术、车前得益者甚多，不能一一说尔。（《养生》篇）

至邺已来，唯见崔子约、崔瞻叔侄，李祖仁、李蔚兄弟，颇事言词，少为切正。（《音辞》篇）

丰富的社会、人生阅历使《家训》具有一定实证性，大大加强了文章的说服力。在颜之推“自南及北，未尝一言与时人论身分”（《省事》篇）和终身服膺先祖“婚姻勿贪势家”（《止足》篇）的处世方式，势必引起子孙的重视和效法。

需要注意的是，颜之推在回顾自己的人生经历时更多地表现出自责精神和忧患意识。因此，《家训》多冷静、理性地分析作者个人经历过的挫折、失败，得出教训以警示后代，多表现出自咎自责，而非自我欣赏：

人足所履，不过数寸，然而咫尺之途，必颠蹶于崖岸，拱把之梁，每沉溺于川谷者，何哉？为其旁无余地故也。君子之立己，抑亦如之。至诚之言，人未能信，至洁之行，物或致疑，皆由言行声名，无余地也。吾每为人所毁，常以此自责。（《名实》篇）

深刻的自责无疑强化了言行留有余地的重要性质。这种自责、反思的精神强化了《家训》中亲情与理性并存的特点，将家族教育约束在理性的轨道上，避免了由于亲情泛滥而削弱说理效果的不良倾向。

其次，“近距离”的说理方式还表现为《家训》有意识选择近代或当代事例来说服子孙：“聊举近世切要，以启寤汝耳。”（《勉学》篇）即在时间上采用了近距离的说理方式。《家训》所引用的人和事绝大多数来自梁、北齐和隋三朝，与时代保持着密切联系：

梁元帝时，有一学士，聪敏有才，为父所宠，失于教

义……(《教子》篇)

齐吏部侍郎房文烈,未尝嗔怒……(《治家》篇)

侯景初入建业,台门虽闭,公私草扰,各不自全。太子左卫率羊侃坐东掖门,部分经略,一宿皆办,遂得百余日抗拒凶逆。(《慕贤》篇)

梁朝全盛之时,贵游子弟,多无学术……(《勉学》篇)

近世有两人,朗悟士也,性多营综,略无成名……(《省事》篇)

(隋)开皇二年五月,长安民掘得秦时铁称权……余被敕写读之……(《书证》篇)

此外,《归心》篇所举杀生终受恶报的七则小故事全部是梁、陈和北齐之事。综观《家训》所举政治、历史、伦理、文化等方面事例,多属于“近世切要”、今世之事。这种取材于当代的方式,使《家训》的说理更贴近时代,新人耳目;而且客观的事例亦大大增强了事理的可信性。可以说,较之单纯依靠历史掌故、祖宗遗训的说理方式,《家训》取材于当代、取材于作者自身经验的说理方式,具有主观与客观相协调,情与理相平衡的特点,更鲜活、可信,更容易被接受。

《家训》浅近的说理方式还表现在大量运用生活化比喻,帮助子弟深入理解事物主要特征或社会现象的内在本质。总体而言,《家训》的比喻不仅以生动活泼取胜,更以冷峻深刻见长。

《家训》多以衣食住行等生活现象为喻。如用医药比教育:“当以疾病为谕,安得不用汤药针艾救之哉?”(《教子》篇)以突出门第教育的重要性。“夫学者是犹种树也,春玩其华,秋登其实;讲论文章,春华也,修身利行,秋实也。”(《勉学》篇)突出学习对士大夫成长具有实际意义。“夫修善立名者,亦犹筑室树果,生则获其利,死则遗其泽。”(《名实》篇)借种植果树突出士族道德修养的长远利益。“祖考之嘉名美誉,亦子孙之冕服墙宇也”(《名实》篇)则以豪华的礼服、宅院说明家族美好的声誉对子孙后代的实际意义。其中,学习和道德修养所具有的长期性和艰巨性与树木成材的艰辛过程非常接近,学习和道德修养给人生带来的益处就像树木的果实一样具有现实意义。为深化学习的重要意义,《家训》更将学习与光明联系起来:“幼而学者,如日出之光,老而学者,如秉烛夜行,犹贤乎瞑目而无见者也。”(《勉学》篇)生动说明了学习是伴随人生的重要事情,学习就像光明一样能够照亮生命。“瞑目而无见”,则尖锐地讽刺了那些漠视学习的人。

《家训》除以人类生活作为比体之外,有时还以人体为喻,解释复杂、难以言传的文化现象。如:“文章当以理致为心肾,气调为筋骨,事义为皮肤,华丽为冠冕。”(《文章》篇)均与人体相关,由内而外,由重及轻地说明事理。以“心肾”、“筋骨”为喻,突出理致和气韵、才调是构成文学作品的主要内容。以“皮肤”和“冠冕”比喻典故和辞藻,形象地说明两者在文学创作居于次要地位。这些比喻以生动、灵活的方式表达了内容重于形式的文学观念。“凡为文章,犹人乘骐骥,虽有逸气,当以衔勒制之,勿使流乱轨躅,放意填坑岸也。”把文学创作过程比作驾御骐骥,形象说明作家应以理性适当控制文学创作活动。为说明佛教的三世轮回观点,《家训》把人的前世今生比做老少朝夕之间的时间变换:“人生在世,望于后身似不相属;及其殁后,则与前身似犹老少朝夕耳。”(《归心》篇)在一定程度上化抽象为形象。

当批评社会现象时,《家训》使用比喻的风格会由灵活生动一变为冷峻、尖锐。如批评家族生活中，妻妾等所谓“外人”对兄弟之情的不良影响：“今使疏薄之人，而节量亲厚之恩，犹方底而圆盖，必不合矣。”（《兄弟》篇）其中，“方底而圆盖”的比喻富有生活气息，两者难以吻合的情形生动说明了家族人际关系疏薄、难以相处的情形。《家训》对士族阶层的腐朽性多有批判，所用比喻非常尖利，“被褐而丧珠，失皮而露质，兀若枯木，泊若穷流，鹿独戎马之间”，深刻地描绘了朝市迁革之后，丧失政治优势、毫无生存能力的士族的可悲下场。“是犹求饱而懒营馔，欲暖而惰裁衣也”，比喻士大夫不肯扎实学习的惰性。“不师古之踪迹，犹蒙被而卧耳”（《勉学》篇）比喻士大夫不肯借鉴古人经验、固执己见的行为。其中，“被褐而丧珠，失皮而露质”非常准确地揭示出士族完全失去社会优势的可怜状况。“求饱而懒营馔，欲暖而惰裁衣”和“蒙被而卧”等动作，则具有矛盾或固执可笑的特点，辛辣地批评了士大夫学习过程中表现出的惰性和迂腐顽固。此外，“今不修身而求令名于世者，犹貌甚恶而责妍影于镜也”（《名实》篇），以貌与影的关系比喻名与实的关系，以貌恶反求影妍的强烈反差，批评世人过分追逐名利的行为和贪婪本质，相当尖刻。“举世怨梁武帝父子爱小人而疏士大夫，此亦眼不能见其睫耳”（《涉务》篇），嘲讽了没落的士大夫缺乏自知之明。讥刺北齐士族不择手段追求政治利益的行为，“何异盗食致饱，窃衣取温哉！”（《省事》篇）把官场上急功近利的行为比作偷窃，可谓犀利、大胆。

为取得更好的说理效果，《家训》有时把对比、夸张和比喻结合在一起。如“人疾之如仇敌，恶之如鸱枭”（《勉学》篇），生动描绘出人们对妄自尊大的读书人的反感。“学如牛毛，成如麟角。华山之下，白骨如莽”（《养生》篇），句式整齐，对比、夸张造成醒目的艺术效果。

《家训》所用比喻兼顾正反两面的社会现象、注重揭示社会阴暗面，这种方式本质上也是情感与理性协调互补的艺术表现。作者在说理中精心衡量情与理的分量，自觉地以理智为“衔勒”来节制感情，使书中的亲情与理性由简单的并存关系，发展为协调互补的关系。

第三节　指陈原委，辨正时俗

——《颜氏家训》说理方式之二

除了具有取材当代的特点外，《家训》在说理过程中注意分析和揭示事物的内因或本质，其说理方式还具有以下特点：选择准确的切入点；简要分析现象本质；对重要的社会问题论述深入，有理有据。

首先，《家训》紧紧围绕着人生这个中心，在说理过程中寻找适当的切入点，注意挖掘诸多社会现象中的人为成分，即士大夫与国家政治、文化的关系。例如在分析北齐灭亡的历史原因时，《家训》选择“国之存亡，系其生死”作为切入点，从文治、武功两方面，论述贤能之士关系到国家存亡：

> 齐文宣帝即位数年，便沉湎纵恣，略无纲纪；尚能委政尚书令杨遵彦，内外清谧，朝野晏如，各得其所，物无异议，终天保之朝。遵彦后为孝昭所戮，刑政于是衰矣。斛律明月齐朝折冲之臣，无罪被诛，将士解体，周人始有吞齐之志，关中至今誉之。此人用兵，岂止万夫之望而已也！国之存亡，系其生死。（《慕贤》篇）

抛开多余细节，直接点出北齐政治衰败、军事荒废的内因是杨遵彦、斛律明月所代表的贤臣被杀戮,强调了社会历史变迁中贤臣的因素。同样,《家训》在批判南朝士族的腐朽性时,将士族衰败的内因作为切入点。分别通过“贵游子弟,多无学术”,即士族文化优势丧失(主要集中在《勉学》篇)和“及有试用,多无所堪”,即士族政治低能及实际生存能力下降(主要集中在《涉务》篇)进行说理。至于战乱、政权交替等外因,只以“朝市迁革”数句轻轻带过。

《家训》说理的第二个特征也是主要特征,就是简要分析现象本质,并作出简洁评价。本着“对事不对人”的态度,《家训》对众多社会现象的原因、后果或本质加以总结,以启迪、警示子弟。先描述社会现象,后对现象的动机、本质、后果作出简要判断、评价:

> 齐之季世,多以财货托附外家,喧动女谒。拜守宰者,印组光华,车骑辉赫,荣兼九族,取贵一时。而为执政所患,随而伺察,既以利得,必以利殆,微染风尘,便乖肃正,坑阱殊深,疮痏未复,纵得免死,莫不破家,然后噬脐,亦复何及。(《省事》篇)

“既以利得,必以利殆”,深刻道出“托附外家”等政治投资的功利性和危险性,可谓一针见血。至于“以孝著声”的大贵,“以巴豆涂脸,遂使成疮,表哭泣之过”的伎俩,《家训》直接指出“以一伪丧百诚者,乃贪名不已故也”(《名实》篇)。指出其贪名的动机,招致丧失诚信、名声狼藉的下场。对于不正常的社会现象,《家训》的评价甚为严厉。如对北齐汉族士大夫以鲜卑文化教育子弟作为政治投资的行径深表不满:“若由此业,自致卿相,亦不愿汝曹为之。”(《教子》篇)语气相当强烈。少数士大夫以武力自诩、心怀不轨,“然而每见文士,颇读兵书,微有经略。若居承平之世，睥睨宫阃，幸灾乐祸，首为逆乱，诖误善良”（《诫兵》篇），指出这些愚蠢行为是“陷身灭族之本”，其后果严重可想而知。这些评价语气严厉，意在使子孙引以为戒。

要之，《家训》的说理巧妙地把作者个人观点与分析事实结合起来，通过分析社会现象，理智地指出其中的弊病或事物的本质。简洁的评价成为《家训》说理文字的有机组成部分，并在门第教育中，为颜氏子弟为人处世、认识社会提供了一个坐标、一个窗口。

《家训》说理方式第三个特征是论说精当，称说质朴，重气势：

> 夫所以读书学问，本欲开心明目，利于行耳。未知养亲者，欲其观古人之先意承颜，怡声下气，不惮劬劳，以致甘腝，惕然惭惧，起而行之也；未知事君者，欲其观古人之守职无侵，见危授命，不忘诚谏，以利社稷，恻然自念，思欲效之也；素骄奢者，欲其观古人之恭俭节用，卑以自牧，礼为教本，敬者身基，瞿然自失，敛容抑志也；素鄙吝者，欲其观古人之贵义轻财，少私寡欲，忌盈恶满，赒穷恤匮，赧然悔耻，积而能散也；素暴悍者，欲其观古人之小心黜己，齿弊舌存，含垢藏疾，尊贤容众，苶然沮丧，若不胜衣也；素怯懦者，欲其观古人之达生委命，强毅正直，立言必信，求福不回，勃然奋厉，不可恐慑也：历兹以往，百行皆然。纵不能淳，去泰去甚。学之所知，施无不达。世人读书者，但能言之，不能行之，忠孝无闻，仁义不足；加以断一条讼，不必得其理；宰千户县，不必理其民；问其造屋，不必知楣横而梲竖也；问其为田，不必知稷早而黍迟也；吟啸谈谑，讽咏辞赋，事既优闲，材增迂诞，军国经纶，略无施用：故为武人俗吏所共嗤诋，良

由是乎！(《勉学》篇)

学问的目的在于开启智慧、修正行为，古人之改善性格、增益德行，为正面教育。今人之肤浅愚钝、涂饰表面，则是反面对照。整段文字，句式整齐，文字庄重典雅，说理精微细致且一气贯注，论及士人行为、性格之改变，侃侃而谈中彰显学之可贵，刺世人闲散迂腐，以“不能”、“不必”等否定语句强化讥讽的力度，从正反两方面说明学以致用的重要性。

《家训》的文章都由众多相对独立的段落组成，其说理方式大致存在几个模式：或在每一段文字开头摆出道理，加以论证；或先分析、归纳种种现象，结尾得出结论。有时为了强调重要问题，《家训》也会在文章中采用多种方式反复说明，围绕主题，许多段落从不同的角度说明观点。《勉学》篇主要论述了学习的重要性，学习的目的、范围和相关方式，可以说是《家训》中运用说理手法最多，说理最深刻的文章。从整体上看，其说理方式有着反复说明、析理深入的特点。颜之推根据时代特点，从士大夫个人的内在需求出发，强调学习对士大夫的生存具有重大意义：

> 有学艺者，触地而安。自荒乱已来，诸见俘虏。虽百世小人，知读《论语》、《孝经》者，尚为人师；虽千载冠冕，不晓书记者，莫不耕田养马。以此观之，安可不自勉耶？若能常保数百卷书，千载终不为小人也。

在南北朝政权频繁更迭的动乱局势中，颜氏立足士族的生存实际，强调读书学习相当于一门技术，“夫明《六经》之指，涉百家之书，纵不能增益德行，敦厉风俗，犹为一艺，得以自资”，“伎之易习而可贵者，无过读书也”，视学习为个体生存的重要资本。进而提出学习改变命运的观点：“夫命之穷达，犹金玉木石也；修以学艺，犹磨莹雕刻也。”认为人的命运虽有穷达贵贱之分，智力虽有智愚之别,但学习可以丰富知识、优化生命,后天的努力学习不仅可以让人“多知明达”,更能改善个人的命运。

《勉学》篇论述学习目的带有“增益德行,敦厉风俗”、“修道以利世”的道德色彩,但论述学习的目的并不限于“修身”,而是注重“利行”,更加实用。一再强调“夫学者所以求益耳”、“学之所知,施无不达”、“夫所以读书学问,本欲开心明目,利于行耳”。学习最终指向“起而行之”、“思欲效之”、“利于行”和“施无不达”,反复说明学习的最终目的在于应用,在于实践。简言之,将学习目的与人的实践活动紧密联系在一起,努力突出学习的实用价值。针对士人“耻涉农商,差务工伎”的惰性,《勉学》篇指出学习在社会中具有普遍性,决不限于文士讲经习道,而是涉及多种社会行业:

> 爰及农商工贾,厮役奴隶,钓鱼屠肉,饭牛牧羊,皆有先达,可为师表……

将学习的范围扩大到商贾、工巧、伎艺等社会行业,在一定程度上打破了封建士大夫对这些行业的歧视,打开了宽广的学习范围。

论述了学习的意义、目的、范围等根本问题之后,《勉学》篇针对学习过程中的具体方法进行分析、作出评价。文章对南北朝学风进行分析,指出各自的特点和弊病,并批评士大夫在社会活动中“但能言之,不能行之”、“军国经纶,略无施用”的弊病以及“道听途说,强事饰辞”、“传相祖述,寻问莫知原由,施安时复失所”的浮躁学风。提倡“切磋相起明”和“谈说制文,援引古昔,必须眼学,勿信耳受”的治学方法。

总观全文,《勉学》篇说理有相当的深度。不但有理论的说教,还有对具体学习方法的指导,多方面、多角度地论述了贵学思想。文章注意运用说理技巧，将问题的本末、巨细、精粗加以说明，体现出“反覆晓谕，真挚剀切，精粗具备，本末兼赅”①（朱轼语）的特点。

第四节　上下今古，类辨不华
——《颜氏家训》说理方式之三

“即事明理”的说理方式常常涉及丰富的历史、文化资料，《家训》或对资料作加以说明、分析，或灵活运用对比手法，通过对照不同的事物或人物，去挖掘事物本质，辨清人物善恶。以对比的方式，通过事实本身来揭示道理，供子弟学习、借鉴。

《家训》中对比手法不仅数量众多，而且变化多样。大致而言，可分为采用横向比较和纵向比较。所谓纵向比较，是指比较古今、今昔不同社会现象。如：“古之学者为己，以补不足也；今之学者为人，但能说之也。古之学者为人，行道以利世也；今之学者为己，修身以求进也。”（《勉学》篇）通过对比，抨击了当代浮华、功利的不良学风。

所谓横向比较是指对比同一时代的不同社会现象，包括南北风俗、人物善恶、贤愚等方面的差异。例如：

> 王大司马母魏夫人，性甚严正；王在湓城时，为三千人将，年逾四十，少不如意，犹捶挞之，故能成其勋业。梁元帝时，有一学士，聪敏有才，为父所宠，失于教义：一言之是，遍于行路，终年誉之；一行之非，掩藏文饰，冀其自改。年登婚宦，暴慢日滋，竟以言语不择，为周逖抽肠衅鼓云。

① 转引自王利器：《颜氏家训集解（增补本）》，第144页。

（《教子》篇）

> 裴子野有疏亲故属饥寒不能自济者，皆收养之；家素清贫，时逢水旱，二石米为薄粥，仅得遍焉，躬自同之，常无厌色。邺下有一领军，贪积已甚，家童八百，誓满一千；朝夕每人肴膳，以十五钱为率，遇有客旅，更无以兼。后坐事伏法，籍其家产，麻鞋一屋，弊衣数库，其余财宝，不可胜言。（《治家》篇）

前者对比督训、约束和溺爱、放纵两种不同的教育方式及后果，使人对家族教育惕然而悟。后者对比不同士族的生活方式以及人物的品格高下。此外，南朝后期高门士族"迂诞浮华，不涉世务"与庶族"晓习吏用，济办时须"（《涉务》篇）之间的对比凸显了两个阶层处事能力的差距。寒门庶族有处理事务的不凡能力，在朝廷中"多见委使"、日见重用；相比之下，高门士族"不涉世务"、日趋没落。

《家训》横向比较手法不仅仅简单地比较 A 和 B，有时以对比方式显现杰出个人与平庸群体之间的才能差异。其中，既有数量上的比较，亦有"质量"，即人物才能或人格的比较。如侯景之乱中，梁太子左卫率羊侃"部分经略，一宿皆办"，而"王公朝士，不下一百，便是恃侃一人安之，其相去如此"（《慕贤》篇）。羊侃与众多梁朝士大夫之间有着质（才能）和量（人数）双方面的鲜明对比。又如侯景之乱中，"吴郡太守张嵊，建义不捷，为贼所害，辞色不挠"、鄱阳王世子谢夫人"登屋诟怒，见射而毙"殉难之举与"王公将相，多被戮辱，妃主姬妾，略无全者"（《养生》篇）形成对比，显示出不同的"贤智操行"。再如，对比不同人物对同一事物或人物的观点。对待寒族士人丁觇的书法才华，颜之推"雅爱其手迹，常所宝持"，萧子云亦多有称赞，颜、萧二人的态度与"军府轻贱,多未之重,耻令子弟以为楷法"(《慕贤》篇)的态度形成对比。应该说,《家训》运用对比手法既说明了复杂的文化、历史现象,又突出了事物的利弊和人物品格的高下。

此外,《家训》还通过对比社会事物的表层和深层现象,突出社会政治、文化现象的本质内容:

> 世人但知跨马被甲,长稍强弓,便云我能为将;不知明乎天道,辩乎地利,比量逆顺,鉴达兴亡之妙也。但知承上接下,积财聚谷,便云我能为相;不知敬鬼事神,移风易俗,调节阴阳,荐举贤圣之至也。但知私财不入,公事夙办,便云我能治民;不知诚己刑物,执辔如组,反风灭火,化鸱为凤之术也。但知抱令守律,早刑晚舍,便云我能平狱;不知同辕观罪,分剑追财,假言而奸露,不问而情得之察也。(《勉学》篇)

"但知"代表了社会分工的表面现象,"不知"揭示了每种分工所包含的深邃内容。两相对照,恰好是透过表象论本质。对比南朝士族阶层在承平、战乱两种不同环境中的境遇,以强烈的反差深刻揭露了南朝士族衰败的必然性:

> 梁朝全盛之时,贵游子弟,多无学术,至于谚云:"上车不落则著作,体中何如则秘书。"无不熏衣剃面,傅粉施朱,驾长檐车,跟高齿屐,坐棋子方褥,凭斑丝隐囊,列器玩于左右,从容出入,望若神仙。明经求第,则顾人答策;三九公讌,则假手赋诗。当尔之时,亦快士也。及离乱之后,朝市迁革,铨衡选举,非复曩者之亲;当路秉权,不见昔时之党。求诸身而无所得,施之世而无所用。被褐而丧珠,失皮而露质,兀若枯木,泊若穷流,鹿独戎马之间,转死沟壑之际。当尔之时,诚驽材也。(《勉学》篇)

所谓“快士”，全无学术，虚饰外表，悠闲从容貌似神仙；及经陵谷之变，失皮丧珠，沦落成尘。对比手法使读者透过士族命运变化的表象，认识到士族腐朽衰败的根本原因在于自身文化平庸、政治低能。北齐官吏发迹时“印组光华，车骑辉赫，荣兼九族，取贵一时”，败落后则“纵得免死，莫不破家，然后噬脐，亦复何及”（《省事》篇）。前后天壤之别的强大反差，揭示出过度追求政治利益的可悲下场。在此，《家训》揭示社会现象巨大差异的手法明显胜过单纯的说理、议论。通过运用对比手法，《家训》能够透过现象表面，探寻事情的内部因素、挖掘事务的本质，达到“辨正时俗之谬”①（晁公武语）的目的。

门第教育的特殊性质决定了《家训》的说理方式以长辈的单向陈述为主。这在很大程度上使《家训》不能像先秦诸子散文，尤其是两汉政论散文那样大量使用问答体的论辩方式。但为使说理更加灵活，《家训》也适当采用了问答体，通过一番辩驳强调某个观点。总的说来，问答体在《家训》中用的较少，《风操》、《勉学》、《名实》、《省事》、《书证》诸篇文章采用了问答体。需要说明的是，《家训》中的问答体仅继承了汉代散文问答体的文字模式，在文章中仅仅是说理的辅助方式，重在达意，即明理，而不是表现作者情怀的手段。换言之，《家训》的问答体失去了两汉问答体散文“发愤以表志”的文学内涵②，离开抒情言志转

① 转引自王利器：《颜氏家训集解（增补本）》，第634页。

② 问答体是两汉散文常用手法，东方朔《客难》、扬雄《解嘲》、班固《宾戏》、张衡《应间》、崔寔《客讥》等文都采用主客问答方式展开论点、抒发感情。《文心雕龙·杂文》评价它们“乃发愤以表志。身挫凭乎道胜，时屯寄于情泰，莫不渊岳其心，麟凤其采”，说明两汉以降问答体散文比较注重抒情。

而单纯的说理。因此,它不再是一种独立的文体,只是一种说理方式。

《家训》借用主客问答的方式揭示问题、说明道理。例如:

> 或问曰:"陈亢喜闻君子之远其子,何谓也?"对曰:"有是也。盖君子之不亲教其子也,《诗》有讽刺之辞,《礼》有嫌疑之诫,《书》有悖乱之事,《春秋》有邪僻之讥,《易》有备物之象:皆非父子之可通言,故不亲授耳。"(《教子》篇)
>
> 或问曰:"夫神灭形消,遗声余价,亦犹蝉壳蛇皮,兽远鸟迹耳,何预于死者,而圣人以为名教乎?"对曰:"劝也,劝其立名,则获其实。且劝一伯夷,而千万人立清风矣;劝一季札,而千万人立仁风矣;劝一柳下惠,而千万人立贞风矣;劝一史鱼,而千万人立直风矣。故圣人欲其鱼鳞凤翼,杂沓参差,不绝于世,岂不弘哉?四海悠悠,皆慕名者,盖因其情而致其善耳。"(《名实》篇)
>
> 或问:"《山海经》,夏禹及益所记,而有长沙、零陵、桂阳、诸暨,如此郡县不少,以为何也?"答曰:"史之阙文,为日久矣;加复秦人灭学,董卓焚书,典籍错乱,非止于此。譬犹《本草》神农所述,而有豫章、朱崖……:皆由后人所羼,非本文也。"(《书证》篇)

这三段文字分别涉及家族教育、宣扬名教和考证文献。《家训》问答体的形式,大致为有人提出伦理、学术等问题,作者予以分析、解答。这种形式丰富了说理方式,变单向说明为双向对话,甚至辩论,活跃了文章气氛。

《勉学》、《书证》两文是颜之推格外用心的篇章:《书证》篇最见其学术功力,是最具学术价值的文章;《勉学》篇以对南朝士族的衰败、腐朽的批判和反思为主,强调士族的文化优势,最体现作者的人生思考。值得注意的是,《书证》篇是全书使用问答体最多的一篇,全篇四十七段文字,有十段文字使用了问答体,具有鲜明的学术讨论性质。如“河间邢芳语吾云”,记录了颜之推与北齐学者之间的学术交流。以问答体解释学术疑问,一方面记录了学术探讨过程,另一方面也避免了学术文章行文单调乏味,这应该是问答体在《书证》篇中出现最多的原因。为了明确人生观或辨析学术观点,《家训》有时会设计激烈辩论的形式。例如:

> 客有难主人曰:“今之经典,子皆谓非,《说文》所言,子皆云是,然则许慎胜孔子乎?”主人拊掌大笑,应之曰:“今之经典,皆孔子手迹耶?”客曰:“今之《说文》,皆许慎手迹乎?”答曰:“许慎检以六文,贯以部分,使不得误,误则觉之。孔子存其义而不论其文也。先儒尚得改文从意,何况书写流传耶?必如《左传》止戈为武,反正为乏,皿虫为蛊,亥有二首六身之类,后人自不得辄改也,安敢以《说文》校其是非哉?且余亦不专以《说文》为是也,其有援引经传,与今乖者,未之敢从……吾尝笑许纯儒,不达文章之体,如此之流,不足凭信。大抵服其为书,隐括有条例,剖析穷根源,郑玄注书,往往引以为证;若不信其说,则冥冥不知一点一画,有何意焉。”(《书证》篇)

这段文字以辩论的方式,肯定了许慎《说文解字》具有较为合理的体例和内容。抛开其学术观点不谈,这段问答体文字较有文学性:客人与主人之间驰辩激烈、问难往复,两者的诘难多以反问形式进行:“主人拊掌大笑,应之曰:‘今之经典,皆孔子手迹耶?’客曰:‘今之《说文》,皆许慎手迹乎?’”突出了论辩的紧张气氛。客人的诘问针锋相对、步步进逼,主人的反驳旁征博引且剖析细致。与前文较简单的问答体形式不同，这段文字还简洁刻画了主人拊掌大笑而应的神态。激烈的对话、细密的说理和简洁的神态描写都适当增加了论辩的文学色彩，但过于专业的学术观点在很大程度上限制了文学手法的自由运用。

相比之下，《勉学》篇所用的问答体更具有文学特色，更成功：

> 有客难主人曰："吾见强弩长戟，诛罪安民，以取公侯者有矣；文义习吏，匡时富国，以取卿相者有矣；学备古今，才兼文武，身无禄位，妻子饥寒者，不可胜数，安足贵学乎？"主人对曰："夫命之穷达，犹金玉木石也；修以学艺，犹磨莹雕刻也。金玉之磨莹，自美其矿璞，木石之段块，自丑其雕刻；安可言木石之雕刻，乃胜金玉之矿璞哉？不得以有学之贫贱，比于无学之富贵也。且负甲为兵，咋笔为吏，身死名灭者如牛毛，角立杰出者如芝草；握素披黄，吟道咏德，苦辛无益者如日蚀，逸乐名利者如秋荼，岂得同年而语矣。且又闻之：生而知之者上，学而知之者次。所以学者，欲其多知明达耳。必有天才，拔群出类，为将则暗与孙武、吴起同术，执政则悬得管仲、子产之教，虽未读书，吾亦谓之学矣。今子即不能然，不师古之踪迹，犹蒙被而卧耳。"

客人囿于己见，言语尖刻，视野狭小，诘问来势汹汹，标榜凭借军功、吏治谋求富贵的急功近利的生存方式，极力否定"学备古今"的生存方式。主人旁征博引、眼界宏阔，坚持认为学习能够改变士大夫的命运："夫命之穷达，犹金玉木石也；修以学艺，犹磨莹雕刻也"、"不得以有学之贫贱，比于无学之富贵也"。辞色俱厉，不容辩驳。客人所云"负甲为兵，咋笔为吏"，远比不上"握素披黄，吟道咏德"能够使人更有机会赢得名利。主人进一步指出学习与人类社会实践活动紧密相连，具有普遍意义："所以学者，欲其多知明达耳。"客人所标榜的富国安民之举措根本离不开"学艺"，这从根本上动摇了对方论点的基础，显示出颜之推高超的思辨能力。这一段文字语言典雅，句式工整，"且"、"且又"数句层层递进，步步为营，运用反问句式"安足"、"安可"加强批驳的语气。句式骈散相间，对比、排比等语言手法，整齐的句式均从多个方面凸显主人语气坚定、话语郑重、清醒冷峻。整体文字辩论扎实、深入，说理具有深刻、精彩和富有气势的特点。

颜之推本人信奉佛教、熟悉佛教论说方式，《家训》的说理方式还借鉴了佛教的"带数释"方法①，即在说理过程中，使用数字把复杂的社会现象或多个论点加以归纳：

> 治点子弟文章，以为声价，大弊事也。一则不可常继，终露其情；二则学者有凭，益不精励。(《名实》篇)
>
> 国之用材，大较不过六事：一则朝廷之臣，取其鉴达治体，经纶博雅；二则文史之臣，取其著述宪章，不忘前古；三则军旅之臣，取其断决有谋，强干习事；四则藩屏之臣，取其明练风俗，清白爱民；五则使命之臣，取其识变从宜，不辱君命；六则兴造之臣，取其程功节费，开略有术，此则皆勤学守行者所能辨也。(《涉务》篇)
>
> 俗之谤者，大抵有五：其一，以世界外事及神化无方为迂诞也，其二，以吉凶祸福或未报应为欺诳也，其三，以僧尼行业多不精纯为奸慝也，其四，以糜费金宝减耗课役为损国

① 参见孙昌武：《佛教与中国文学》，上海人民出版社，1995 年 4 月版，第三章第一节《散文》(下引此书，版本均同)。

也，其五，以纵有因缘如报善恶，安能辛苦今日之甲，利益后世之乙乎？为异人也。（《归心》篇）

使用数字可以清楚地对需要说明的问题进行分类、归纳，便于说明或逐一加以批驳，说理因而清晰有序。

第五节　南北风土，俊俗具陈
——《颜氏家训》的叙事艺术

《家训》内容具有博物性，书中有丰富的叙事文字，“其撮南北风土，俊俗具陈，是考世之资也”（于慎行语）。对南北文化风俗有生动、细致的记录。而且，《家训》采用即事说理的方式，通过叙述丰富社会现象以帮助子弟“辩证时俗”。客观地说，叙述南北风俗、描述历史、文化现象的文字相对独立，并不能完全视为说理文字的附庸，它们构成了《家训》叙事文字的主体。一般说来，《家训》的叙事文字由两部分组成：一部分是文章中独立叙述的文字，另一部分来自说理过程中援引的大量事例。

南北风土人情纷杂繁多，《家训》一篇一题的结构能够有效、经济地处理繁复的文字，把类似的社会、文化现象集中起来进行叙述，作者择取某一方面，诸如送别、文学批评、妇女在家庭生活的作用，对南北不同的风尚加以简洁描述。如果说《家训》的说理文字“指陈原委”（赵曦明语）重在探寻事件的起因和结果，有着务尽务详的一面，那么，其叙事文字记述多彩的南北历史、文化现象：言简事明、精练有味、朗畅明达。

《家训》描述南北风俗人情的文字简洁、畅达，例如：

江东妇女，略无交游，其婚姻之家，或十数年间，未相识者，惟以信命赠遗，致殷勤焉。邺下风俗，专以妇持门户，争讼曲直，造请逢迎，车乘填街衢，绮罗盈府寺，代子求官，为夫诉屈。此乃恒、代之遗风乎？南间贫素，皆事外饰，车乘衣服，必贵齐整；家人妻子，不免饥寒。河北人事，多由内政，绮罗金翠，不可废阙，羸马顇奴，仅充而已；倡和之礼，或尔汝之。（《治家》篇）

江南风俗，儿生一期，为制新衣，盥浴装饰，男则用弓矢纸笔，女则刀尺针缕，并加饮食之物，及珍宝服玩，置之儿前，观其发意所取，以验贪廉愚智，名之为试儿。亲表聚集，致宴享焉。自兹已后，二亲若在，每至此日，尝有酒食之事耳。无教之徒，虽已孤露，其日皆为供顿，酣畅声乐，不知有所感伤。梁孝元年少之时，每八月六日载诞之辰，常设斋讲；自阮修容薨殁之后，此事亦绝。（《风操》篇）

两段文字分别记述南北妇女截然不同的生活方式与江南试儿习俗，富有生活气息，简洁不失生动。

颜之推社会经验丰富、老到，这促使《家训》的叙事方式更倾向于对社会现象加以概述，而不过多描述细节；多叙述社会生活中的普遍现象，较少涉及个别现象。如："江左不讳庶孽，丧室之后，多以妾媵终家事；疥癣蚊虻，或未能免，限以大分，故稀斗阋之耻。河北鄙于侧出，不预人流，是以必须重娶，至于三四，母年有少于子者。"（《后娶》篇）"别易会难，古人所重；江南饯送，下泣言离……北间风俗，不屑此事，歧路言离，欢笑分首。"（《风操》篇）《杂艺》篇叙述书法、绘画、音乐等十多种南北朝艺术门类，概述了每种艺术的发展历程、时代影响，每种技艺只道一二事例而已，文字非常简洁。就书法而言：

晋、宋以来，多能书者。故其时俗，递相染尚，所有部帙，楷正可观，不无俗字，非为大损。至梁天监之间，斯风未变；大同之末，讹替滋生。萧子云改易字体，邵陵王颇行伪字；朝野翕然，以为楷式，画虎不成，多所伤败。

书法是《杂艺》篇用力最多的艺术门类，作者只对晋、宋以至梁末的书法演变作大致勾勒，对具体的艺术现象并不作细致描绘，至于叙述其他艺术的文字更趋简单。

《家训》有意将作者的人生历程作为“教材”训诫子孙，即使纵观人生，也并不面面俱到地叙述，只择取几个重要的阶段，将人生贯穿、概括起来：“昔在龆龀，便蒙诱诲”、“年始九岁……虽读《礼传》，微爱属文，颇为凡人之所陶染，肆欲轻言，不修边幅”、“年十八九，少知砥砺，习若自然，卒难洗荡”、“二十已后，大过稀焉”（《序致》篇）。分别以童年、青少年和成年几个阶段代表作者的成长历程，对每一阶段的成长状况只进行简单描述，而非细致、具体的描写。

《家训》的叙事文字并不一味追求简洁，有时也详细记录重要的社会现象。例如，作者采用赋的手法细致描述南北士大夫奢华的物质生活和贫瘠的精神世界。如：

梁朝全盛之时，贵游子弟，多无学术，至于谚云：“上车不落则著作，体中何如则秘书。”无不熏衣剃面，傅粉施朱，驾长檐车，跟高齿屐，坐棋子方褥，凭斑丝隐囊，列器玩于左右，从容出入，望若神仙。明经求第，则顾人答策；三九公讌，则假手赋诗。（《勉学》篇）

近世有两人，朗悟士也，性多营综，略无成名，经不足以待问，史不足以讨论，文章无可传于集录，书迹未堪以留爱玩，卜筮射六得三，医药治十差五，音乐在数十人之下，弓矢在千百人中，天文、画绘、棋博，鲜卑语、胡书、煎胡桃油，炼锡为银，如此之类，略得梗概，皆不通熟。（《省

事》篇)

前者从服饰、车马、器用、神态等多方面写梁末士大夫“望若神仙”的物质生活层面,从明经求第、撰写诗文两方面写其“多无学术”的精神层面,似轻实重,讥刺士族之腐朽无能。后者则生动铺叙北齐士族事事涉猎、样样稀松的浮躁学风。

由于颜氏家族有着悠久的史学传统,“世善《周官》、《左氏》”,颜之推本人史学修养深厚,“还习《礼》、《传》”(《北齐书》本传),加之颜氏富有实证精神,《家训》叙事文字在一定程度上受到史学手法的积极影响。

首先,颜之推本人历仕南北,《家训》在记录南北风俗人物的过程中,常常以史为证、与史互证,即多举时事和史事以证明“南北风土”。《家训》所述史事主要涉及萧梁和北齐的帝王和士族阶层。就帝王而言,涉及梁武帝、简文帝、元帝、北齐文宣帝、孝昭帝、武成帝、后主。如《风操》篇讲述“江南饯送,下泣言离”的风俗,以梁武帝与弟离别为例。由于颜之推在政治上与萧绎西府集团有密切联系,《家训》许多篇章,如《风操》、《勉学》、《文章》、《书证》、《音辞》、《杂艺》等都述及元帝之事。此外,《家训》所引的史实有相当一部分来自南北朝士族阶层,如《兄弟》的刘瓛、王玄绍,《治家》的房文烈,《风操》的裴之礼、臧逢世、李构,《慕贤》的丁觇、羊侃、张延儁,《勉学》的魏收、王劭、邢峙、羊肃、姜仲岳,《文章》的席毗、刘逖、卢询祖、诸葛汉、荀仲举、卢思道,《名实》的韩晋明,《书证》的李德林、邢芳,《音辞》的崔子约、崔瞻、李祖仁、李蔚,《杂艺》的王褒、萧子云等人,这些人在历史上都确有其人。王利器指出,《家训》中相关的人和事多数可以“与南北诸史参证”,甚至可以补《梁书》、《北齐书》之不足。即使由于种种原因,《家训》没有明确道出姓名的士大夫、权贵也都实有其人①。唐人李百药修《北齐书》就采用了《家训》中部分人物、故事。以史为证、与史互证的手法,使《家训》的叙事文字凭借与历史的密切联系,追求真实的教育效果,有着鲜明的现实色彩。

其次,受史学手法影响,《家训》叙事不重政治、经济等外因,更侧重挖掘人物自身的原因,着力挖掘事件的原因、结果以及人与事的内在关系。尤其注重叙述人物性格行为、道德修养对其命运的影响。那些骄纵者必败,好学者有成的事例,无不与当事人自己的言行有着直接联系。《家训》和《北齐书》都记有北齐琅邪王高俨和北齐宦者田鹏鸾的事迹,通过对照,可以看出《家训》的叙事文字不同程度地运用了史学手法。先来看高俨,《北齐书》卷十二《琅邪王俨传》全文一千二百余字,部分文字借鉴了《家训》:

> 齐武成帝子琅邪王,太子母弟也,生而聪慧,帝及后并笃爱之,衣服饮食,与东宫相准。帝每面称之曰:“此黠儿也,当有所成。”及太子即位,王居别宫,礼数优僭,不与诸王等;太后犹谓不足,常以为言。年十许岁,骄恣无节,器服玩好,必拟乘舆;尝朝南殿,见典御进新冰,钩盾献早李,还索不得,遂大怒,訽曰:“至尊已有,我何意无?”不知分齐,率皆如此。识者多有叔段州吁之讥。后嫌宰相,遂矫诏斩之,又惧有救,乃勒麾下军士,防守殿门;既无反心,受劳而罢,后竟坐此幽薨。(《教子》篇)

> 琅邪王俨,字仁威,武成第三子也……俨器服玩饰,皆与后主同,所须悉官给。于南宫尝见新冰早李,还,怒曰:

① 参见王利器:《颜氏家训集解(增补本)·叙录》。

“尊兄已有,我何意无!”从是,后主先得新奇,属官及工匠必获罪。太上、胡后犹以为不足……又言于帝曰:“阿兄懦,何能率左右?”帝每称曰:“此黠儿也,当有所成。”(《北齐书》卷十二《琅邪王俨传》)

《北齐书》在描写高俨早期性格、行为方面,借鉴了《教子》篇的有关记录。但两书写作目的不同,《北齐书》意在记录北齐宫闱复杂的历史事件,所以简述高俨性格、行为,详述高俨卷入宫廷政治争端,“后嫌宰相,遂矫诏斩之”,斩杀和士开以及因此幽薨的结局。《家训》立足士族教育,重点记述高俨的成长历程。为突出武成帝高湛和胡太后所起的消极作用,故将两人溺爱之举置于前,将高俨“骄恣无节”的言行置于后,意在突出两者的因果关系。如此一来,高俨卷入政治纷争、终致杀身之祸亦在情理之中。《家训》这种节省笔墨的手法虽不能对历史事件进行细致的记录,但其注重记叙事件的前因后果,重视人与事内在联系的手法,正是《春秋左传》以来史学著作的常用手法。《家训》叙事文字,注重描述人物性格、品质对命运的影响,无疑是对史学人文传统的发展。

再对比《家训》和《北齐书》中有关田鹏鸾的文字:

齐有宦者内参田鹏鸾,本蛮人也。年十四五,初为阍寺,便知好学,怀袖握书,晓夕讽诵。所居卑末,使役苦辛,时伺间隙,周章询请。每至文林馆,气喘汗流,问书之外,不暇他语。及睹古人节义之事,未尝不感激沉吟久之。吾甚怜爱,倍加开奖。后被赏遇,赐名敬宣,位至侍中开府。后主之奔青州,遣其西出,参伺动静,为周军所获。问齐主何在,绐云:“已去,计当出境。”疑其不信,欧捶服之,每折一支,辞色愈厉,竟断四体而卒。蛮夷童丱,犹能以学成忠,齐

之将相，比敬宣之奴不若也。(《勉学》篇)

又有开府、中侍中宦者田敬宣，本字鹏，蛮人也。年十四五，便好读书。既为阍寺，伺隙便周章询请，每至文林馆，气喘汗流，问书之外，不暇他语。及视古人节义事，未尝不感激沉吟。颜之推重其勤学，甚加开奖，后遂通显。后主之奔青州，遣其西出，参伺动静，为周军所获。问齐主何在，绐云已去。殴捶服之，每折一支，辞色愈厉，竟断四体而卒。(《北齐书》卷四十一《傅伏传附》)

表面上看，《北齐书》有关田鹏鸾的记载基本照搬了《家训》的相关文字。但两者叙述手法稍有差别:《家训》严格按照时间顺序记叙了人物的出身、勤学之举、仕宦经历与殉难的结局，叙事清晰;《北齐书》先述人物的出身与仕宦，后叙及勤学经历与殉难的结局，叙述平直，逊于《家训》。

最后，《家训》借鉴史书人物传记的写作方式，还表现为叙事过程中注意交代人物出身和仕宦情况。很多文章都将人物出身和仕宦状况作为记人文字的必要组成部分。如《勉学》篇叙述梁世刘绮的勤学事迹时，先介绍其出身为彭城刘氏，系“交州刺史勃之孙”，最后介绍刘绮仕宦“终于金紫光禄”。

《家训》叙事文字既受史书手法的影响，本身也具有一定文学特色。叙述人物事件，不仅文字简练、生动，脉络清晰，而且擅长以重要事件刻画人物的性格特征。通过比较《北齐书》和《家训》的相关文字，可以发现《家训》的叙事文字不仅具有史料价值，更表现出不凡的驾驭文字的能力。《教子》篇记叙高俨短暂的人生并没有平铺直叙，重在写父母失教造成其恶劣品性，最终导致其在政治漩涡中败亡。该文描述高俨性格、行为更具有文学色彩，“新冰早李”之事中“还索不得”遂大怒而诟的举动，生动刻画出高俨骄纵、“不知分齐”的性格、行为。至于高俨命丧宫廷政治倾轧，《家训》则几笔带过，表现出剪裁文字的不俗能力。写田鹏鸾，《北齐书》文字亦不及《勉学》篇精彩。《勉学》篇细致描述田鹏鸾勤学的动作、神态、内心感受，“怀袖握书，晓夕讽诵”，“时伺间隙，周章询请”，“每至文林馆，气喘汗流，问书之外，不暇他语”，“及睹古人节义之事，未尝不感激沉吟久之”，人物形象显得饱满。《北齐书》却删减了“怀袖握书，晓夕讽诵”等生动文字，人物形象略显单薄。与《北齐书》相关文字进行对比之后，可以肯定《家训》能够将文史素养有机地融合在一起，叙事文字简洁、流畅，更富有文学色彩。

《家训》叙事以写人记事为重点，作者个人观点仅居次要地位，甚至隐而不发。简约、冷静的叙事方式在《家训》中形成了不少语言省净、风趣精彩的叙事小品。值得注意的是，同样描写士族，《世说新语》多写处于兴盛阶段的东晋士族，以充满诗意的笔触描写士大夫丰富的精神境界和潇洒的风度，风格明快、典雅、优美；《家训》则写南北朝后期处于衰败阶段的士族，在叙事中多以严肃、冷峻的文笔批评士大夫的堕落、无知，风格冷静、严肃。

《家训》不少叙事文字，既述人物活动、情态，又记人物语言，风格冷峻。例如：

> 吾初入邺，与博陵崔文彦交游，尝说《王粲集》中难郑玄《尚书》事。崔转为诸儒道之，始将发口，悬见排蹙，云："文集只有诗赋铭诔，岂当论经书事乎？且先儒之中，未闻有王粲也。"崔笑而退，竟不以《粲集》示之。魏收之在议曹，与诸博士议宗庙事，引据《汉书》，博士笑曰："未闻《汉书》得证经术。"收便忿怒，都不复言，取《韦玄成传》，掷之

而起。博士一夜共披寻之,达明,乃来谢曰:"不谓玄成如此学也。"(《勉学》篇)

有一士族,读书不过二三百卷,天才钝拙,而家世殷厚,雅自矜持,多以酒犊珍玩,交诸名士,甘其饵者,递共吹嘘。朝廷以为文华,亦尝出境聘。东莱王韩晋明笃好文学,疑彼制作,多非机杼,遂设讌言,面相讨试。竟日欢谐,辞人满席,属音赋韵,命笔为诗,彼造次即成,了非向韵。众客各自沉吟,遂无觉者。韩退叹曰:"果如所量!"韩又尝问曰:"玉珽杼上终葵首,当作何形?"乃答曰:"珽头曲圜,势如葵叶耳。"韩既有学,忍笑为吾说之。(《名实》篇)

梁世士大夫,皆尚褒衣博带,大冠高履,出则车舆,入则扶侍,郊郭之内,无乘马者。周弘正为宣城王所爱,给一果下马,常服御之,举朝以为放达。至乃尚书郎乘马,则纠劾之。及侯景之乱,肤脆骨柔,不堪行步,体羸气弱,不耐寒暑,坐死仓猝者,往往而然。建康令王复性既儒雅,未尝乘骑,见马嘶喷陆梁,莫不震慑,乃谓人曰:"正是虎,何故名为马乎?"其风俗至此。(《涉务》篇)

三段文字均写人物的学识、素养,第一个例子以人物间的对话为主,显示出北齐文士学识鄙陋;第二、三个例子叙述为主,对话为辅,尤其第三个例子,描写梁世文人儒雅的外在形象——虚弱的内心世界,以王复一席可笑言语揭示出弥漫梁末的腐朽气氛。

《家训》叙事文字,注重以日常生活中的非常之事表现人物的性格、修养和心态,或感人至深,或风趣逗人。例如:

梁世彭城刘绮,交州刺史勃之孙,早孤家贫,灯烛难办,常买荻尺寸折之,然明夜读。孝元初出会稽,精选寮寀,绮以才华,为国常侍兼记室,殊蒙礼遇,终于金紫光禄。义阳朱詹,世居江陵,后出扬都,好学,家贫无资,累日不爨,乃时吞纸以实腹。寒无毡被,抱犬而卧。犬亦饥虚,起行盗食,呼之不至,哀声动邻,犹不废业,卒成学士,官至镇南录事参军,为孝元所礼。此乃不可为之事,亦是勤学之一人。东莞臧逢世,年二十余,欲读班固《汉书》,苦假借不久,乃就姊夫刘缓乞丐客刺书翰纸末,手写一本,军府服其志向,卒以《汉书》闻。(《勉学》篇)

齐吏部侍郎房文烈,未尝嗔怒,经霖雨绝粮,遣婢籴米,因尔逃窜,三四许日,方复擒之。房徐曰:"举家无食,汝何处来?"竟无捶挞。尝寄人宅,奴婢彻屋为薪略尽,闻之颦蹙,卒无一言。(《治家》篇)

第一段文字感人之处在于以非凡、坚韧之举刻画困境中的勤学之士,对朱詹采用细节描写,文字催人泪下、令人崇敬。后一段文字,绝粮数日之后的"举家无食,汝何处来?"和缓问话,房屋几乎被毁,但"闻之颦蹙,卒无一言"的细节,将房氏温和少怒的性格刻画得入木三分。

《家训》亦有叙事小品,风格幽默辛辣,如:

南阳有人,为生奥博,性殊俭吝,冬至后女婿谒之,乃设一铜瓯酒,数脔獐肉;婿恨其单率,一举尽之。主人愕然,俛仰命益,如此者再;退而责其女曰:"某郎好酒,故汝常贫。"(《治家》篇)

近在并州,有一士族,好为可笑诗赋,誂擎邢、魏诸公,众共嘲弄,虚相赞说,便击牛酾酒,招延声誉。其妻,明鉴妇人也,泣而谏之。此人叹曰:"才华不为妻子所容,何况行路!"至死不觉。(《文章》篇)

"愕然"的表情、"俛仰命益,如此者再"的举动,以及对女儿的无理斥责活画出南阳悭吝人鄙陋的嘴脸,其极端吝啬之举可与《世说新语·俭吝》中的王戎一比高低①,但《家训》对吝啬鬼的描写更加精彩、深刻。后一段文字讥讽"好为可笑诗赋"的士人,却以其自视甚高、自伤落拓的感喟作结,充满讽刺意味。

《家训》的叙事文字很大程度上表现出颜之推对现实的不满和批判,多记叙南北士族治学、修身、齐家等平常之事,已不再是东晋士大夫的文采风雅之事。《家训》甚至记录了很多反面事例,士人多以反面形象出现:或天才钝拙而附庸风雅,或缺乏自知之明而至死不悟,或怯懦无识而指马为虎,或学识浅陋而自命不凡,暴露了南北朝后期士族衰败过程中,日趋鄙陋、保守、狭隘的内心世界。

第六节 《颜氏家训》的结构、体制和语言成就

丰富的内容需要选择相应的形式加以表述,以往家训、家诫文字所采用的单篇书信形式已无法容纳《家训》丰厚的内容。因此,《家训》采用了一篇一题、分题设篇的体制。全书共二十篇,除了《序致》篇,其余诸篇分别论述家族教育、礼学、文学、艺术等具体问题,每篇文章都包含许多相对独立的段落,从不同方面表述文章的主题。就全书而言,分篇设题的结构特点,使作者能够有效组织文字,诸多段落或叙述风俗人情,或说明社会现象,或分析学术问题,意义相对完整,彼此之间互不影响。

《家训》的体制与其较为特殊的成书过程有着细微的联系,

① 《世说新语·俭啬》云:"王戎女适裴頠,贷钱数万。女归,戎色不说。女遽还钱,乃释然。"

书中的文章不是一时一地之作，而是经历了漫长时间才最终完成。就颜之推生平而言，二十四岁之前生活在梁朝，经历了梁末动乱，逐渐对士族阶层进行反思，虽刚刚开始写作《家训》，但尚缺乏丰富的素材和人生阅历①。颜之推二十六岁入北齐，政治上的磨难、文化上的冲突、家族生存的危机使其人生阅历逐渐丰富。尤其是入北以后，颜氏家族处于"骨肉单弱，五服之内，傍无一人，播越他乡，无复资荫"的困境，延续家族的沉重使命促成这部书的写作动机真正成熟。在北齐二十余年相对稳定的生活，也为颜之推著书提供了时间保障。因此，可以断定《家训》主要内容完成于北齐。书中《风操》、《勉学》、《文章》、《书证》等文均有大量关于北齐文化、风俗的描述，第一章最后一节多有列举，兹不赘述。

关于《家训》的成书时间，今人王利器通过考证书中用字对帝王的避讳，推断出《家训》完成于隋朝初期：

> 寻颜氏于《序致》篇云："圣贤之书，教人诚孝。"《勉学》篇云："不忘诚谏。"……《归心》篇云："诚孝在心。"又云："诚臣殉主而弃亲。"这些"诚"字，都应当作"忠"，是颜氏为避隋讳而改；《风操》篇云："今日天下大同。"《终制》篇云："今虽混一，家道罄穷。"明指隋家统一中国而言……又《书证》篇记："开皇二年五月，长安民掘得秦时铁称权"；这些，都是入隋以后事。而《勉学》篇言："孟劳者，鲁之宝刀名，亦见《广雅》。"《书证》篇引《广雅》云："马薤，荔也。"又引《广雅》云："晷柱挂景。"其称《广雅》，不像曹宪《音

① 颜之推开始写作《家训》，约在西魏灭梁之前，参见本书之《颜之推年谱》。

释》一样，为避隋炀帝杨广讳而改名《博雅》。然则此书盖成于隋文帝平陈以后，隋炀帝即位之前，其当六世纪之末期乎。[《颜氏家训集解（增补本）·叙录》]

目前，这一观点已经为学界接受。

漫长的写作历程，是颜之推不断适应、吸收北方文化，不断调整自己心态的过程。北朝散文著作《水经注》和《洛阳伽蓝记》“集众文以记一水、集众事以记一寺”的编排方式，客观上影响了《家训》的编排方式①。心态的变化、调整使作者形成了重生存、尚实用的思想和强烈的反思精神，不仅直接影响到《家训》的人生观和处世哲学，也使该书体现出冷峻、细密、内敛的风格。漫长的写作历程使作者能够从容地叙事、说理，把相近的观点逐渐归纳整理到相关文章中去，因此，《家训》的行文方式兼有漫谈、随笔和杂记的性质。

表面看来，杂文和随笔似乎可以不讲究布局安排，但是颜之推虑详心危的写作意图和多年积累的写作经验，在《家训》中一个重要表现就是讲究布局谋篇。《家训》一书不仅整体布局分明，而且单篇文章的结构模式大致有规律可循。多数文章第一段即开篇明义，道出观点。《教子》篇首段即从古代社会的教育经验逐渐引申出早期教育的重要性：“当及婴稚，识人颜色，知人喜怒，便加教诲，使为则为，使止则止。比及数岁，可省笞罚。”《名实》、《涉务》、《止足》等篇首段文字即提出“名之与实，犹形之与影也。德艺周厚，则名必善焉”、“士君子之处世，贵能有益于物耳”和“唯在少欲知足，为立涯限尔”的观点。《文章》、《诫兵》、《省事》、《养生》等篇亦复如是。少数文章首段解释主

① 熊礼汇：《先唐散文艺术论》，第937页。

题、说明写作目的,如《风操》篇首段解释了所谓“士大夫风操”,申明写作目的是:“汝曹生于戎马间,视听之所不晓,故聊记录以传示子孙。”至于学术性文章,如《书证》、《杂艺》篇,以辨析学术疑问、叙述艺术发展脉络为主,不属于说理文章,故开篇直接分析学术或讲述艺术事例。

通观《家训》全书,不少文章非常注意谋篇和布局。每篇文章都由众多段落组成,各个段落在形式上较为独立,但具体到说理过程中,不少段落文字之间存在着逻辑上的深层联系,从不同方面来说明主题。为将主题表述清楚,《家训》的单篇文章,多采用先言理后言事的方式,即说理在前,叙事在后。如《教子》篇先提出父母对子女“宜思勤督训者”的观点(第二段),随后列举王僧辩之母魏夫人之例(第三段)。提出“父子之严,不可以狎;骨肉之爱,不可以简”的观点(第四段)后,随后举出齐武成帝溺爱琅邪王高俨之事(第五段)。又如《名实》篇首段明言“名之与实,犹形之与影也”,强调“实”为根本。后面的段落分别论述君子立己须留有“余地”,应极力避免“至诚”、“至洁”的言行。然后提出“巧伪不如拙诚”的观点,并列举以巴豆涂脸的贵族、天才钝拙却附庸风雅的士族、“一有伪情,触涂难继”的邺下少年等伦理、文学和行政方面的事例。文章结尾指出名教的本质在于因势利导:“劝其立名,则获其实”,在于勉励和引导世人走上善道。综合来看,文章先提出、解释“名实”内涵,然后分析社会生活诸多方面的例子,最后指出提倡名教的意义。应该说,文章经过作者一番剪裁和安排,语意完整,层次清晰。其他篇章如《涉务》、《省事》、《止足》等都比较讲求段落的编排,显示出颜之推布局谋篇的本领。

《家训》有明确的教育目的和对象,作者既要对全书的体系进行安排，又须顾及行文方式和语言文字。所谓“寓意极精微，称说又极质朴”，是指《家训》不仅用浅近、平和的方式，由浅及深揭示道理，而且用简洁、流畅的文字进行说理、叙事，这意味着《家训》的语言经过一定艺术加工，有着独特的艺术特色。其语言文字表现出对南朝骈文、北朝应用文以及民间通俗语言的合理吸收和积极运用，语言风格努力追求亲和通俗，而非刻板严厉。

《家训》一方面继承了汉魏以来家诫文字散体句式的传统，另一方面也吸收了齐梁骈文重声律、句式工整的因素。颜之推充分肯定骈文艺术手法“音律谐靡，章句偶对，讳避精详”（《文章》篇）。《家训》句式非常整齐、注重对仗，四言句和六言句占很大比重，还有一定数量的韵文。颜之推入齐之后，北朝散文注重实用的文学取向也对《家训》产生积极影响，《家训》行文能够突破四六言句的局限，运用错落有致、富有变化的句式说理、叙事，采用了骈散结合的形式，运用丰富的三言、五言、七言等句式，单句和对句错落有致地结合在一起。

受南朝骈文影响，《家训》中四六言句式占很大比例，以四六言为主的段落在书中占相当比重，它们句式工整，多采用对仗和排比手法，文字流畅、生动。例如：

> 昔在龆龀，便蒙诱诲；每从两兄，晓夕温凊，规行矩步，安辞定色，锵锵翼翼，若朝严君焉。赐以优言，问所好尚，励短引长，莫不恳笃。年始九岁，便丁荼蓼，家涂离散，百口索然。慈兄鞠养，苦辛备至；有仁无威，导示不切。虽读《礼传》，微爱属文，颇为凡人之所陶染，肆欲轻言，不修边幅。年十八九，少知砥砺，习若自然，卒难洗荡。二十已后，大过稀焉；每常心共口敌，性与情竞，夜觉晓非，今悔昨失，自怜

无教，以至于斯。（《序致》篇）

上书陈事，起自战国，逮于两汉，风流弥广。原其体度：攻人主之长短，谏诤之徒也；讦群臣之得失，讼诉之类也；陈国家之利害，对策之伍也；带私情之与夺，游说之俦也。总此四途，贾诚以求位，鬻言以干禄。或无丝毫之益，而有不省之困，幸而感悟人主，为时所纳，初获不赀之赏，终陷不测之诛，则严助、朱买臣、吾丘寿王、主父偃之类甚众。（《省事》篇）

前者以整齐的四言句为主，语言温润雅净、音韵谐婉，朗畅有情致，体现出“音律谐靡”的艺术追求。后者以四六句式为主，偶有杂言，指陈政事，缜密的思索与整齐的句式相协调。

应该看到，《家训》句式的停顿方式在很大程度上受佛经的影响。魏晋南北朝时期是中国古代翻译佛经的高潮时期，道安、鸠摩罗什、昙无谶和真谛等杰出的翻译家在翻译佛经过程中，为使汉译佛典朗诵方便，多用四句一顿的形式，因此，使散文带上某种格律①。作为虔诚的佛教徒，颜氏本人非常注重诵读佛经，《归心》篇尝提醒子弟“兼修戒行，留心诵读”。佛经的停顿节奏无形中影响了《家训》的语言模式，全书叙事、说理多采用四句一顿的节奏，如前面所举《序致》篇“赐以优言”以下数句即以四句为一单位而作停顿。这种四句一顿的节奏较之二句一顿或六句一顿更加舒缓、从容，使《家训》从整体上具有和缓不迫的节奏，突出了《家训》叙事、说理雍容、平和与郑重的语言风格。

尽管《家训》中四言句众多，有着句式整齐的总体特点，但

① 参见孙昌武：《佛教与中国文学》，第一章第二节《佛典翻译与译经文体》。

是该书并不过于追求对仗,许多段落中单句占了大多数,表现出明显的散化倾向,与骈文有着本质的区别。《家训》作为南北朝后期的散文著作,为了深入了解其语言特色,我们可以选取同时代的部分散文作品加以对照:

射鱼指天,事徒勤而靡获;适郢首燕,马虽良而不到。夫挹酌道德,宪章前言者,君子所以行也。是故言顾行,行顾言。原宪云:“无财谓之贫,学道不行,谓之病。”末俗学徒,颇或异此。或假兹以为伎术,或狎之以为戏笑。若谓为伎术者,犁轩眩人,皆伎术也;若以为戏笑者,少府斗猴,皆戏笑也。未闻强学自立,和乐慎礼,若此者也。口谈忠孝,色方在于过鸿;形服儒衣,心不则于德义。既弥乖于本行,实有长于浇风。一失其源,则其流已远。与其不陨获于贫贱,不充诎于富贵,不畏君王,不累长上,不闻有司者,何其相反之甚?(萧绎《金楼子·立言》)

吾曾览《管子》之书,其言曰:“任之重者莫如身,途之畏者莫如口,期之远者莫如年。以重任行畏途,至远期,惟君子为能及矣。”追而味之,喟然长息。若夫岳立为重,有潜戴而不倾;山藏称固,亦趋负而弗停;吕梁独浚,能行歌而匪惕;焦原作险,或跻踵而不惊;九陔方集,故眇然而迅举;五纪当定,想窅乎而上征。苟任重也有度,则任之而愈固;乘危也有术,盖乘之而靡恤。彼期远而能通,果应之而可必。岂神理之独尔,亦人事其如一。呜呼!处天壤之间,劳死生之地,攻之以嗜欲,牵之以名利,粱肉不期而共臻,珠玉无足而俱致;于是乎骄奢仍作,危亡旋至。(魏收《枕中篇》)

某本乏材用,无多作述。加以建邺阳九,劣免儒硎;江陵百六,几从士陇。至如残编落简,并入尘埃;赤轴青箱,多从灰烬。比年疴恙弥留，光阴视息，桑榆已迫，蒲柳方衰，不无秋气之悲，实有途穷之恨。是以精采瞀乱，颇同宋玉；言辞蹇吃，更甚扬雄。（庾信《谢滕王集序启》）

《金楼子·立言》和《枕中篇》在语言形式上均有骈散结合的特点。具言之，《金楼子·立言》所代表的南朝散文有骈文的明显痕迹，多四言句，论说更加灵活多变；《枕中篇》所代表的北朝散文一方面借鉴了南朝骈文句式整齐的特点，注重铺排手法，然六言句居多，句式长短错落变化，风格典雅庄重，犹有战国散文的古风。庾信《谢滕王集序启》通篇华美，讲究对仗、典故，保留更多骈文艺术手法。

相比之下，《家训》骈散结合的形式中散句占多数，明显体现出散文的艺术演进。而且，文章中散句的灵活穿插，较之过于注重对仗的骈文，为说理、叙事提供了更大空间。例如：

昔者，周公一沐三握发，一饭三吐餐，以接白屋之士，一日所见者七十余人。晋文公以沐辞竖头须，致有图反之诮。门不停宾，古所贵也。失教之家，阍寺无礼，或以主君寝食嗔怒，拒客未通，江南深以为耻。黄门侍郎裴之礼，号善为士大夫，有如此辈，对宾杖之；其门生僮仆，接于他人，折旋俯仰，辞色应对，莫不肃敬，与主无别也。（《风操》篇）

梁元帝尝为吾说："昔在会稽，年始十二，便已好学。时又患疥，手不得拳，膝不得屈。闲斋张葛帏避蝇独坐，银瓯贮山阴甜酒，时复进之，以自宽痛。率意自读史书，一日二十卷，既未师受，或不识一字，或不解一语，要自重之，不知厌倦。"帝子之尊，童稚之逸，尚能如此，况其庶士，冀以自达者哉？（《勉学》篇）

古人欲知稼穑之艰难，斯盖贵谷务本之道也。夫食为民天,民非食不生矣,三日不粒,父子不能相存。耕种之,茠鉏之,刈获之,载积之,打拂之,簸扬之,凡几涉手,而入仓廪,安可轻农事而贵末业哉?江南朝士,因晋中兴,南渡江,卒为羁旅,至今八九世,未有力田,悉资俸禄而食耳。假令有者,皆信僮仆为之,未尝目观起一墢土,耘一株苗;不知几月当下,几月当收,安识世间余务乎?故治官则不了,营家则不办,皆优闲之过也。(《涉务》篇)

三言、四言、五言、六言、七言句式皆有之,排比、对仗相间,长短有致、骈散错落,第一段文字论述士族风操,说理深刻而不失流畅;第二段文字追忆元帝贵学往事,叙事婉转、凝练,饶有情致;第三段文字痛陈东晋南朝士族"优闲之过",视野开阔,论说气势充沛,风格严峻、庄重。

《家训》的语言形式在趋向散化的同时,行文也很注意运用对仗手法,突破了骈文四六言对仗的局限,五七言句都可以对仗形式出现,既便于自由地说理、叙述,又使语言形式整齐可观,富于气势:

吾见世中文学之士,品藻古今,若指诸掌,及有试用,多无所堪。居承平之世,不知有丧乱之祸;处庙堂之下,不知有战阵之急;保俸禄之资,不知有耕稼之苦;肆吏民之上,不知有劳役之勤,故难以应世经务也。晋朝南渡,优借士族;故江南冠带,有才干者,擢为令仆已下尚书郎中书舍人已上,典掌机要。其余文义之士,多迂诞浮华,不涉世务;纤微过失,又惜行捶楚,所以处于清高,盖护其短也。至于台阁令史,主书监帅,诸王签省,并晓习吏用,济办时须,纵有小人之态,皆可鞭杖肃督,故多见委使,盖用其长也。人每不自量,举世怨梁武帝父子爱小人而疏士大夫,此亦眼不能见

其睫耳。(《涉务》篇)

这段文字句式颇多变化,有四、五、六、七、八、九、十五、十六言等多种句式,以排比形式穿插四个对句,错落中有整齐。斥"文学之士"、"文义之士"之"迂诞浮华"之弊,全面而严厉;目庶族文士"济办时须"之长,冷峻而深入。

颜之推由南入北的特殊经历使其对南朝浮华、艳丽与北朝实用、朴野两种截然不同的文风有着切身体会,有着灵活的吸收和改造,最终形成自己的语言风格。与《金楼子》轻快、华丽的风格、《枕中篇》古朴、凝重的风格皆不同,《家训》的风格朗畅,语言浅近、凝练,但不沦于质木无文、词语粗朴。这与作者的悉心打磨、锤炼是分不开的。这种打磨、锻炼使《家训》语言凝练、含蓄,较少斧凿的痕迹,说理、叙事生动、形象而不失深刻。如"他乡异县,微藉风声,延颈企踵,甚于饥渴",用以形容"贵耳贱目,重遥轻近"(《慕贤》篇)的浮躁心理。同时,颜之推注重反思的精神,在一定程度上使《家训》语言凝练中带有很强的概括性和穿透力,说到痛切之处,甚至体现出峻切和"刻酷"的一面。如"伯石让卿,王莽辞政,当于尔时,自以巧密;后人书之,留传万代,可为骨寒毛竖也"。其中"骨寒毛竖"非常形象、深刻。而"巧伪不如拙诚"(《名实》篇)的告诫极具概括力,黄叔琳赞为"六字洵为格言,当书绅佩之"①。"既以利得,还以利殆"(《省事》篇),简练、深入地概括出北齐末年"喧动女谒"的不良社会风气的本质,并预见其失败下场。《勉学》篇更尖锐讽刺了无知的梁朝士人:

及有吉凶大事,议论得失,蒙然张口,如坐云雾;公私宴

① 转引自王利器:《颜氏家训集解(增补本)》,第307页。

集，谈古赋诗，塞默低头，欠伸而已。有识旁观，代其入地。“蒙然张口，如坐云雾”和“塞默低头，欠伸而已”，重在形态描写，传神地刻画出全无学术的士族子弟的无能形象。卢文弨评价为：“形容不学之人，致为刻酷。”①“兀若枯木，泊若穷流”、“失皮而露质”，则深刻概括出遭受丧乱后士大夫的困辱状态。深刻的语言使《勉学》篇具有震撼人心的力量，吴从先曾评价云：“颜之推《勉学》一篇，危语动人，录置案头，当令神骨悚惕，无时敢离书卷。”②凝练、深刻而富有概括力的语言，增强了《家训》说理、叙事的深度和力度。

《家训》不仅大量引用《礼经》、《论语》等儒家典籍，还积极利用民间文化和大众文化，引用通俗的古语、俗语和谚语，以帮助说理。例如：

俗谚曰：“教妇初来，教儿婴孩。”（《教子》篇）

谚曰：“积财千万，不如薄伎在身。”（《勉学》篇）

邺下谚云：“博士买驴，书券三纸，未有驴字。”（同上）

铭金人云：“无多言，多言多败；无多事，多事多患。”（《省事》篇）

王子晋云：“佐饔得尝，佐斗得伤。”（同上）

语言通俗、生动、富有生活气息，比较适应家族教育方式，能够形象描述、概括复杂的文化、历史现象，甚至印证某些社会现象。叙事、说理文字中插入谚语、俗语，不仅增强文字可读性，便于后人理解；《家训》灵活地把凝练、深刻的书面语和通俗、浅近的谚语、俗语结合起来，最终形成了“近而不俚，切而不激”③（黄叔琳

① 转引自王利器：《颜氏家训集解（增补本）》，第148页。

② 转引自王利器：《颜氏家训集解（增补本）》，第143页。

③ 转引自王利器：《颜氏家训集解（增补本）》，第627页。

语)的语言风格。

《家训》上承先秦散文主理的实用传统,“称说又极质朴”,但不同于北朝疏朴的文风;注意辞藻、音律和事义,但不同于南朝浮华文风。在颜氏家族“典正”文学传统的基础上,兼收南北文风,形成了自己的风格。《家训》说理、叙事从容、郑重、沉稳,语言浅近、凝练、深刻,全书形成了朗畅、明练、质朴、平实的文风。同为入北文人,如果说,庾信在诗歌领域融和南北文学之成就,“启唐之先鞭”,那么,颜之推则在散文领域融和南北散文之成就,《家训》成为六朝散文的重要环节,并成为“北朝三书”当中对南北文化吸收最好的一部。在此,我们引用范文澜《中国通史简编》对颜之推的评价作为结束语:

> 他是当时南北两朝最通博最有思想的学者,经历南北两朝,深知南北政治、俗尚的弊病,洞悉南学北学的短长,当时所有大小知识,他几乎都钻研过,并且提出自己的见解。《颜氏家训》二十篇,就是这些见解的记录。《颜氏家训》的佳处在于立论平实。平而不流于凡庸,实而多异于世俗,在南方浮华北方粗野的气氛中,《颜氏家训》保持平实的作风,自成一家言。

第七节　义琐·文繁
——《颜氏家训》之艺术缺憾

《家训》具有博物性的特点,涉及伦理、文学、历史、政治、文字学等诸多领域,有着内容驳杂的缺点。《书证》和《音辞》两篇纯粹的学术论文,在书中占据很大篇幅,不少文字实为学术点滴摘录。黄叔琳就有“《书证》篇、《音辞》篇,义琐文繁,有资小学,无关大体"[1]之讥。即使论述贵学思想的《勉学》篇,也有 13 段文字以谈论文字学、训诂学知识为主,几乎占全文一半的篇幅。清人修《四库全书》,更以内容"曼衍旁涉"为理由,将《家训》从儒家贬退到杂家:

> 今观其书,大抵于世故人情,深明利害,而能文之以经训,故《唐志》、《宋志》俱列之儒家。然其中《归心》等篇,深明因果,不出当时好佛之习;又兼论字画音训,并考正典故,品第文艺,曼衍旁涉,不专为一家之言,今特退之杂家,从其类焉。(《清文津阁四库全书本提要及辨证》)[2]

需要说明的是,透过《家训》内容博物性和伦理性的特点,可以看到该书注重叙述作者的生存体验,多介绍生存方式以及经验教训。从本质上讲,这部散文著作未能自由地抒发创作主体内心对于生活的真实感受和体验。换言之,《家训》极大地发挥了先秦散文的实用特点,选择叙事和说理的方式,用知性的语言向子孙讲述"为何活"与"如何活"(属于人生经验)的问题。但全书体现出对个体感情的理性节制,整体上未充分表达作者的生存体验,这是《家训》的严重不足。颜之推在书中尽量掩饰、回避表达现实生存感受,《家训》、颜之推的诗、赋、小说,皆缺少震撼和打动人心的情感力量,是明显的艺术缺憾。

由于家族教育的缘故,颜之推以长者之尊,在《家训》中尽可能理智、客观地分析、评价社会现象,不能过多表达个人情感。儒家注重协调人际关系、注重共性的传统观念,也使颜之推在一定程度上忽视了个性的流露。更重要的是,浓重的实用思想,使

---

① 转引自王利器:《颜氏家训集解(增补本)》,第 628 页。
② 转引自王利器:《颜氏家训集解(增补本)》,第 638 页。

《家训》对人生的思考过多地集中在个人和家族范围内。“深宜防虑”的思想，使《家训》在教育过程中过多宣扬了“免耻辱，无倾危”(《止足》篇)、“未尝一言与时人论身分”(《省事》篇)等消极、保守的人生信条，并时有老于世故之谈，因而受到后代学者的讽刺和攻击。清人纪昀就对《家训》大加讥讽：“大抵于世故人情，深明利害”①、“除却利害二字，更无家训矣，此所谓貌合而神离”②。简言之，颜之推的功利心态迫使《家训》过于沉浸在世俗人生中，缺乏一种观察人生的审美距离，故难以超越、升华现实人生，多停留在对社会人生浅层表象进行归纳、总结，未能对人生重要的内在生命本质进行探求、加以表达。

本章第一节曾谈到《家训》有着自觉的写作意图，但其心危虑详的思索也给《家训》带来“繁而不容自已”的负面影响。这种详密意图的主要弊病在于促使文章的说理、叙事“纤悉周备”、本末俱陈。例如：

> 别易会难，古人所重；江南饯送，下泣言离。有王子侯，梁武帝弟，出为东郡，与武帝别，帝曰：“我年已老，与汝分张，甚以恻怆。”数行泪下。侯遂密云，赧然而出。坐此被责，飘飖舟渚，一百许日，卒不得去。北间风俗，不屑此事，歧路言离，欢笑分首。然人性自有少涕泪者，肠虽欲绝，目犹烂然；如此之人，不可强责。(《风操》篇)

文字叙述了南北不同的送别风俗，其中梁武帝一段轶事写得活泼、风趣。但结尾“人性自有少涕泪者”数句实为蛇足，使本来生动有致的文字变得直露、浅白。务尽、务全的行文方式，

① 转引自王利器：《颜氏家训集解(增补本)》，第638页。
② 转引自王利器：《颜氏家训集解(增补本)》，第10页。

使文章缺少含蓄、回味,有言尽之病,有时使文章的说理失去重点。如:

夫风化者,自上而行于下者也,自先而施于后者也。是以父不慈则子不孝,兄不友则弟不恭,夫不义则妇不顺矣。父慈而子逆,兄友而弟傲,夫义而妇陵,则天之凶民,乃刑戮之所摄,非训导之所移也。(《治家》篇)

类似的文字在书中还有不少,行文惟恐言之不详、道之不尽,使这部以说理为重的散文著作显得枯燥乏味,降低了其文学性。

《家训》经历了长时间的写作过程,诸多篇章并非一时一地之作,成书方式本身就有着随意性的缺陷,不少段落是根据内容后来添加到文章中。加之,《家训》行文带有杂谈、随笔的特点,时以漫谈的方式,随机说出作者对社会、人生的看法,如此一来,《家训》理事重复、形式零碎之憾在所难免。例如《风操》篇第二段和第二十八段都是讲南北士人避讳之事,第二段专讲南方士人之避讳,第二十八段则叙述北方的类似故事,两段文字显然是不同时间所作,后者稍晚,但内容类似,难免给人重复之感。又如《勉学》篇第六段提出"夫所以读书学问,本欲开心明目,利于行耳"的观点,但随后并没有举出相应的事例,而是漫谈学习的重要性、批评北方学风等等,直到第十四段才接连举出梁元帝、刘绮等人勤学之事以说明学习之可贵,这种随笔的方式使文章缺少章法,给人以杂乱的感觉。

第八节　为文之道
——《颜氏家训》蕴含的文学观念

颜之推早年生活在文学创作和批评都非常发达的萧梁,入北后对南北文学差异有直接、全面的认识。《文章》篇的文学观点既有对刘勰、钟嵘所代表的前人文学理论的继承,也有对南北文学的独到见解。它虽未形成一个完整的体系,但在思考、分析南北文学现象的基础上,也提出了一些新鲜的、具有启发意义的观点。

《文章》篇尊崇儒家文学观,认为文章的本源在于五经:

> 夫文章者,原出《五经》:诏命策檄,生于《书》者也;序述论议,生于《易》者也;歌咏赋颂,生于《诗》者也;祭祀哀诔,生于《礼》者也;书奏箴铭,生于《春秋》也。

这种观点,明显受刘勰的影响。《文心雕龙·综经》云:

> 故论、说、辞、序,则《易》统其首;诏、策、章、奏,则《书》发其源;赋、颂、歌、赞,则《诗》立其本;铭、诔、箴、祝,则《礼》总其端;纪、传、盟、檄,则《春秋》为根。

《文章》篇继承了儒家功利主义文学观,不仅尊崇儒家经典,更重视文学作品的社会作用,把文学的功用首先归结为政教、实用:

> 朝廷宪章,军旅誓诰,敷显仁义,发明功德,牧民建国,施用多途。至于陶冶性灵,从容讽谏,入其滋味,亦乐事也。行有余力,则可习之。

将实用性文体,如“朝廷宪章,军旅誓诰”放在首要位置,突出文学“敷显仁义”、“牧民建国”的社会作用。《文章》篇还仿效《论语·学而》“行有余力,则以学文”的观点,认为文学的审美作用是次要的,文学只有完成其社会作用之后,才谈得上感发、陶冶读者。

尽管受实用文学观的影响,《文章》篇依然很重视文学的地位,对轻视文学的观点进行批评:

或问扬雄曰："吾子少而好赋？"雄曰："然。童子雕虫篆刻，壮夫不为也。"余窃非之曰：虞舜歌《南风》之诗，周公作《鸱鸮》之咏，吉甫、史克《雅》、《颂》之美者，未闻皆在幼年累德也。孔子曰："不学《诗》，无以言。""自卫返鲁，乐正，《雅》、《颂》各得其所。"大明孝道，引《诗》证之。扬雄安敢忽之也？若论"诗人之赋丽以则，辞人之赋丽以淫"，但知变之而已，又未知雄自为壮夫何如也？

从圣人之言与儒家经典出发，批驳扬雄晚年轻视文章的观点，努力维护文学应有的崇高地位。

《文章》篇高度评价文学社会作用的同时，并没有忽视文学的抒情作用，颜之推从自身创作经验出发，深刻感受到文学具有感动人心的力量。在一定程度上肯定了文学的抒情特质："至于陶冶性灵，从容讽谏，入其滋味，亦乐事也"、"文章之体，标举兴会，发引性灵"。前一观点指出文学创作具有独到的"滋味"，能够陶冶创作主体的性灵。后一观点直接突出文学创作的本质在于"标举兴会，发引性灵"，即在文学创作过程中，创作主体能够自由抒发性灵、表达内心对于现实生活的感受和体验，更是深刻接触到文学创作的缘情本质。此外，书法、绘画等方面的深厚修养也帮助颜之推体会到文学、艺术的抒情特征。颜氏一方面体会到文艺具有独特的、耐人寻味的"滋味"或"深味"，能够使创作主体精神愉悦；另一方面也赞扬文艺本身和谐、雅致的风格："此乐愔愔雅致，有深味哉！今世曲解，虽变于古，犹足以畅神情也。"（《杂艺》篇）音乐"足以畅神情"的抒情功能，与文学"标举兴会，发引性灵"的抒情作用息息相通，都揭示出文艺创作中主体内心感受的重要性，尤其是情感活跃、畅快的状态。此外，"愔愔雅致"表现出对内在和谐的艺术风格的积极推崇。可以说，借助丰富深厚的艺术体验强化对文学的抒情特征的体认，是颜之推文学观的独到之处。

就文本而言，《文章》篇对作品的内容与形式提出了具体的标准。在内容与形式两者之间，颜氏并不偏废一方，只是更强调内容是作品的根本，是作品的生命所在：

文章当以理致为心肾，气调为筋骨，事义为皮肤，华丽为冠冕。

“理致”即义理情致，“气调”即气韵才调。将“理致”与“气调”放在重要位置，意在说明文学作品内容充实、感情饱满是最基本、最重要的，讲究用事和华丽辞藻等形式因素是次要的。可以说，颜氏的文质观与梁朝萧统、刘勰的文质观一致。在此基础上，《文章》篇反对梁代文坛浮艳文风，尤其对南朝的浮华文风有深刻的批评：

今世相承，趋末弃本，率多浮艳。辞与理竞，辞胜而理伏；事与才争，事繁而才损。

指出浮华文风在于忽略“理”和“才”所代表的作品内容，片面追求“辞”和“事”等形式因素，繁多的事义、典故和华丽的文辞最终带来“理伏”、“才损”的弊病。

《文章》篇通过比较古今文体，认为古今文体各有特点、各有所长，提出理想的文体应对古今文体兼收并蓄：

古人之文，宏材逸气，体度风格，去今实远；但缉缀疏朴，未为密致耳。今世音律谐靡，章句偶对，讳避精详，贤于往昔多矣。宜以古之制裁为本，今之辞调为末，并须两存，不可偏弃也。

颜之推一方面对古代文章的“体度风格”甚为推崇，赞美其“宏材逸气”，肯定古代文章内容充实、格调宏大、气势奔放，这与其注重文章的“理致”和“气调”的观点相一致。另一方面，颜之推并没有贵古贱今，而是客观地指出古代文章形式上存在“缉缀疏朴，未为密致”的缺点，肯定南朝文学在形式上讲究音律、对偶、注重辞采等特点体现出文学的演进：“贤于往昔多矣。”对待古今文章，颜之推采取了科学的“两存”的态度，“宜以古之制裁为本，今之辞调为末”，即以古代文章注重理致与气调的特点为基础，辅以当代文章注重修辞、声律等特点，以期达到内容与形式的完美结合，最终形成理想的篇章。颜之推对待古今文章客观、不偏弃的态度，实质上是以其文质观为根本的，表现出对“质”即“理致”、“气调”和“体度风格”的高度重视。应该说，《文章》篇的文质观既不同于梁朝裴子野代表的古文体派、北周苏绰代表的文学复古主义思想，又不同于萧纲代表的讲究新变的今文体派。它客观地分析了文学演进过程中内容和形式表现出的不同特点，充分肯定文学逐渐走向成熟的趋势。在崇尚“质”的同时，对声律、偶对、事义等南朝文学的新现象进行合理吸收，形成了较为合理的文学观点。

《文章》篇从作者自身创作体验出发，对作品的构思、表达以及艺术风格等问题加以论述。认为创作过程虽然十分活跃，但须用理性加以节制，以免文思混乱：

> 凡为文章，犹人乘骐骥，虽有逸气，当以衔勒制之，勿使流乱轨躅，放意填坑岸也。

文学创作虽有自由挥洒的空间，但作家需要有意识地控制主体的艺术构思、语言表达，创作过程本身需遵循一定的规矩法度，而不能毫无限制地肆意发挥，以免偏离创作目的。

同样，一篇文学作品的风格要始终保持一致：“凡诗人之作，刺箴美颂，各有源流，未尝混杂，善恶同篇也。”文章的整体风格应该和谐,具有首尾一致的情感,或美或刺,在创作中应保持一致、前后呼应,力避将不协调的风格和感情混杂在一起。

《文章》篇崇尚平易、自然的文风:

> 沈隐侯曰:"文章当从三易:易见事,一也;易识字,二也;易读诵,三也。"邢子才常曰:"沈侯文章,用事不使人觉,若胸忆语也。"深以此服之。

"易识字"是指作品应努力保持晓畅、浅近的语言风格。"易读诵"是指作品需具有一定的声韵美感,便于吟诵。而处于重要位置的"易见事",是指运用典故应该贴切、自然,使之成为作品的有机部分。所谓"用事不使人觉,若胸忆语",表明作家应具有高超的驾驭能力,用典要切合作品、与作品完美地融合在一起。

间关南北的人生经历使颜之推对南北文风有着直接的、感性的认识,《家训》借助分析南北语言风格的差异,间接指出南北文风的差异,并对形成这种差异的地域原因提出独到见解:

> 南方水土和柔,其音清举而切诣,失在浮浅,其辞多鄙俗。北方山川深厚,其音沉浊而鈋钝,得其质直,其辞多古语。(《音辞》篇)

其中,对南北语言差异的思考在很大程度上代表着作者对南北文学风格差异的思考:南方方言发音"失在浮浅"、语言通俗,与"趋末弃本,率多浮艳"的南朝文风大致相当;北方方言发音"得其质直"和语言古朴,与北朝文风大体协调。同时,颜之推敏锐指出地域(南北水土)同人文(比如语言、文学)之间的特殊关系。通过分析地域因素,揭示南北语言风格的差异以及得失,在南北朝后期殊为难得。

除了从地域的角度分析南北语言、文学的差异之外,颜之推还指出南北文坛的文学批评风气大不相同。南朝文学批评活跃、开放:"江南文制,欲人弹射,知有病累,随即改之,陈王得之于丁廙也。"(《文章》篇)南朝文人具有自觉的文学批评意识,文学批评不仅已成为南朝文坛的普遍现象,更极大地推动了作家的创作。相比之下,北朝文学批评风气偏于保守、封闭,"山东风俗,不通击难",文人之间缺乏互相批评、相互指正的风气。作者初入邺竟以文学评论忤人的经历,表明北朝文人缺乏成熟的文学批评观念。《文章》篇揭示出北朝文学落后的原因,除了作家的文化底蕴较差之外,封闭的文学评论显然不容忽视。

颜之推对理想文体的设想和对南北文风的分析与评价比较客观、合理,提出地域因素对南北文学的影响尤有新意,而且这在南北朝文学批评史上也非常罕见,它对后人研究文学史提供了新的视点。同时,这些文学观点客观上反映出南北朝末,随着南北融和的步伐加快,文学理论家对古今文学、南北文学的思索,在理论形态上已经接触到即将到来的南北文学交融的趋势。

《文章》篇除了记录关于文学创作、文学批评的观点,还记录了颜之推在文学鉴赏方面的新颖见解,表现出敏锐、细腻的审美感受能力。颜之推非常推崇南朝诗歌富有情致的艺术特点,尤其欣赏风格清新、萧散的优美诗句:

> 王籍《入若耶溪》诗云:"蝉噪林逾静,鸟鸣山更幽。"江南以为文外断绝,物无异议。简文吟咏,不能忘之,孝元讽味,以为不可复得,至《怀旧志》载于《籍传》……《诗》云:"萧萧马鸣,悠悠旆旌。"毛《传》曰:"言不喧哗也。"吾每叹此解有情致,籍诗生于此耳。

> 兰陵萧悫,梁室上黄侯之子,工于篇什。尝有《秋诗》云:"芙蓉露下落,杨柳月中疏。"时人未之赏也。吾爱其萧

散，宛然在目。

何逊诗实为清巧，多形似之言。

所谓“情致”是指诗歌在言语之外具有一番韵味，使读者能够进一步咀嚼、回味，是“一种较为空灵的情味、神韵”。“萧散”是指“景物描写中蕴含的内在的潇洒情趣”①。虽然颜之推未对诗歌的韵味作进一步解释，但已经部分地揭示出诗歌本身具有独特、悠远的韵味，这表明颜之推能够敏锐地把握文学作品中的韵味。此外，颜氏还非常赞赏诗歌对自然界的形象描写，“宛然在目”、“形似之言”，推崇风格“清巧”的作品。在《文章》篇中，“萧散”与“宛然在目”、“文外断绝”与“物无异议”、“清巧”与“形似”既互相对应又互相补充，可以说，颜之推比较深入地把握到作品的形神关系：文学作品描摹景物，既要讲究形似，也要有韵味、情趣见于言外；作品注重形似之外，更要追求情致、意蕴。

颜之推在文学鉴赏方面表现出敏锐的艺术感受力。《文章》篇不但指出王籍的优秀诗句具有内在韵味，还能够从诗歌的源头——《诗经》出发，揭示出“蝉噪林逾静，鸟鸣山更幽”借鉴了《诗经·小雅·车攻》当中的“萧萧马鸣，悠悠旆旌”以静衬动的手法，以渲染寂静的氛围。王士禛对颜氏的艺术鉴赏能力大为赞赏：

颜之推标举王籍“蝉噪林逾静，鸟鸣山更幽”，以为自《小雅》“萧萧马鸣，悠悠旆旌”得来；此神契语也。学古人勿袭形模，正当寻其文外独绝处。（《古夫于亭杂录》六）②

① 王运熙、杨明：《魏晋南北朝文学批评史》，上海古籍出版社，1989年6月版，第591页。

② 转引自王利器：《颜氏家训集解（增补本）》，第296页。

由于南北诗人审美情趣的差异，颜之推对萧悫诗句"芙蓉露下落，杨柳月中疏"的激赏虽未获得北齐文人广泛认同（"时人未之赏也"），但后代不少学者却认为这两句诗是难得的佳句。宋人云："六朝诗人之诗，不可不熟读，如'芙蓉露下落，杨柳月中疏'，锻炼至此，自唐以来，无人能及也。"（许觊《许彦周诗话》）朱熹则认为在风格自然的佳句当中，这两句诗"尤佳"，甚至超过了李白的"清水出芙蓉，天然去雕饰"（《朱子语类》一四〇）。①

在与北方文人的交流过程中，颜之推也受到北方朴实、大气的文风的影响，尝试提出一个新的概念——"宏丽"。虽然这个概念在《文章》篇中没有得到系统论述，但也反映出作者文学观念的变化：

> 自古执笔为文者，何可胜言。然至于宏丽精华，不过数十篇耳。

"宏丽精华"代表着颜氏论文的最高标准。在文本的"理致"、"气调"、"事义"、文字等因素当中，宏丽与作品内容、风格的关系更为密切，不仅指文章的华丽风格，更侧重充实内容所表达出的宏大气魄。《文章》篇中有一段对话可以与此互证：

> 齐世有席毗者，清干之士，官至行台尚书，嗤鄙文学，嘲刘逖云："君辈辞藻，譬若荣华，须臾之玩，非宏才也；岂比吾徒千丈松树，常有风霜，不可凋悴矣！"刘应之曰："既有寒木，又发春华，何如也？"席笑曰："可哉！"

在这里，"宏才"与"辞藻"、"荣华"相对，显然是指内容充实、生命力长久的事物。此外，《北齐书》常用"宏远"、"宏壮"等词评

① 转引自王利器：《颜氏家训集解（增补本）》，第297页。

价文人的创作特色。如卷三十六《邢邵传》:(邵)"所作诏诰,文体宏丽"、"词致宏远,独步当时"。卷三十七《魏收传》称魏收之作"其文甚壮丽","词理宏壮"。可见,时人非常推崇"宏远"、壮丽的风格。其中,"宏远"、"宏壮"当是用来赞美作品具有宏阔、壮大、开朗的风格。相比之下,"宏远"、"宏丽"、"宏才"等词语,在讲究辞藻的南朝史书中就非常罕见。颜之推很可能受北朝尚实用的文学观和豪迈文风的影响,逐渐在文学观念中提出"宏丽"的概念,不仅强调作品内容的重要性,也对作品风格提出了新要求,暗含着向河朔贞刚之气学习的倾向。与之相应的是,刘逖代表的北朝文人推崇"既有寒木,又发春华",表明了北朝后期文人不再一味强调实用,而是倾向文质并重的文学观念。《文章》篇提出了"宏丽精华"并非偶然现象,可以视为南北朝文学交流对文学观念的影响。它没有形成成熟的美学观点,但在一定程度上成为南北朝文学交融的见证。

颜之推尽管主张区分为文和治学,但囿于学者的眼光,《文章》篇的观点难免带有保守、固执的缺点。他否定夸张等艺术手法,忽视艺术真实,认为文学创作要像做学问一样讲究绝对的生活真实:

> 文章地理,必须惬当。梁简文《雁门太守行》乃云:"鹅军攻日逐,燕骑荡康居,大宛归善马,小月送降书。"萧子晖《陇头水》云:"天寒陇水急,散漫俱分泻,北注徂黄龙,东流会白马。"此亦明珠之颣,美玉之瑕,宜慎之。

过分强调作品中地理名称的准确性,却忽视了夸张、对偶等艺术手法,势必降低诗歌的美感。

学者的严谨作风使颜之推坚决主张用典要绝对准确:

> 自古宏才博学,用事误者有矣;百家杂说,或有不同,书

傥湮灭，后人不见，故未敢轻议之。今指知决纰缪者，略举一两端以为诫。

提出用事应该合乎典故的本来含义，并批评潘岳、陆机、何逊诸人诗文中用事错误之处，表现出明显的学究习气。

过于注重学问修养，《文章》篇甚至固守着传统，拒绝接受诗歌题材的发展变化：

挽歌辞者，或云古者《虞殡》之歌，或云出自田横之客，皆为生者悼往告哀之意。陆平原多为死人自叹之言，诗格既无此例，又乖制作本意。

固执地认为挽歌应该保持最初的"生者悼往告哀之意"，否定了陆机（实为陶渊明）"为死人自叹之言"以抒胸臆的新手法。可以说，过分看重诗歌题材、艺术手法的沿袭，是《文章》篇文学观点的主要缺陷。

中古时期，不少文学理论家对文人的德行提出批评。曹丕《典论·论文》和刘勰《文心雕龙·程器》都不同程度批评了文人躁进、轻薄等道德缺失。吸收前人有关论点之后，《文章》篇更是将文人的文品和人品绝对对立起来，罗列古今近四十名文人和以文采著称的帝王，作为反面事例大加抨击：

然而自古文人，多陷轻薄：屈原露才扬己，显暴君过；宋玉体貌容冶，见遇俳优……颜延年负气摧黜；谢灵运空疏乱纪；王元长凶贼自诒；谢玄晖侮慢见及。凡此诸人，皆其翘秀者，不能悉纪，大较如此。至于帝王，亦或未免。自昔天子而有才华者，唯汉武、魏太祖、文帝、明帝、宋孝武帝，皆负世议，非懿德之君也。

在道德与文学、文学与生存之间划出绝对关系，颜之推之前的文学大家几乎无一例外受到强烈指斥，即使屈原这样伟大的爱国诗人也遭到批评和否定。观点武断、肤浅,过分强调个体的生存,甚至曲解文学的抒情功用可产生“使人矜伐”、“忽于持操”和“果于进取”的“不良”影响。这些牵强的观点固然与作者间关南北、宦海浮沉的人生经历有关,显然不利于他透过丰富的文学现象对文学的本质作出深刻思考和客观总结,限制了其文学理论的深度和广度。应该说,《文章》篇“以保元吉”的文学观念,过于突出文学的社会属性,使《家训》在很大程度上回避和忽略了作者真实情性的流露,虽具以理服人的效果,终难达到以情感人的境界。

《文章》篇能够以较为客观的、中庸的态度谈论文学现象,提出了不少有价值的观点,其文学观念还积极吸收了北朝文学优秀的成分,体现出对南北朝后期文学的总结。从理论上预示着隋唐文学对南北朝文学的合理吸收,并包含着南北文学演进、融合的先声,应该在南北朝文学批评史上占有一席地位。

正如《序致》篇揭示出《家训》的写作意图在于训诫子弟一样,《文章》篇揭示出作者改革文风以追求“宏材逸气,体度风格,去今实远”的“古人之文”的意图。把两者结合起来加以思考,我们就会发现这部以说理和叙事为主的《家训》自觉追求“理致”和“气调”,追求平易的文风,把充实的内容和含蓄优美的气韵放在首位,在《家训》中踏实地贯彻了自己的文学观念。

第四章 颜之推诗歌、辞赋、小说研究

第一节 “十五好诗书”
——颜之推诗歌研究①

颜之推的文学创作并不以诗歌著称，且现存诗歌很少，逯钦立《先秦汉魏晋南北朝诗》中《北齐诗》卷二辑其诗歌五首，另有一句佚名诗。这些诗的创作时间大致可考。其中，《神仙诗》情感轻快，没有其他作品中沉重的家国之痛，可以断定是侯景之乱(548年)以前所作。《从周入齐夜度砥柱》当作于北齐文宣帝天保七年(556)。《和阳纳言听鸣蝉篇》写于周武帝平齐之后，颜之推、阳休之等十八人同赴长安之时，具体时间当为周武帝宣政元年(578)②。《古意二首》中“未获殉陵墓，独生良足耻”(其一)、“昔为时所重，今为时所轻”(其二)的人生感慨以及“吴师破九龙，秦兵割千里。狐兔穴宗庙，霜露沾朝市”(其一)的诗句，当指西魏陷江陵之事，则该诗当作于颜之推被俘入北之后。

① 本节部分文字曾以《颜之推诗歌初探》为题，发表于《山东教育学院学报》2009年第4期。

② 缪钺《颜之推年谱》将颜之推等十八人赴长安之事系于北周建德六年(577)，有误。参见本书所附《颜之推年谱》。

而且,其二结尾所云“愿与浊泥会,思将垢石并;归真川岳下,抱润潜其荣”,与《观我生赋》之结尾“向使潜于草茅之下,甘为畎亩之人,无读书而学剑,莫抵掌以膏身,委明珠而乐贱,辞白璧以安贫,尧、舜不能荣其素朴,桀、纣无以污其清尘,此穷何由而至,兹辱安所自臻”的思想感情一致,则知此二诗写作时间与《观我生赋》写作时间相去不远,姑系于北周武帝建德六年至北周静帝大象二年之际,即 577 到 580 年三年之间①。

就诗歌创作而言,颜之推的确不如同时代的庾信情深才高,但这并不能成为忽视其诗歌艺术特点的借口。颜之推的诗歌不以抒情见长,但注重思力的安排,注重叙述、用典和变化句式。讲究艺术手段的安排,也是颜氏家族写作诗歌的传统。刘宋时期的颜延之诗歌写作方式在很大程度上影响了颜之推的诗歌创作。钟嵘《诗品·中品》评价颜延之:

> 其源出于陆机。故尚巧似。体裁绮密。然情喻渊深,动无虚发;一句一字,皆致意焉。又喜用古事,弥见拘束。虽乖秀逸,固是经纶文雅;才减若人,则陷于困踬矣。汤惠休曰:“谢诗如芙蓉出水,颜诗如错彩镂金。”颜终身病之。

颜延之诗歌喜用典故,即“古事”,已是学界共识,也是其深受诟病的主要原因。值得注意的是,其诗歌非常注意词语的安排,所谓“体裁绮密”,即诗风绮丽、缀辞繁密,“情喻渊深”则指作品情真意切,托喻追求深远。“动无虚发”,具有刻意追求抒情之深、比喻之远的强烈意图;“皆致意焉”,是指作者非常用心地安排作品的结构和语句,这表明颜氏家族写作诗歌非常看重思力的

---

① 《观我生赋》写作时间参见拙作《述国事变迁　观人生浮沉——颜之推〈观我生赋〉初探》,《齐鲁学刊》,2003 年第 1 期。

安排。

受家族文学传统的影响，颜之推诗歌比较注意作品的整体结构，注意诗句之间的呼应。如《从周入齐夜度砥柱》：

侠客重艰辛，夜出小平津。马色迷关吏，鸡鸣起戍人。露鲜华剑彩，月照宝刀新。问我："将何去？""北海就孙宾。"

首句点明果断奔齐之意，"马色"、"鸡鸣"、"露"、"月"皆与"夜出"相呼应，而"剑"与"宝刀"映衬"侠客"不畏艰辛的形象。诗歌首尾呼应，中间四句对仗工整、辞采华美，凝练、生动地描绘出"水路七百里，一夜而至"（《观我生赋》自注）的惊险历程，带月、映露将奔走的紧张、辛苦和谐地结合在一起，"夜出"、"起戍人"、"何去"、"就孙宾"等动词短语隔句分布在作品中，全诗因此产生了鲜明的流动感，达到了"气调为筋骨"（《文章》篇）的艺术水平，作品结构完整体现出诗人注重安排语句的功力。

《古意二首》重在表达作者入北后的身世之思与亡国的屈辱，感情十分复杂。两首诗的手法各不相同，其一以赋的手法即叙事手法为主，"直述至哀"①，其二以比兴手法为主，整体诗风体现出清丽深远的特点。

《古意二首》其一以叙述人生遭际为主，回顾了诗人青年时期在梁元帝朝中的生活、江陵政权的崩溃。全诗如下：

十五好《诗》《书》，二十弹冠仕。楚王赐颜色，出入章华里。作赋凌屈原，读书夸左史。数从明月谦，或侍朝云祀。登山摘紫芝，泛江采绿芷。歌舞未终曲，风尘暗天起。

① 〔清〕陈祚明评选，李金松点校：《采菽堂古诗选》，上海古籍出版社，2008 年 12 月版，第 1052 页。

吴师破九龙,秦兵割千里。狐兔穴宗庙,霜露沾朝市。璧入邯郸宫,剑去襄城水。未获殉陵墓,独生良足耻。悯悯思旧都,恻恻怀君子。白发窥明镜,忧伤没余齿。

首四句写其幼学壮行,获元帝萧绎(即"楚王")的知遇。"作赋"以下六句写青年时期安定的文学侍从生活。"歌舞"八句写梁室国灭,黍离之感。后六句,自愧偷生,不胜感旧,忧伤以终。从结构上看,作品叙事井然、意脉贯通,"十五"、"二十"与"白发"、"余齿"相呼应,"未终曲"、"未获殉陵墓"是作品意脉转折的标志,作者安排结构的功力可见一斑,清人张玉谷赞其"篇中对偶虽多,而不涉纤巧,允称杰构"①。这种结构将作者的个人身世与元帝江陵政权的覆灭和谐地交织在一起,足见其为文之用心。

在注意作品结构之外,颜之推的诗歌也讲究变换多种艺术手法来抒情叙事,有时作品通过句式的变化表达情绪的起伏变化,《从周入齐夜度砥柱》句式整齐,语言华丽、精美,具有清峻的骨力。结尾一改平直地描述,采用设问形式,在问答之中振起全诗,更加形成流动的气势,表现出轻快、俊爽、昂扬的风格。王仲荦评价这首诗说:"辞藻清丽,对仗工整,还有齐、梁余习;而风格内容,已经接近唐风了。"②

"三为亡国之人"的经历使颜之推内心沉积着种种屈辱,诗歌多借助比兴手法婉转出之,《古意二首》其二用名贵的珠玉自比,表达深沉复杂的感情:

① 〔清〕张玉谷著,许逸民点校:《古诗赏析》,上海古籍出版社,2000年12月版,第503页。

② 王仲荦:《魏晋南北朝史(下)》,上海人民出版社,1998年6月版,第978页(下引此书,版本均同)。

宝珠出东国，美玉产南荆。随侯曜我色，卞氏飞吾声。已加明称物，复饰夜光名。骊龙旦夕骇，白虹朝暮生。华彩烛兼乘，价值讵连城。

诗人从产地、光泽、价值等方面不厌其烦地描述珠玉之美，与后文"常悲黄雀起，每畏灵蛟迎。千仞安可舍，一毁难复营"所写的生存环境恶劣、屡蒙亡国之辱形成强大反差，婉转表达出内心的无奈和挣扎。

《和阳纳言听鸣蝉篇》一作采用比兴手法领起全篇："听秋蝉，秋蝉非一处。细柳高飞夕，长杨明月曙；历乱起秋声，参差揽人虑。单吟如转箫，群噪学调笙；风飘流曼响，多含断绝声。垂阴自有乐，饮露独为清；短緌何足贵，薄羽不羞轻。螗螂翳下偏难见，翡翠竿头绝易惊；容止由来桂林苑，无事淹留南斗城。"描摹寒蝉凄凉的鸣叫，铺写其清高的生活习性、轻盈的外形和危险的生存环境，以比兴手法营造伤感的情调，为后文倾吐亡国之辱作好了铺垫。

《神仙诗》是首游仙题材的作品，该题材在南北朝后期已经非常罕见，作品流露出对神仙逍遥自在、餐霞饮露的企羡，比较注重技巧，别出心裁地将时间手法和空间手法交叉起来。郭璞所代表的传统游仙诗非常注重描绘山川之美，对烟霞溪谷的描写在作品中占很大篇幅："璇台冠昆岭，西海滨招摇。琼林笼藻映，碧树疏英翘。丹泉溧朱沫，黑水鼓玄涛。"（《游仙诗十九首》其十）颜之推的《神仙诗》并不重描绘山川景物，而是以怜惜生命易逝发端："红颜恃容色，青春矜盛年；自言晓书剑，不得学神仙。风云落时后，岁月度人前；镜中不相识，扪心徒自怜。""红颜"、"青春"、"盛年"、"岁月"属时间手法，感慨年华易老。作品随后转入描写仙人在天地间自由飞翔之举："朝游采琼宝，夕宴酌膏泉。峥嵘下无地,列缺上陵天;举世聊一息,中州安足旋。”力图以遨游于广阔空间的方式,来突破生命的固有长度,摆脱时光易逝的伤感,确实有一定新意。

使用典故可以说是颜氏家族的传统手法,颜延之“喜用古事”以至于有“雕绘满眼”之讥。颜之推的诗歌以《和阳纳言听鸣蝉篇》与《古意二首》其二运用典故较多,例如“随侯曜我色,卞氏飞吾声”、“常悲黄雀起,每畏灵蛟迎”(《古意二首》其二),“关中满季心,关西饶孔子。讵用虞公立国臣,谁爱韩王游说士”(《和阳纳言听鸣蝉篇》)。客观说来,在抒发人生困辱的作品中用典,是南北朝后期诗人常用的艺术方式,典故一方面节省了笔墨,另一方面使得抒情更婉转、深沉。庾信《拟咏怀二十七首》就有很多用典的例子:“一顾重尺璧,千金轻一言。悲伤刘孺子,凄怆史皇孙”(其六)、“啼枯湘水竹,哭坏杞梁城”、“直虹朝映垒,长星夜落营”(其十一)等等。颜之推和庾信诗歌中的典故共同之处是:都涉及多个具有悲剧色彩的历史人物,借用珠玉的典故以暗示自身的价值和才华,在用典的诗句中直接出现了“悲”、“畏”、“凄怆”等表示情感的字词。但是颜之推对待诗歌中的用典的手法比较理性,《文章》篇提出“文章当以理致为心肾,气调为筋骨,事义为皮肤,华丽为冠冕”,明显地重视内容,即“理致”,而将用事的艺术手法放在了后面。更清醒地指出“事与才争,事繁而才损”,认为用事过多有损于作者才华在作品中发挥。事实上,颜之推也努力减少了诗歌中典故的数量,《古意二首》其一、《神仙诗》和《从周入齐夜度砥柱》用典都比较少,表现出自觉的文学创作理念,既修正了颜氏家族的艺术缺陷,又与同时代的大诗人形成一定对照,这是不能忽视的。

《和阳纳言听鸣蝉篇》是杂言诗,就写作动机而言属酬唱之作、即席之作。《北史》卷三十《卢思道传》云：

> 周武帝平齐，授仪同三司，追赴长安。与同辈阳休之等数人作《听鸣蝉篇》。思道所为，词意清切，为时人所重。新野庾信遍览诸同作者，而深叹美之。

这段文字说明《和阳纳言听鸣蝉篇》是颜之推、卢思道、阳休之等北齐人入北周后的同题写作。命题写作对诗人的构思、布局谋篇、抒情等写作技巧提出了很高的要求。我们不妨将艺术水平最高的卢思道《听鸣蝉篇》对举出来（颜、卢二人之《听鸣蝉篇》分别简称为颜作、卢作），在卢作与颜作的对照中，更容易认识颜作的艺术手法及不足：

> 听秋蝉，秋蝉非一处。细柳高飞夕，长杨明月曙；历乱起秋声，参差搅人虑。单吟如转箫，群噪学调笙；风飘流曼响，多含断绝声。垂阴自有乐，饮露独为清；短緌何足贵，薄羽不差轻。螗螂翳下偏难见，翡翠竿头绝易惊；容止由来桂林苑，无事淹留南斗城。城中帝皇里，金、张及许、史；权势热如汤，意气喧城市；剑影奔星落，马色浮云起；鼎俎陈龙凤，金石谐宫徵。关中满季心，关西饶孔子。讵用虞公立国臣，谁爱韩王游说士？红颜宿昔同春花，素鬓俄顷变秋草。中肠自有极，那堪教作转轮车。（颜之推《和阳纳言听鸣蝉篇》）

> 听鸣蝉，此听悲无极。群嘶玉树里，回噪金门侧。长风送晚声，清露供朝食。晚风朝露实多宜，秋日高鸣独见知。轻身蔽数叶，哀鸣抱一枝。流乱罢还续，酸伤合更离。暂听别人心即断，才闻客子泪先垂。故乡已超忽，空庭正芜没。一夕复一朝，坐见凉秋月。河流带地从来险，峭路干天不可越。红尘早弊陆生衣，明镜空悲潘掾发。长安城里帝王州，鸣钟列鼎自相求。西望渐台临太液，东瞻甲观距龙楼。说

客恒持小冠出，越使常怀宝剑游。学仙未成便尚主，寻源不见已封侯。富贵功名本多豫，繁华轻薄尽无忧。讵念嫖姚嗟木梗，谁忆田单倦土牛？归去来！青山下，秋菊离离日堪把。独焚枯鱼宴林野，终成独校子云书，何如还驱少游马？（卢思道《听鸣蝉篇》）

就题材而言，《听鸣蝉篇》应是咏物抒情之作。《古诗十九首》云“秋蝉鸣树间”，曹植《赠白马王彪》云“寒蝉鸣我侧”，皆由蝉鸣引发诗人迁逝之悲。颜作采用先叙事后议论的写作模式，对秋蝉的铺写占了一半篇幅，“城中帝皇里”之后，转入对长安城的叙写，过渡到对北周贵族奢侈生活的描写。采用象征手法，并夹以议论，对新朝权贵豪华、铺张的生活加以描摹，暗含着诗人的不满。经历了北齐覆亡，又目睹周室关中集团人才众多，“关中满季心，关西饶孔子”，颜之推内心非常复杂。颜作重在表达对个人命运的伤感和痛惜，但是这种感慨仅停留在陈述北齐亡国的层面上，停留在陈述个人经历的层面上，没有上升到对人生普遍的不幸进行深入表现的艺术层面。如此一来，“红颜宿昔同春花，素鬓俄顷变秋草”，慨叹生命易逝、人生老去，显得突兀、生硬，与前面的内容之间缺乏过渡。且人生感喟与秋蝉、长安城难以融为一体，表明作者长于赋笔、短于抒情的写作特点。

颜作艺术手法以叙事、议论为主，抒情成分少，且对于所表达的感情也无法做到“入乎其内，出乎其外”，导致诗歌后半部分的议论与前半部分的叙述衔接生硬，加重了诗歌感情不连贯、意脉不顺畅的缺陷。从诗歌整体上看，颜作耽溺于个人的现实生活具体感受，既没有与现实保持一定距离，也没有将诗人的主观感受升华到人类情感中具有普遍意义的感受，仅限于诉说个人的失意、牢骚，并未充分表达亡国离乡之痛（但卢作恰恰做到了这一点）。尽管诗歌铺写秋蝉使用了不少典故，句式注意对仗，但抒情不流畅，作品板滞、无生气，显示出颜之推在有限时间内难以驾驭情感和自由运用诗歌语言的窘况。

相比而言，卢作不仅辞藻华丽，音律协畅，而且即景生情，感情深沉充沛、起伏婉转，故能引起庾信的深深共鸣，获得高度评价。“听鸣蝉，此听悲无极”，由蝉鸣兴起己悲，“暂听别人心即断，才闻客子泪先垂。故乡已超忽，空庭正芜没。一夕复一朝，坐见凉秋月”等句，抒情优美，脱离蝉鸣，转向“别人”（即离人）、“客子”之离情，“故乡”数句之后，将诗人切身的情感升华、转化为人生无常之悲，“流乱罢还续，酸伤合更离”，尤其着重表达了亡国离乡之痛，超越了纯属个人的偶然经历。诗人滞留长安，亦生感喟：“富贵功名本多豫，繁华轻薄尽无忧。讵念嫖姚嗟木梗，谁忆田单倦土牛?”哀婉低回，终起归去之念，笔法可谓“局势展拓”，张玉谷称之“调亦流美”、“此种七言，骈丽中尚饶逸气，的是王、杨、卢、骆之源”（《古诗赏析》卷二十二）；陈祚明称之:“情真故调自苦。淋漓曲畅，而音节谐朗，故应胜颜。”（《采菽堂古诗选》卷三十五）

颜之推诗歌虽不擅长抒情，但作品的情调以悲为主。这其中既有时代的因素，也有个人的因素。就时代而言，南朝诗歌普遍认同悲怨的情感。颜延之《庭诰》评价代言体的“苏李诗”，称其“有足悲者”。钟嵘《诗品》屡屡提到“文多凄怆，怨者之流”、“意悲而远”、“哀怨”，认为悲凉哀伤之作更有艺术感染力。就颜之推个人而言，早期的作品就已经表现出对生命的敏感：“风云落时后，岁月度人前；镜中不相识，扪心徒自怜”（《神仙诗》）流露出浅浅的哀伤。多次蒙受亡国的屈辱，无形中加重了他的人生感慨,诗歌既有着人生苦短、漂泊无依的感慨,又有着偷生的耻辱和压抑:“未获殉陵墓,独生良足耻”、“白发窥明镜,忧伤没余齿”(《古意二首》其一)、“昔为时所重,今为时所轻。愿与浊泥会,思将垢石并;归真川岳下,抱润潜其荣”(《古意二首》其二)、“红颜宿昔同春花,素鬓俄顷变秋草。中肠自有极,那堪教作转轮车”(《和阳纳言听鸣蝉篇》)。情感悲戚、哀怨低回,具有清远的艺术感染力。陈祚明称《古意二首》其一“淋漓酸楚,音节亦老”(《采菽堂古诗选》卷三十一),亦是的见。

从作品还可以看出,颜之推所表达的对个人命运的伤感和痛惜,在很大程度上受到了自身经历的限制,很多诗句采用了第一人称代词,例如:“随侯曜我色,卞氏飞吾声”(《古意二首》其二)、“问我:‘将何去?’”(《从周入齐夜度砥柱》)有的诗句则运用了表示自身的代词“自”,如:“镜中不相识,扪心徒自怜。”(《神仙诗》)有的诗句明显侧重表达自己的心情:“未获殉陵墓,独生良足耻。”(《古意二首》其一)这样一来,作品所表达的感情难以升华到深入表现人生不幸的层面上来。可以说,颜之推诗歌的不足是:耽溺于个人的具体感受,既没有与现实保持一定距离,也没有将诗人的主观感受升华到人类情感中具有普遍意义的感受。也正是这种过于关注自我的悲怨情怀使得颜之推诗歌格调稍弱,皎然《诗式》将其贬入卷三“直用事第三格”,认为颜氏作品“格稍弱”,还是非常理智的批评。

第二节 “作赋凌屈原”
——颜之推辞赋研究之一

诗与赋是六朝文人比较擅长的重要文学体裁,颜之推本人颇以诗赋自负,《古意二首》其一即云“作赋凌屈原”,足见其自视甚高。其赋现存数量不多,包括《观我生赋》全文、《稽圣赋》残篇及佚名赋的四言残句二句。

《稽圣赋》列举许多自然界现象并提出疑问,表现出作者对宇宙自然的探索和思考。《直斋书录解题》说其“盖拟《天问》而作”①,即指其内容涉及自然现象而言。赋云:“豪豕自为雌雄,决鼻生无牝牡。鼋鳖伏乎其阴,鸬鹚孕乎其口。鱼不咽水,(疑有脱文)雀奚夕瞽? 鸱奚昼盲……”由于古代人认识水平有限,这样的疑问在所难免。该赋为残篇,只能见到作者列举心中的疑问,艺术手法较单一,不具有很高的研究价值。本书重点研究《观我生赋》②。

在北朝辞赋中,庾信的《哀江南赋》可谓家喻户晓,与之差可比肩的、抒写故国之思和人生感慨的作品当属颜之推的《观我生赋》。多年来,学术界对《哀江南赋》关注颇多,而对《观我生赋》未给予足够重视,国内鲜有专文论述③。《观我生赋》全文(包括自注)三千五百余字,是一篇自传性作品。它以作者一生的遭遇为主线进行铺写,涵盖了萧梁后期的侯景之乱、萧绎灭侯景与定都江陵、西魏陷江陵、北周灭北齐等诸多重大历史事件,客观上反映出南北朝动荡不安的历史状况。据笔者考证本赋应

① 转引自王利器:《颜氏家训集解(增补本)》,第723页。

② 本节部分文字曾以《述国事变迁 观人生浮沉——颜之推〈观我生赋〉初探》为题,发表于《齐鲁学刊》2003年第1期,收入本章时有所补充、修改。

③ 马积高《赋史》第六章第六节对本赋有专门论述,程章灿《魏晋南北朝赋史》第八章第三节也有涉及,〔日〕渡边武《关于〈北齐书〉颜之推传中〈观我生赋〉之研究》(《北朝研究》,1991年第5期)亦专门论述本赋,国内目前少有论文讨论本赋。

作于北周武帝建德六年至北周静帝大象二年之际，即577到580年三年之间。

南北朝文学上承魏晋遗风，注重对人生的关照。然而，这种关照多是从个人角度出发，有时难免显得单薄、孤立。颜之推却把自己一生的遭遇置于广阔的历史背景之下进行铺写，因此，《观我生赋》具有一种难得的厚重的历史感。在叙述亲历的重大社会变故的过程中，颜之推总是力图挖掘其中的深层原因，对历史的变迁进行深刻反思，以揭示动荡时局对个体生命的摧伤以及给心灵造成的巨大伤痛。

《观我生赋》从大处着笔，对梁朝覆亡的原因进行探讨。颜氏认为是梁武帝晚年昏庸，接纳东魏降将侯景，为国家埋下了灾难的种子：

> 养傅翼之飞兽，子贪心之野狼。初召祸于绝域，重发衅于萧墙。

梁武帝引狼入室之举固然促使梁朝覆亡，但作者更深刻地认识到皇室成员的指挥不利和观望态度贻误了战机，客观上扩大了战火：

> 虽万里而作限，聊一苇而可航，指金阙以长铩，向王路而蹶张。勤王逾于十万，曾不解其搤吭，嗟将相之骨鲠，皆屈体于犬羊。

自注云："台城陷，援军并问讯二宫，致敬于侯景也。"时有邵陵王萧纶、东扬州刺史萧大连、南兖州刺史萧会理等人率领逾二十万援军，但皆顿兵不战①。《观我生赋》对侯景之乱所引起的梁

① 参见王仲荦：《魏晋南北朝史（下册）》，第六章第四节《侯景乱梁与南朝的再削弱》。

朝皇室内部争夺皇位、剪除异己的互相残杀进行深刻揭露。在颜之推看来,侯景之乱从外边打击了梁朝政权,而梁朝皇室成员的内讧才从根本上动摇了梁朝的统治。作品不仅描写了荆州刺史萧绎与邵陵王萧纶、武陵王萧纪兄弟间的攻杀,还记叙了萧绎与镇守襄阳的萧统第三子萧詧、镇守长沙的萧统第二子萧誉之间的叔侄混战:

> 昔承华之宾帝,寔兄亡而弟及;逮皇孙之失宠,叹扶车之不立。间王道之多难,各私求于京邑,襄阳阻其铜符,长沙闭其玉粒,遽自战于其地,岂大勋之暇集。子既损而侄攻,昆亦围而叔袭……行路弯弓而含笑,骨肉相诛而涕泣;周旦其犹病诸,孝武悔而焉及。

所谓“私求于京邑”、“自战于其地”,是指大批皇室成员拥兵观火、争权夺利、骨肉相诛的自私行为。

不少学者赞美庾信《哀江南赋》中对萧梁皇室的批判,尤其是对元帝萧绎的大胆抨击:“但坐观于时变,本无情于急难。”颜之推隶属江陵集团,萧绎对其有知遇之恩,颜氏的感恩之情在《古意二首》中已有真实流露。但在《观我生赋》中,颜之推并未为尊者讳,而是对萧绎借国家多事之秋、谋取个人政治私利的行为进行谴责,批评萧绎心胸褊狭、阴毒狡诈。萧绎曾于战乱初起时率三万精兵从江陵出发:“世祖赫其斯怒,奋大义于沮、漳。授犀函与鹤膝,建飞云及艅艎,北征兵于汉曲,南发饉于衡阳。”在关键时刻竟屯于郢州之武城,“托云俟四方援兵,淹留不进”,尤有甚者,后竟引师而还,无视平叛重任①,其“奋大义于沮、漳”

① 〔宋〕司马光编著,〔元〕胡三省音注:《资治通鉴》,中华书局,1995年7月版,第5006页(下引此书,版本皆同)。

只是一种姿态而已。与平定叛乱相比，他更急于寻找借口和机会消灭那些可能威胁自己夺取皇位的力量。因此，先袭杀河东王萧誉，后与其兄武陵王萧纪、邵陵王萧纶相攻杀。这种叔侄、兄弟间"行路弯弓而含笑，骨肉相诛而涕泣"的残杀就连侯景也指责他们"弟侄争立，星辰失次"①，大失民望。颜氏家族"世善《周官》、《左氏》，之推早传家业……还习《礼》、《传》"(《北齐书》本传)，颜之推在赋中采用隐含褒贬的"春秋笔法"，侧重叙述萧绎在政治、军事上的诸多举动，以揭示其不可告人的政治意图：

> 及荆王之定霸，始仇耻而图雪，舟师次乎武昌，抚军镇于夏汭。
>
> 指余棹于两东，侍升坛之五让，钦汉官之复睹，赴楚民之有望……属潇、湘之负罪，兼岷、峨之自王，伫既定以鸣鸾，脩东都之大壮。惊北风之复起，惨南歌之不畅，守金城之汤池，转绛宫之玉帐，徒有道而师直，翻无名之不抗。

"兼岷、峨之自王"暗指萧绎消灭萧纪，"侍升坛之五让"和"伫既定以鸣鸾"将萧绎急于称帝又故作谦让的虚伪揭露出来；"绛宫"、"玉帐"指出萧绎称帝后迷信阴阳兵法的荒诞行为，是导致其城破身死的主要原因，与《哀江南赋》斥萧绎"问诸淫昏之鬼，求诸厌劾之符"相近。赋云"及荆王之定霸，始仇耻而图雪"，揭示了萧绎先剪灭异己、后消灭侯景的自私心理。赋中许多关于梁亡的描写都可以与史书互证，反映出作者对历史的深入思考和强烈的现实精神。

对北齐灭亡的原因，颜之推也是从统治阶层内部寻找原因，

① 〔宋〕司马光编著，〔元〕胡三省音注：《资治通鉴》，第5071页。

把它归结为后主高纬的昏庸、奢靡、反复无常和亲信小人：

唯骄奢之是修，亦佞臣之云使。惜染丝之良质，惰琢玉之遗祉，用夷吾而治臻，昵狄牙而乱起。

诚怠荒于度政，惋驱除之神速，肇平阳之烂鱼，次太原之破竹……仇敌起于舟中，胡、越生于辇毂。

忽成言而中悔，矫阴疏而阳亲，信谄谋于公主，竟受陷于奸臣。

作为萧梁、北齐统治阶层的成员，在反思历史变迁的过程中，颜氏并没有把国家兴亡的原因简单地归结为天命，而是对统治者自身的政治举措进行冷静分析，比较客观地揭示了国家兴衰和朝代更迭的内在原因。这样理智、深刻的反思，在一定程度上反映出他"博识有才辩"(《北齐书》本传)的学者风格，而更重要的是在反思历史的过程中，贯穿着他对自己一生的浮沉迁播的人生感慨和思索——正是国家的衰亡直接造成了作者的不幸遭遇。也就是说在冷静反思国家兴衰之时，《观我生赋》更注重观照人生。

《文赋》云"赋体物而浏亮"，意指辞赋之功用重在体物、叙事。无论是大赋铺写都城宫苑，还是小赋之抒发性情，此前均未见如此以宏大篇幅反思历史、描述人生的作品①。《观我生赋》以颜之推的一生经历为主要描写对象，兼述社会动荡与国家丧亡的重大历史事件，这无疑扩大了赋的题材。把人生浮沉与社会变迁自觉地结合起来，以赋的形式加以表现，这种写法此前尚未见过。作品虽详细展现了颜氏深沉的内心世界，但从整体上

① 《全后魏文》卷三十五李谐《述身赋》是较早的自传性赋作，但无论篇幅还是艺术成就都逊于《观我生赋》。

看,仍以叙事为主,理重于情。后文将详述其叙事、抒情的艺术手法。

作为由南入北的作家,颜之推在《观我生赋》中运用的艺术手法,如讲究对仗、句式骈偶、运用典故等都带有明显的南朝辞赋的特征。但作品的创作精神和语言风格明显受到北朝文学的影响。首先,作品中强烈的反思精神,与北朝文学崇尚实用、注重现实的风气是分不开的。《观我生赋》不同于庾信的《哀江南赋》的突出之处就是重观照,主理,《哀江南赋》则重哀思,主情。其次,颜氏的审美趣味与南朝清绮、新巧的审美趣味相左,他标榜"吾家世文章,甚为典正"(《文章》篇),《观我生赋》语言风格朗畅、庄重、典雅,与南朝赋辞采华丽的特点有很大差别,却与北朝文学讲究说理的古朴文风较为契合。句式变化较少,显得凝重,甚至略嫌板滞。

第三节　论《观我生赋》的叙事艺术方式
——颜之推辞赋研究之二①

《观我生赋》按照时间顺序将个人的辗转流离与国家的更迭兴亡交错展现,显示出作者驾驭丰富素材、擅长叙事和思考的能力。本节拟就该赋的叙事艺术手法作进一步分析,重在探讨东汉王延寿《鲁灵光殿赋》叙述手法、西晋陆机《文赋》的创作理念及语言形式对《观我生赋》叙述方式的影响。正是在前人基础上,《观我生赋》的叙事艺术表现为营造浓郁的沧桑感、

① 本节内容曾以《论颜之推〈观我生赋〉叙事艺术》为题,发表于《临沂大学学报》2011 年第 1 期,部分文字有所改变。

采用第一和第三人称相交叉的叙事方式。全文叙述节奏从容且起伏得当，叙个人遭际注重波折，述国事变幻条理清晰且讲究顿挫。

颜之推自幼便受到《鲁灵光殿赋》的影响，《勉学》篇有段话颇值得玩味：

> 吾七岁时，诵《灵光殿赋》，至于今日，十年一理，犹不遗忘。

这说明颜氏童蒙阶段即熟记《灵光殿赋》（即《鲁灵光殿赋》），"犹不遗忘"表明这篇作品一直清晰地保存在其记忆中，这种文学性质的记忆肯定会影响到一个作家的创作。在此，我们有必要了解一下《鲁灵光殿赋》。该赋作者东汉王延寿，字文考，《后汉书》称其"有俊才。少游鲁国，作《灵光殿赋》。后蔡邕亦造此赋，未成，及见延寿所为，甚奇之，遂辍翰而已"。《文选》卷十一存有此赋并序，属宫殿类。

《鲁灵光殿赋》中淡淡的沧桑感、以叙述为主的写作模式、具有创新意义的第一人称的叙事方式在很大程度上影响到《观我生赋》。该作的沧桑感主要体现在序言中：

> 鲁灵光殿者，盖景帝程姬之子恭王余之所立也。初，恭王始都下国，好治宫室，遂因鲁僖基兆而营焉。遭汉中微，盗贼奔突，自西京未央、建章之殿，皆见隳坏，而灵光岿然独存。意者岂非神明依凭支持以保汉室者也。

序言介绍了鲁灵光殿的建筑缘起，王延寿并没有仅仅停留在描绘宫殿建筑格局的层面上，而是将这座宫殿与汉朝的衰微联系起来，"遭汉中微，盗贼奔突，自西京未央、建章之殿，皆见隳坏，而灵光岿然独存"数句融入了作者对国朝兴衰的感慨。正文开端即追述远古以降至汉王朝历史的叙事方式也增加了作品的沧桑感，后将述及。

《鲁灵光殿赋》的写作方式突出之处，是打破了传统的组合式描述方式，改变为以叙事式为主①，主要表现为在描绘灵光殿的过程中采用了崭新的第一人称叙述方式，不过这种方式很隐蔽，仅序言云“予客自南鄙，观蓺于鲁，睹斯而眙曰”，表明作品是“予”即王延寿的所观所感。正文未出现第一人称代词，但实际按照作者的视角展开，例如第二、三、四、五段的开头分别是：“瞻彼灵光之为状也”、“于是乎乃历夫太阶，以造其堂。俯仰顾眄，东西周章”、“遂排金扉而北入”、“于是详察其栋宇，观其结构”。可以看出，作者的视线、踪迹贯穿始终，隐形的第一人称与各个段落的衔接、过渡密切相关。

当颜之推经历了南朝故国沦亡、北朝多个政权更迭、个人间关漂泊的时候，在吸收《鲁灵光殿赋》营养的同时，《观我生赋》更加注重营造浓郁的人世沧桑感，并努力尝试更合适的叙述手法以记录历史变迁和人生浮沉。

首先，《观我生赋》的沧桑感内涵更加丰富，具体表现为追述华夏远古历史，进而述及颜氏家族南迁经历以及颜之推所经历的萧梁、北齐覆亡的动荡历史。《观我生赋》与《鲁灵光殿赋》两赋的开端十分接近，皆由追溯历史而展开正文。《鲁灵光殿赋》将汉朝开国的历史与鲁灵光殿的修建结合在一起：

> 粤若稽古帝汉，祖宗浚哲钦明。殷五代之纯熙，绍伊唐之炎精。荷天衢以元亨，廓宇宙而作京。敷皇极以创业，协神道而大宁。于是百姓昭明，九族敦序，乃命孝孙，俾侯于

① 参见吴从祥：《论王延寿〈鲁灵光殿赋〉的艺术创新性》，《唐都学刊》，2005 年第 2 期。

鲁。锡介珪以作瑞，宅附庸而开宇。乃立灵光之秘殿，配紫微而为辅。承明堂于少阳，昭列显于奎之分野。

《观我生赋》开端则回顾东晋南渡、中原世族南迁：

仰浮清之藐藐，俯沉奥之茫茫，已生民而立教，乃司牧以分疆，内诸夏而外夷、狄，骤五帝而驰三王。大道寝而日隐，《小雅》摧以云亡，哀赵武之作孽，怪汉灵之不详，旄头玩其金鼎，典午失其珠囊，瀍、涧鞠成沙漠，神华泯为龙荒，吾王所以东运，我祖于是南翔。

两篇辞赋的开端可谓非常相近，在历史的云烟中逐步引入正题。但是颜之推"一生而三化"，数经陵谷之变的经历使《观我生赋》的沧桑感更加厚重，具体表现为黍离之悲、对故国先进文化的追思、对南朝士族衰亡的惋惜、对无辜百姓饱受涂炭的同情以及痛定思痛对历史的反思。

梁太清三年(549)侯景叛乱，三月，陷台城(即建康)。大宝二年(551)，颜之推在战乱中被俘，辗转囚禁于建康，《观我生赋》记述了宫殿的隳败、都城的死寂与荒凉，流露出浓郁的黍离之悲：

慨《黍离》于清庙，怆麦秀于空廛；鼖鼓卧而不考，景钟毁而莫悬；野萧条以横骨，邑阒寂而无烟。畴百家之或在，覆五宗而翦焉；独昭君之哀奏，唯翁主之悲弦。经长干以掩抑，展白下以流连；深燕雀之余思，感桑梓之遗虔……

原野萧条，白骨纵横，都城笼罩在死亡的阴影中。"畴百家之或在，覆五宗而翦焉"数句，不仅写出萧梁皇室遭受到致命打击，更对南朝士族沦亡表现出极大的痛楚，该赋自注详细地叙述："中原冠带，随晋渡江者百家，故江东有《百谱》；至是，在都者覆灭略尽。""萧条"、"阒寂"的城市，"覆灭略尽"的国中皇族以及广大士族，无不显示出国家遭受了巨创，徘徊在存亡的边缘。

萧梁为西魏所灭之后，《观我生赋》的沧桑感突出地表现为对死难百姓的哀思、对故国文明的追思：“民百万而囚虏，书千两而烟炀，溥天之下，斯文尽丧”、“怜婴孺之何辜，矜老疾之无状，夺诸怀而弃草，踣于涂而受掠”、“若乃五牛之旌，九龙之路，土圭测影，璇玑审度，或先圣之规模，乍前王之典故，与神鼎而偕没，切仙弓之永慕”。无辜百姓被俘、被驱北上，途中更惨遭掠夺和杀戮；皇家珍贵书籍被焚、天文仪器被毁，无不令沦为囚虏的颜之推扼腕痛惜。可以说，《观我生赋》的沧桑感既包括了对萧梁故国的追思、对广大百姓的同情，还上升到在南北文化碰撞中对南朝先进文化的留恋和推崇。

同时，《观我生赋》的沧桑感并未停留在叙述史事的层面上，而是深刻反思历史，充满理性的色彩。作品对侯景之乱的起因、梁元帝江陵政权的覆亡，乃至北齐灭亡的原因均加以深入分析。上节已述，兹不赘言。冷静地寻觅历史事件的原因，不仅使辞赋的沧桑感更为厚重，也使作品的叙事方式具有冷峻的风格。

其次，受《鲁灵光殿赋》的影响，《观我生赋》的叙事重在记述南北朝后期纷杂而重要的历史事件，由于事件头绪繁多、复杂，《观我生赋》多采用顺序的手法记录萧梁、北齐等政权的兴衰大事，形成了浏亮明晰的时间脉络。

在描述侯景之乱的过程中，颜之推严格按照时间顺序记述历史事件，尤其是详细记录了萧绎为首的荆州政治中心先己后国的反应举措：

> 自东晋之违难，寓礼乐于江、湘……世祖赫其斯怒，奋大义于沮、漳。
>
> 方幕府之事殷，谬见择于人群，未成冠而登仕，财解履

以从军。

及荆王之定霸，始仇耻而图雪，舟师次乎武昌，抚军镇于夏汭。（着重号为笔者所加）

加着重号的字多为表示时间的副词，这些词非常清晰地展现了事件进程，显示出颜氏组织、安排众多历史资料的叙事功力。

颜氏一生贯穿多个政权的特殊经历，决定了《观我生赋》的叙事势必将个人命运和政权替换联系在一起，《鲁灵光殿赋》单纯的、隐蔽的第一人称叙事方式已无法满足复杂的叙事要求，因此，《观我生赋》采用了更加合适的叙事方式，行文直接采用第一人称，并创造性地采用了第一、第三人称交错的叙述方式。《观我生赋》第一人称叙事模式可谓明显、直接，文中多处使用第一人称代词“余”、“我”、“自”，例如“赖滕公之我保”、“指余棹于两东”、“私自怜其何已”、“乃诏余以典郡”。有时也使用相应的代称，例如“小臣耻其独死”。整体而言，作品叙述国事变迁采用第三人称方式，以冷静清晰地展现历史原貌，叙述自身遭遇则采用第一人称，娓娓道出个人命运的波折和变化。《观我生赋》第一人称和第三人称相交织的叙事方式在南北朝辞赋中非常罕见，它既陈述历史，也见证历史，更加复杂，也更加成熟。

颜之推《观我生赋》也受到了陆机《文赋》的影响。《勉学》篇有“兀若枯木，泊若穷流”之语，出自《文赋》“兀若枯木，豁若涸流”二句。《观我生赋》记述作者于梁元帝承圣元年（552），在江陵奉命校书曾云“或校石渠之文，时参柏梁之唱，顾甂瓯之不算，濯波涛而无量”，其中“甂瓯”意象与《文赋》中“瓶”、“缶”的意象非常接近：“患挈瓶之屡空，病昌言之难属”、“惧蒙尘于叩缶，顾取笑乎鸣玉”。应该说，陆、颜二人都以“瓶”、“缶”、“甂瓯”诸意象表示自谦。以上例子说明颜之推相当熟悉陆机的

《文赋》,且颜之推本人文学理论素养深厚,《文赋》对其作品的影响远远不会停留在语言文字的层面上。具体说来,《文赋》主要从辞赋的写作理念和语言句式两方面影响了《观我生赋》。

《文赋》一个重要的文学创作理念即是"诗缘情而绮靡,赋体物而浏亮",鲜明地提出了辞赋以写物为主。需要说明的是,"体物"并不限于铺写物象,也包括叙述事件。李善注云:

诗以言志,故曰缘情;赋以陈事,故曰体物。

"陈事"在很大程度上说明辞赋具有叙事功能。值得注意的是,在《鲁灵光殿赋》序言中,王延寿也曾提出"物以赋显,事以颂宣,匪赋匪颂,将何述焉",也将写物、叙事作为赋颂的重要内容①。这些观念无形中强化了颜之推偏重叙事的辞赋写作观念,故《文章》篇云"歌咏赋颂,生于《诗》者也",即是明确认同赋颂的写作方式非常接近。

结合颜之推的创作,我们可以看到陆机文学思想的影响。在颜氏作品中,诗歌偏重言情,辞赋侧重叙事。与《观我生赋》写作时间接近的诗歌《古意二首》,抒情成分很重:"未获殉陵墓,独生良足耻。悯悯思旧都,恻恻怀君子。白发窥明镜,忧伤没余齿"(其一)、"昔为时所重,今为时所轻。愿与浊泥会,思将垢石并"(其二)。重在抒发作者偷生的耻辱,充满了自责、愧疚与伤感,可视为典型的"缘情"之作。相比之下,《观我生赋》叙事纷繁而条理井然,当是"体物而浏亮"之作。而且,《观我生赋》"体物"的内涵更加丰富,所写之物远超过了如建筑、植物、动物等单一物象,把国事和人生作为描述对象,由描摹物象转向

① 《文心雕龙·颂赞》云"原夫颂惟典懿,辞必清铄,敷写似赋,而不入华侈之区",应该说赋和颂的写作方式有相似之处,皆可采用叙事手法。

叙述事象,颇具创新意义。颜之推辞赋创作注重叙述手法,实为对"赋体物"的文学观念的深入发挥。

《文赋》对《观我生赋》的另一重要影响在于六言句式的运用。《文赋》运用六言句描述复杂多变的文学现象和充满艰辛的写作过程,例如:"伫中区以玄览,颐情志于典坟。遵四时以叹逝,瞻万物而思纷"、"其为物也多姿,其为体也屡迁"。《文赋》凡论及文章剪裁、文体分类、文学风格等问题,均采用六言句式,六言句真正占辞赋的主体。陆机本人的辞赋也比较偏爱六言句式,叙事抒情也常采用这种句式,如其《叹逝赋》追思平生亲故,感慨人生短暂:"伊天地之运流,纷升降而相袭。日望空以骏驱,节循虚而警立。嗟人生之短期,孰长年之能执?"

《观我生赋》记叙头绪繁多的历史事件,选择六言句而非南朝辞赋通用的四言句,既有《文赋》的影响,也是作者根据行文需要的自觉之举。四言句短小,灵活多变,南朝辞赋多用于描写。例如:

> 崩榛塞路,峥嵘古馗。白杨早落,塞草前衰。棱棱霜气,蔌蔌风威。孤蓬自振,惊砂坐飞。灌莽杳而无际,丛薄纷其相依。通池既已夷,峻隅又已颓。直视千里外,唯见起黄埃。凝思寂听,心伤已摧。(鲍照《芜城赋》)

《哀江南赋》尤擅长以四言句描写建康遭受兵燹后的荒芜景象:

> 于是桂林颠覆,长洲麋鹿。溃溃沸腾,茫茫墋黩。天地离阻,人神惨酷。晋、郑靡依,鲁、卫不睦。竞动天关,争回地轴。

然其叙事或抒情却多采用六言句式:

> 余乃假刻玺于关塞,称使者之酬对。逢鄂坂之讥嫌,值彫门之征税。乘白马而不前,策青骡而转碍。吹落叶之扁

舟，飘长风于上游。彼锯牙而钩爪，又循江而习流。排青龙之战舰，斗飞燕之船楼。张辽临于赤壁，王浚下于巴丘。乍风惊而射火，或箭重而回舟。未辨声于黄盖，已先沉于杜侯。落帆黄鹤之浦，藏船鹦鹉之洲。路已分于湘、汉，星犹看于斗、牛。

信生世等于龙门，辞亲同于河洛，奉立身之遗训，受成书之顾托。昔三世而无惭，今七叶而始落。泣风雨于《梁山》，惟枯鱼之衔索。入欹斜之小径，掩蓬藋之荒扉。就汀洲之杜若，待芦苇之单衣。

前者叙写侯景之乱中，作者逃离建康，辗转奔至江陵的沿途经历。后者则是离乱后的身世之感。应该说，记录人生经历、发抒深沉的感慨，六言句较之四言句更有容量，不论庾信还是颜之推都深刻认识到这一点。

与《文赋》和《哀江南赋》两句一停顿的方式不同，《观我生赋》的节奏多是六句或四句为一基本单位，这种六句一停顿或四句一停顿的方式，一方面使叙事具有更大的容量，另一方面，从容不迫的节奏使追思历史、回顾人生的文字更能积聚起深沉的艺术感染力。例如“去琅邪之迁越，宅金陵之旧章，作羽仪于新邑，树杞梓于水乡，传清白而勿替，守法度而不忘”数句，回顾颜氏家族于东晋初南渡的历史，舒缓悠长的节奏诉说着作者对家族的回忆，流露着郑重、亲切而又哀婉的感情。观其全文，这种从容的节奏发挥着重要的作用：叙国事变幻则产生悲慨冷峻的感染力，述个人及家族的浮沉则产生低回深沉的感染力。可以说，由于叙事的需要，颜之推有意识地选择了相应的语言句式及节奏，《北齐书》称《观我生赋》“文致清远”即是肯定了它的节奏感和感染力。

《观我生赋》的叙述艺术在汲取前辈文学养分的基础上，也有自己的创新和变化，形成了独特的艺术面貌。叙事最忌浮泛，作者如一味沉溺于罗列历史事件只能带来乏味、失败的作品。《观我生赋》叙事注重变化艺术手法，讲究剪裁和安排。具言之，述人生，虽以顺叙为主，然行文有波澜、有顿挫；叙国事清晰浏亮，顺叙方式间以补叙等手法的变换。

侯景之乱中，作者被俘却幸免遭害；朝廷平定叛乱，收复建康，宫殿却意外毁于火灾；颜氏被俘北上，东奔北齐，希望假路南归，终因梁亡陈兴而永滞北国；北齐存亡之秋，颜氏有心救国却被后主疏远等事件皆叙述得起伏跌宕。这诸多波澜既令人感慨历史之动荡多变，又一扫沉闷，引起读者阅读的兴趣：

……将睥睨于渚宫，先凭陵于地道。懿永宁之龙蟠，奇护军之电扫，犇虏快其余毒，缧囚膏乎野草。幸先主之无劝，赖滕公之我保，剟鬼录于岱宗，招归魂于苍昊，荷性命之重赐，衔若人以终老。

乃诏余以典郡，据要路而问津，斯呼航而济水，郊乡导于善邻，不羞寄公之礼，愿为式微之宾。忽成言而中悔，矫阴疏而阳亲，信谄谋于公主，竞受陷于奸臣。

前者叙述了侯景之乱中平叛战斗的复杂、叛将的凶残、作者被俘后竟赖旧识再三救护得免于遇难的事件，后者叙述了北齐存亡之秋，作者初获后主信任、欲进救国良策，然终为佞臣所间的经历，亦清晰地呈现出作者由欣喜转为悲愤无奈的心路历程。

《观我生赋》叙国事以顺序为主，行文亦注重变化，能够打破单一的叙事模式。或先叙述事情，后补充原因；或先言事件的内因，随后展现事态的发展经过。如记录梁太清三年(549)侯景之乱，先述动乱经过，后补叙梁皇室内讧的远因：

> 昔承华之宾帝，寔兄亡而弟及；逮皇孙之失宠，叹扶车之不立。间王道之多难，各私求于京邑，襄阳阻其铜符，长沙闭其玉粒，遽自战于其地，岂大勋之暇集。

这段文字补充说明了萧梁王室立储的内幕，中大通三年（531）四月，太子萧统亡故，五月，武帝萧衍立次子纲为太子，即“兄亡而弟及”、“皇孙之失宠”，这场变故埋下的隐患在十余年后爆发出来，导致了分别镇守长沙、襄阳的萧统之子誉、詧漠视平叛重任，公然与萧绎混战，背叛了国家利益。这种补叙既打破了单调的叙事模式，又冷静地揭示出国家动荡的内因就是武帝昏庸和梁朝皇室的狭隘自私，其冷峻深刻的艺术效果大大超过了顺叙的方式。作品记录北齐衰亡历史，先言后主高纬不修政事、亲近小人、生活奢靡，“惜染丝之良质，惰琢玉之遗祉，用夷吾而治臻，昵狄牙而乱起”，后叙北齐末年太原之战、并州之战惨败，最终亡国的历史，同样发人深省。《观我生赋》行文力求变化，努力避免顺叙的简单模式，而以补叙等方式灵活补充历史事件，体现出颜之推不俗的叙事才华。

颜之推《观我生赋》沧桑感浓郁深厚，以传统的“体物”方式记叙国事变迁，最终形成了第一人称和第三人称相交织、国事与人生相辉映的以顺序为主的叙述方式。叙事多六言句，四句或六句一停顿的节奏，从容悠长有回味，然其叙事顿挫起伏有致。应该说，《观我生赋》以高超的叙事艺术赢得了文学史上应有的地位。

第四节 论《观我生赋》的夷夏之辨及其抒情艺术方式
——颜之推辞赋研究之三①

《观我生赋》顾名思义,重在追忆反观人生,它可以叙述国事沧桑,可以抒发身世起伏沉沦之复杂感情,然而令人深思的是,该作品具有相当浓厚的夷夏之辨,这在南北朝后期辞赋中极为罕见。颜之推生于梁武帝中大通三年(531),北齐文宣帝天保七年(556)入齐,自此生活于北朝以至终老。作为典型的南北朝后期文人,他一生三为亡国之人,与鲜卑族长期生活在一起,对北朝少数民族的文化风教有着深刻体验。复杂特殊的人生经历,使《观我生赋》表露出浓烈而深沉的民族感情,尤其是具有鲜明的华夷之辨:尊崇汉族先进文明,贬斥异族的野蛮落后。作品开端即云:

> 仰浮清之藐藐,俯沉奥之茫茫,已生民而立教,乃司牧以分疆,内诸夏而外夷、狄,骤五帝而驰三王。大道寝而日隐,《小雅》摧以云亡,哀赵武之作孽,怪汉灵之不详,旄头玩其金鼎,典午失其珠囊,瀍、涧鞠成沙漠,神华泯为龙荒,吾王所以东运,我祖于是南翔。

上古时期,中华大地封疆治理,内称诸夏外为夷、狄。作品追溯远古历史,将绵长的历史变迁与夷夏之间的民族冲突紧紧绾扣在一起:东周正道衰微、东汉后期灵帝崇尚胡俗、匈奴人刘渊建

① 本节部分内容曾以《试论颜之推〈观我生赋〉的夷夏之辨兼谈其抒情艺术》为题,发表于《齐鲁师范学院学报》2011年第2期。

国称帝、琅邪王司马睿南渡建立东晋,作者有意识地凸显了历史长河中民族冲突频仍的现象,并流露出一定尊夏贬夷的情绪。反观人生而将夷夏之辨置于篇首,不能不说这种创作观念对整个作品具有非常的意义,作者深刻认识到南北朝后期士大夫的命运与民族间的政治冲突、文明冲突密切相关。

《观我生赋》不止一次提及南北文化的鲜明差异,坚定地认为萧梁所代表的南朝保持了东晋以来的礼乐文化,而北朝则陷于胡地风俗,“自东晋之违难,寓礼乐于江、湘,迄此几于三百,左衽浃于四方,咏苦胡而永叹,吟微管而增伤”。进一步申明西晋灭亡之后,北方的文化沦为异族文化,只有东晋、南朝诸帝在江南延续了先进的礼乐文化。唯其如此,作品对萧梁覆亡,故国文化典籍遭遇劫难表现得痛贯心髓:

> 若乃五牛之旌,九龙之路,土圭测影,璇玑审度,或先圣之规模,乍前王之典故,与神鼎而偕没,切仙弓之永慕。

书籍与文物不仅是萧梁故国的象征,更是南朝先进文化的代表。“与神鼎而偕没”的喟叹暗含着众多珍贵文物与神鼎,即政权同等重要,然而政权可以更动、重新建立,南朝数百年来的文明、文化经历劫难却极难恢复。即使晚年入仕隋朝,颜之推亦就朝廷礼乐事宜,向文帝进谏:“礼崩乐坏,其来自久。今太常雅乐,并用胡声,请冯梁国旧事,考寻古典。”(《隋书》卷十四《音乐志》)足见华夷之辨贯其终生。

颜之推三为亡国之人的特殊经历,本质上是南北朝后期民族融合过程中摩擦碰撞的直接体现,《观我生赋》自注详细说明了这三次耻辱:“在扬都,值侯景杀简文而篡位;于江陵,逢孝元覆灭;至此而三为亡国之人。”案:“至此”指周武帝建德六年(577)齐亡。这三次亡国的痛苦均与南北民族冲突有关,其中所牵涉的北方民族主要是鲜卑族，相关的重要人物、政权分别是侯景、西魏和北齐。作品夷夏之辨重点体现在对侯景和北齐的相关描述中。

侯景为东魏叛将，本为羯族，《梁书》卷四十五称之"凶羯小胡"。先世居北镇，景为北镇戍兵，已经鲜卑化，生性残忍酷虐。简文帝大宝二年(551)，颜之推在侯景之乱中被俘，几遇害，后囚送建康，这次经历使他亲睹叛军之凶残，初识夷狄之野蛮："犇虏快其余毒，缧囚膏乎野草"、"贼弃甲而来复，肆觜距之雕鸢，积假履而弑帝，凭衣雾以上天"。蔑称侯景为"虏"为"贼"，严厉谴责其屠戮平民，乃至弑帝之举。侯景叛乱的相关描写，亦多在运用典故、语言文字等方面刻意凸显其夷狄之特性："就狄俘于旧壤，陷戎俗于来旋"、"逖西土之有众，资方叔以薄伐；抚鸣剑而雷咤，振雄旗而云窣。千里追其飞走，三载穷于巢窟，屠蚩尤于东郡，挂郅支于北阙……殷道是以再兴，夏祀于焉不忽"。又云："钦汉官之复睹，赴楚民之有望。"其中，"狄俘"、"戎俗"明显斥责侯景的蛮族性质。方叔为周宣王的卿士，征伐猃狁有功，此喻萧梁平叛主将王僧辩，猃狁暗喻侯景，蚩尤、郅支明喻侯景(郅支为汉元帝时匈奴单于)。这些比喻手法背后的夷夏之辨皆非常分明。后文尊称元帝江陵政权恢复了"殷道"、"夏祀"，延续"汉官"威仪，更加印证了作者鲜明的夷夏思想。

元帝承圣三年(554)西魏陷江陵，萧梁灭亡。颜氏此次被俘辗转北上，对南朝的故土与文化无比留恋的同时，对北方文化不由产生强烈的疑虑，赋云：

> 尔其十六国之风教，七十代之州壤，接耳目而不通，咏图书而可想。何黎氓之匪昔，徒山川之犹曩；每结思于江湖，将取弊于罗网。聆代竹之哀怨，听《出塞》之嘹朗，对皓

月以增愁，临芳樽而无赏。

西晋灭亡后，北方为匈奴、鲜卑等少数民族所统治，山川未改，文化非昔，身为囚虏，面对未知的人文环境（“风教”），颜之推陷入深深的忧虑，“黎氓之匪昔”既包含了南北民族之间的巨大隔阂，也突出了作者对北方文化强烈的陌生感，暗示了颜之推入北之后的人际间交往不容乐观。

颜之推在北齐生活凡二十余年，在这个带有鲜明鲜卑特色的政权中，更多地体验到鲜卑贵族对汉族文人的排斥和打击，第一章已论及。颜之推因勤敏行事而受齐主赏识，曾以通直散骑迁黄门侍郎。赋云：“珥貂蝉而就列，执麾盖以入齿，款一相之故人，贺万乘之知己。”然其生存非常艰难，远远比不上庾信在北周“特蒙恩礼”，“赵、滕诸王，周旋款至，有若布衣之交”，受到崇高礼遇。而且庾信在朝廷屡蒙拔擢，政治地位颇高，为“骠骑大将军、开府仪同三司、司宪中大夫，进爵义城县侯”（《北史》卷八十三）。颜之推却常常受到同朝鲜卑官员的妒忌和陷害，对北齐异族人情有着深刻的体会，由此发出人情险于山川的喟叹。赋云：“秖夜语之见忌，宁怀㕞之足恃。諌谮言之矛戟，惕险情之山水，由重裘以胜寒，用去薪而沸止。”“见忌”、“谮言”均传达出鲜卑贵族的狭隘心胸和卑劣行径。相比之下，君主的顾遇竟不足凭，作者内心的凄惶亦无处可话。自注更详细记录了颜氏屡遭权贵迫害：“时武职疾文人，之推蒙礼遇，每构创痏，故侍中崔季舒等六人以获诛，之推尔日邻祸而免。侪流或有毁之推于祖仆射者，仆射察之无实，所知如旧不忘。”“武职”、“侪流”指朝中鲜卑权贵，“每构创痏”、“察之无实”说明了鲜卑贵族对颜氏打击之频繁与放肆。

如果说，辞赋对侯景的描述多是从政治的角度，批判其反叛举动与残忍本性的话，那么，对北齐鲜卑权贵的评价，则从文化的角度，重在描述其卑劣心态，表达出汉族士人惊惶惕怵的生存心态。对异族风教、人情心态的思索深化、具体化了《观我生赋》夷夏之辨，使之超越了笼统叙述民族矛盾的简单化思维。

《观我生赋》抒情方式与夷夏之辨有着密切联系。这些思考并非理论的清谈，而是有着作者的亲身体验和深沉感情在里面。夷夏之间的剧烈冲突直接导致了颜氏三为亡国之人的痛苦经历，作者曾慨叹“此穷何由而至，兹辱安所自臻?”其中的“穷”，是指人生之困顿，主要是生存之艰难以及仕与隐之矛盾，而“辱”是指三为亡国之人的屈辱。事实上，“家国际遇，一生艰危困苦之况”无不与夷夏冲突相关。辞赋的抒情文字主要集中于表达亡国之辱以及个人命途多艰的感慨。具言之，《观我生赋》抒情低回、讲究克制；抒情的脉络清晰，由国家、民众而及个人；典故的运用服从情感，居次要地位，多用于段落的结尾。

在颜氏三次亡国经历中，前两次最令他痛心，所以，辞赋描述侯景之乱中作者被囚建康以及江陵陷落的文字饱含感情。建康不仅是萧梁之都，是政权的象征，也是颜氏家族的故土，自注云：“长干，旧颜家巷”、“靖侯以下七世坟茔，皆在白下”。长干、白下均为建康城地名。置身于残破荒凉的都城，颜之推内心不仅无法克制黍离麦秀之悲，更流淌着家族之感和桑梓之痛。辞赋的情绪低回哀伤，溢于言表：

> 慨《黍离》于清庙，怆麦秀于空廛；鼖鼓卧而不考，景钟毁而莫悬；野萧条以横骨，邑阒寂而无烟。畴百家之或在，覆五宗而翦焉；独昭君之哀奏，唯翁主之悲弦。经长干以掩抑，展白下以流连；深燕雀之余思，感桑梓之遗虔；得此心于尼甫，信兹言乎仲宣。

"清庙"、"空廛"、"不考"、"莫悬"、"阒寂"等语传达出皇都之死寂破败,"横骨"、"无烟"、"或在"、"翦焉"等语折射出人口凋敝、士族覆灭,这些词语皆传达出生命消逝的悲凉意味。作品并没有喷薄式的抒情,前面之"慨"、"怆",中间之"哀奏"、"悲弦"与结尾之"掩抑"、"流连"、"余思"、"遗虔"等词语遥相呼应,从内心到动作再到内心,连绵地表达作者心中难以平复的感伤情绪。

江陵陷落,萧梁覆灭,包括士族在内的大批民众被驱北上,颜之推亲历此劫难,目睹了许多人间惨象。在此,我们不妨参看庾信《哀江南赋》对萧梁百姓被掳北上的相关描写。《观我生赋》云:

> 怜婴孺之何辜,矜老疾之无状,夺诸怀而弃草,踣于涂而受掠。冤乘舆之残酷,轸人神之无状,载下车以黜丧,掩桐棺之藁葬。云无心以容与,风怀愤而憀悢;井伯饮牛于秦中,子卿牧羊于海上。留钏之妻,人衔其断绝;击磬之子,家缠其悲怆。

《哀江南赋》云:

> 水毒秦泾,山高赵陉。十里五里,长亭短亭。饥随蛰燕,暗逐流萤。秦中水黑,关上泥青。于时瓦解冰泮,风飞电散。浑然千里,淄、渑一乱。雪暗如沙,冰横似岸。逢赴洛之陆机,见离家之王粲。莫不闻陇水而掩泣,向关山而长叹。况复君在交河,妾在青波。石望夫而逾远,山望子而逾多。才人之忆代郡,公主之去清河。栩阳亭有离别之赋,临江王有愁思之歌。别有飘飖武威,羁旅金微。班超生而望返,温序死而思归。李陵之双凫永去,苏武之一雁空飞。

《哀江南赋》以四言句式为主,文辞优美,声韵流畅,情感激荡,展现出南北朝后期骈文的高超艺术魅力,然仔细看来句式铺张,重在抒发离别之情,比如:“十里五里,长亭短亭”、“君在交河,妾在青波”、“李陵之双凫永去,苏武之一雁空飞”。情绪热烈,但内容相对单调,盖缘于子山于江陵陷落前已滞留西魏,该赋的写作本是“追为此赋,聊以记言”(《哀江南赋序》),故重在回顾,多用联想。《观我生赋》以六言句式为主,注重描写民众的苦难,尤其是无辜百姓死难、婴幼老弱饱受戕害。“夺诸怀而弃草”数句所言之细节,非目击者不能言。注重使用丰富、精准的动词以描述黎民被驱、被辱过程中惊心动魄的场面,“夺”、“弃”、“踣”、“掠”等词代表了来自外部、强大而无情的力量,对无辜生命的践踏与残害。这些动词与颜之推的志怪小说《冤魂志》中《江陵士大夫》所用动词非常接近:

> 江陵陷时,有关内人梁元晖,俘获一士大夫,姓刘。此人先遭侯景丧乱,失其家口,唯余小男,始数岁,躬自担负,又值雪泥,不能前进。梁元晖监领入关,逼令弃儿,刘甚爱惜,以死为请,遂强夺取,掷之雪中。杖捶交下,驱蹙使去。刘乃步步回顾,号叫断绝,辛苦顿毙,加以悲伤,数日而死。

文中的动词“弃”、“夺取”、“掷”、“杖捶”、“驱蹙”等与前所引《观我生赋》所用动词大体相近,意在突出强大外力对脆弱生命的摧伤,正是这种摧残凝聚成辞赋中“怜婴孺之何辜”的绝望感喟。颜之推是江陵陷落的亲历者,对灾难中的死亡有着亲身体会和深沉的感触,此为庾信所不具备。《观我生赋》对死亡的切身体验和对劫难的真实描绘亦为《哀江南赋》所不具,“人衔其断绝”、“家缠其悲怆”突出了悲剧的普遍与深重,对读者造成强烈的生命的震动,而非仅由离别产生的感动,其震撼效果应在《哀江南赋》之上。

还可以看到,《观我生赋》大量运用六言句式,六言句占全文句式的百分之九十以上。与《哀江南赋》大量使用短小、灵活的四言句抒发回旋起伏的情感相比,《观我生赋》句式较长,更适合从容地抒发痛苦、深长的情绪。

《观我生赋》表达情感的方式与颜之推本人文学观念有关:“凡为文章,犹人乘骐骥,虽有逸气,当以衔勒制之,勿使流乱轨躅,放意填坑岸也。”(《文章》篇)抒情方式服从一定写作规则,注重节制,“衔勒”和“轨躅”恰好代表了创作规则。首先,《观我生赋》的抒情具有一定模式:先抒情后描述景象或者陈述现象,最后又转入抒情。可以简化为:情—事(景)—情的模式。“怜婴孺之何辜,矜老疾之无状”领起下文,“怜”、“矜”等词语充满了作者目击惨象时的强烈痛苦和深切同情。后文多写生命死亡的现象以及消逝的过程,感情深沉、潜藏。有感于百姓被驱、被掠直至死难,作品抒情低回哀戚,宛转吞咽,而非宣泄直下。“冤乘舆之残酷”数句写元帝遇害、藁葬,直陈臣子胸中之“冤”、“轸”,并以风云低回变幻、含愤阴沉之景强化哀悼元帝之情。“人衔其断绝”、“家缠其悲怆”抒发了百姓历经劫难之后内心郁结而难以消除、深重而无法排遣的痛苦,而“衔”与“缠”突出了痛苦在心中纠结难耐、沉积凝重的状况,恰好代表了作者衔悲茹恨的心理和《观我生赋》情感内敛、欲吐还吞的抒情方式。

其次,《观我生赋》的抒情方式是先达情后用典,而且典故运用较少,多集中于文字的结尾部分。“井伯饮牛于秦中,子卿牧羊于海上”、“留钏之妻”、“击磬之子”连用了百里奚、苏武、王达和《吕氏春秋》中击磬儿的典故。前文所举作者囚于建康的文字,亦将“得此心于尼甫,信兹言乎仲宣”两个典故置于结尾。颜氏倡导“文章当以理致为心肾,气调为筋骨,事义为皮肤,华丽为冠冕”(《文章》篇)。作品首重内容与情感,即“理致”,典故,即“事义”处于从属地位,不予过多追求。“秦中”、“海上”突出了地域遥远,空间隔绝,“断绝”、“悲怆”突出了悲痛的深度与广度,均与故国黎氓的不幸遭遇相谐调。在结尾处用典,一方面可以收束文字与感情,使感情含蓄、浓缩、沉潜而不直露。另一方面,“得此心”和“信兹言”又表明作者(也包括读者)能够从典故所包含之情事得到强大共鸣,典故因而强化了作品的感情。

就《观我生赋》抒情脉络而言,是由国家到个人,前面两段抒情文字基本沿着国家—士族—颜氏家族—乡土之思的脉络,或者民众(也即国家)—个人的脉络。抒写亡国之情哀婉低回,抒发个人偷生之苦,则痛不欲生,不加掩饰。在表达了对国民死难的痛惜之余,颜氏方坦陈自己心中的悲痛,赋云:

> 小臣耻其独死,实有愧于胡颜,牵痾疻而就路,策驽蹇以入关。下无景而属蹈,上有寻而亟搴,嗟飞蓬之日永,恨流梗之无还。

又云:

> 遭厄命而事旋,旧国从于采芑;先废君而诛相,讫变朝而易市。遂留滞于漳滨,私自怜其何已。

作者坦白地抒发偷生的耻辱和惭愧,强烈的自责自讼与浓厚的自怜自伤并陈。这种生命的哀哭亦使后代学者深为感动,透过这种愧辱之情,甚至有人感慨颜之推之真诚远在庾信之上。沈豫《秋阴杂记》八云:

> 有说《哀江南赋》,情词悱恻,子山独步一时。然云:“宰相以干戈为儿戏,缙绅以清谈为庙略。”全是责人,而致命遂志之语,一无流露。读颜之推《观我生赋》,其哀音苦

节，与子山同遭侯景之难，而其词则曰："小臣耻其独死，实有愧于胡颜。"较信颇为悃款。①

极为推崇《观我生赋》情感深挚真诚。作品对个人命运的描述大量使用动词短语"就路"、"入关"、"属蹈"、"亟搴"（即牵衣），这些动作均与播越、跋涉有关，它们一方面记叙了作者被俘北上的艰辛，另一方面暗示了人生的飘忽不定就此开始，飞蓬和流梗的意象与作品中凄惶的漂泊感结合得非常协调。

《观我生赋》注重反思人生，回顾人生，作品抒情的另外一个重要表现是对个人命运多舛、人生途穷的无奈感慨，这种感慨与封建社会士大夫的仕宦生涯密切相关。颜氏在侯景之乱初起时步入仕途，动荡的社会使他早早体会到个人命运在艰危时局中难以把握。赋云：

方幕府之事殷，谬见择于人群，未成冠而登仕，财解履以从军。

滥充选于多士，在参戎之盛列；惭四白之调护，厕六友之谈说；虽形就而心和，匪余怀之所说。

弱冠入仕，作者虽不乏素餐尸位的自谦之词，然"匪余怀之所说"（"说"即"悦"）婉转道出些许无奈。入北之后，在仕与隐的选择上，颜氏更加体会到命运难以掌控，多次表达内心的忧虑和矛盾。赋云："每结思于江湖，将取弊于罗网"、"曾微令思之对，空窃彦先之仕"。《终制》篇则云："计吾兄弟，不当仕进；但以门衰，骨肉单弱，五服之内，傍无一人，播越他乡，无复资荫……故靦冒人间，不敢坠失。兼以北方政教严切，全无隐退者故也。"直接道出家族生存艰难和北方政治严切是其仕宦北齐的重要原

① 转引自王利器：《颜氏家训集解（增补本）》，第658页。

因。临终前“不当仕进”否定之语，足见仕宦生涯给颜之推带来沉重的心灵负荷。非常相似的是，《观我生赋》的结尾也充满了对人生的痛苦否定：

> 予一生而三化，备荼苦而蓼辛，鸟焚林而铩翮，鱼夺水而暴鳞，嗟宇宙之辽旷，愧无所而容身。夫有过而自讼，始发矇于天真，远绝圣而弃智，妄锁义以羁仁，举世溺而欲拯，王道郁以求申。既衔石以填海，终荷戟以入榛，亡寿陵之故步，临大行以逡巡。向使潜于草茅之下，甘为畎亩之人，无读书而学剑，莫抵掌以膏身，委明珠而乐贱，辞白璧以安贫，尧、舜不能荣其素朴，桀、纣无以污其清尘，此穷何由而至，兹辱安所自臻？而今而后，不敢怨天而泣麟也。

荼苦、蓼辛突出了颜之推“贯心刻髓”的内心痛楚，“鸟焚林而铩翮，鱼夺水而暴鳞”、“愧无所而容身”更是令人心惊，折射出作者安顿生命与心灵的空间极度缺乏。“既衔石以填海，终荷戟以入榛，亡寿陵之故步，临大行以逡巡”数句写出了作者努力挣扎，终归徒劳的生存状况。人生的种种危难与艰辛使他终陷于痛苦不能自拔的境地，进而发酵为极端情绪，否定了读书—入仕的人生。《终制》篇和《观我生赋》这种极为强烈的否定均是作者晚年反思人生的结论，实源于心灵深处聚积已久的屈辱、压抑、困顿和无奈。《观我生赋》的含义取自《周易·观卦》“观我生，君子无咎”，意在通过反观人生，知进知退，颜之推本人也曾幻想“发矇于天真”，而其人生却充满了进退维谷的痛苦，作品选题竟具有嘲讽的意味。回顾人生，却陷入深深的自责、嘲讽甚至极端否定，不能不令作者与读者共感慨。

《观我生赋》的夷夏之辨实质上是南北朝后期民族融合过程中多个民族和文化的碰撞，所引发的南朝文人对南北不同文化的思考。所谓贬夷代表了他们对北方异族文化环境的痛苦体验和逐步适应，所谓尊夏代表了他们对南朝故国及文化的无限尊重与眷恋。作品的抒情文字重在表达亡国的屈辱和人生的困顿，抒情方式由情及景（或事）再及情，感情内敛低回，却不乏震撼人心的力量，实无愧于“清远”之誉。

《观我生赋》的感染力逊于《哀江南赋》，已为学界公认，但其叙事方式、抒情方式皆有可赏玩之处，语言雅洁亦为人称道。钱钟书曾云：“之推《赋》与庾信《哀江南赋》命意大同，而文情远逊。修词洁适鲜疵，是其所长，庾信波澜腾泻，不免挟泥沙耳。”①“修词”数语正是看到《观我生赋》表达方式、运用语言方面颇具特色，可谓的论。

第五节 “词尚体要”
——《观我生赋》自注初论

由于赋是一种特殊的文体，很大程度上受到句式、声律等因素的影响和限制，不尽能直观地记述和反映复杂的社会现象。如采用散文形式的注释，即自注，则可以更加灵活、直观地解释作者生平、记录社会现象。因此，在辞赋发展过程中，由于“拘牵声律，勿能尽事，加注出于不得已”②。辞赋有自注者，盖自东汉张衡《思玄赋》始，西晋左思《三都赋》、刘宋谢灵运《山居赋》、北魏张渊《观象赋》、北齐颜之推《观我生赋》皆有自注，辞赋带有自注的文学现象至南北朝时期更为普遍，这些自注的作

① 钱钟书：《管锥编》，中华书局，1999 年 11 月版，第 1547 页（下引此书，版本皆同）。

② 钱钟书：《管锥编》，第 1287 页。

用简单说就是“义训、本事、申意”①。在于对作品僻典难字以及非本人莫明的事情进行注释或解释，故而，辞赋的自注多是说明性或叙事性文字。优秀的注文具有散文的艺术特点，对《观我生赋》自注，可作如是观。

《观我生赋》是自传性作品，许多经历为作者独有，的确需要在正文之下用自注的方式交代清楚，钱钟书曾指出《观我生赋》自注与作者经历有密切关系：

> 颜之推《观我生赋》自注专释身世，不及其他，谨严堪式，读庾信《哀江南赋》时，正憾其乏此类自注。(《管锥编》一六八《全宋文》卷三一)
>
> 按之推自注此《赋》，谨严不苟，仅明本事，不阑入典故。盖本事无自注是使读者昧而不知；典故有自注，是疑读者陋而不学。之推《家训》论文甚精，观此篇自注，亦征其深解著作义法，非若谢灵运、张渊徒能命笔，不识体要也。(《管锥编》二七一《全隋文》卷一三)

指出《观我生赋》自注内容专门记录作者的身世而不旁涉他事，既没有解释赋中典故的含义，也不牵涉个人情感，文字简洁，陈述严谨。

客观地看，《观我生赋》自注并不限于“专释身世”。赋作将人生浮沉与社会变迁结合起来的叙述手法，使其自注的内容具有一定广度，不少自注实际上反映了作者经历的社会历史变迁，王利器甚至认为这些自注“涉笔所及，有足补史之阙者”②。自注在一定程度上反映了南北朝后期的政治风云变幻、士族的浮

① 钱钟书：《管锥编》，第1287页。

② 王利器：《颜氏家训集解(增补本)》，第660页。

沉、民族之间的对抗与融合等复杂现象，折射出历史在动荡中前进的艰难历程。简言之，《观我生赋》自注一千七百余字，字数与正文大体相当，包括两方面内容，一是萧梁和北齐的社会变迁，一是颜之推的人生经历以及简单的家族历史。

自注简要揭示了梁朝政局动荡的内在原因。如：

梁武帝纳亡人侯景，授其命，遂为反叛之基。

武帝初养临川王子正德为嗣，生昭明后，正德还本，特封临贺王，犹怀怨恨，径叛入北而还，积财养士，每有异志也。

正德求征侯景，至新林叛，投景，景立为主，以攻台城。

自注言约义深，直接道出梁武帝接纳侯景实为“反叛之基”，萧正德“犹怀怨恨”、“每有异志”、背恩弃义。这些文字深刻解释了萧衍晚年“养傅翼之飞兽，子贪心之野狼”的昏庸之举，批判的锋芒指向梁朝帝王及皇室，表现出一定的眼光和勇气。

颜之推本人与萧绎的江陵集团有着密切的政治关系，对萧绎怀着强烈的知遇之恩。但《观我生赋》自注冷静、客观地记录了萧绎与江陵集团的政治举措。一方面，肯定了萧绎及其部将平定战乱的功绩：“时遣徐州刺史徐文盛领二万人，屯武昌芦州，拒侯景将任约。又第二子绥宁度方诸为世子，拜中抚军将军、郢州刺史，以盛声势”、“永宁公王僧辩据巴陵城，善于守御，景不能进”、“护军将军陆法和破任约于赤亭湖，景退走，大溃”、“既斩侯景，烹尸于建业市，百姓食之，至于肉尽龁骨。传首荆州，悬于都街”。另一方面，撇开个人私情，再现了萧绎在侯景之乱前后的种种作为，用事实注解萧绎的政治企图，尤其详细记录了萧绎借侯景之乱争夺皇位与萧誉、萧詧之间的叔侄混战。他先令誉、詧隶属于自己的荆州都督府，自注云“河东、岳阳皆

昭明子”,然后伺机消灭二人:

孝元以河东不供船艎,乃遣世子方等为刺史,大军掩至,河东不暇遣拒;世子信用群小,贪其子女玉帛,遂欲攻之,故河东急而逆战,世子为乱兵所害。孝元发怒,又使鲍泉围河东,而岳阳宣言大猎,即拥众袭荆州,求解湘州之围。时襄阳杜岸兄弟怨其见劫,不以实告,又不义此行,率兵八千夜降,岳阳于是遁走,河东府褚显族据投岳阳,所以湘州见陷也。

详细展示了萧绎、萧誉、萧詧之间的政治、军事争斗以及彼此势力的消长。所谓“子既殒而侄攻,昆亦围而叔袭”,最终是两败俱伤,给侯景留下喘息的机会,甚至使北齐有机可乘,大肆侵占梁朝领土:

侯景之乱,齐氏深斥梁家土宇,江北淮北,唯余庐江、晋熙、高唐、新蔡、西阳、齐昌数郡。

即使侯景之乱已平,江陵政权自诞生之日起,就处于危急之中,但萧绎不顾国力衰弱,痴迷阴阳兵法,终致国破身死:

孝元自晓阴阳兵法,初闻贼(指西魏)来,颇为厌胜,被围之后,每叹息,知必败。

此外,自注尖锐地批评江陵集团平定侯景之乱的失当之处,尤其是萧绎任命年仅十五岁的第二子萧方诸为中抚军、郢州刺史。由于方诸缺乏用人经验,“以虞预为郢州司马,领城防事”。侯景部将宋子仙、任约“步道偷郢州,城预无备,故陷城”,颜之推也被景军所俘。自注还记录了王僧辩收复建康,“我师采稆失火,烧宫殿荡尽”的破坏行为。

在叙述梁末社会变迁的过程中,丰富的人生经历使颜之推目光开阔,《观我生赋》自注对社会、文化诸多变化的简洁记录从多角度反映了梁王朝的衰落与崩溃，不仅记录了封建政权的兴衰、更替，还记录了南方士族及先进文化的衰落。由于南方士族大都聚居在城市中，战乱给予他们的打击往往是集中的和毁灭性的：

> 中原冠带，随晋渡江者百家，故江东有《百谱》；至是，在都者覆灭略尽。

所谓“在都者覆灭略尽”，是指聚居建康的侨姓士族群体在侯景之乱中，遭到毁灭性打击。同时，南方的先进文化，尤其是丰富的书籍也在兵燹中丧失殆尽，前文有所论述，兹不赘述。

颜之推入北之后只是一名游子，对北齐政权没有深厚的感情、文化上难以割舍的依恋和怀念，《观我生赋》自注仅记录了北齐政局混乱和颜氏个人的仕途艰难。自注深入分析了北齐政权兴衰过程中的人为因素，重在批评北齐后期君王的骄奢生活：

> 武成奢侈，后宫御者数百人，食于水陆，贡献珍异，至乃厌饱，弃于厕中。裈衣悉罗缬锦绣珍玉，织成五百一段，尔后宫掖遂为旧事。后主之在宫，乃使骆提婆母陆氏为之，又胡人何洪珍等为左右，后皆预政乱国焉。

后主宠信骆提婆等小人，更导致朝政混乱：“祖孝征用事，则朝野翕然，政刑有纲纪矣。骆提婆等苦孝征以法绳己，谮而出之，于是教令昏僻，至于灭亡。”北齐灭亡固然有小人乱政的因素，但自注认为高纬的昏昧直接导致了亡国。自注详细叙述了北齐覆亡前夕，后主高纬政治上昏昧、寡信、多变，军事上无能、惊慌、胆怯等诸多表现：

> 晋州小失利，便弃军还并，又不守并州，奔走向邺。
>
> 除之推为平原郡，据河津，以为奔陈之计。
>
> 丞相高阿那肱等不愿入南，又惧失齐主，则得罪于周

朝，故疏间之推。所以齐主留之推守平原城，而索船度济向青州。阿那肱求自镇济州，乃启报应齐主云："无贼，匆匆匆。"遂道周军追齐主而及之。

概括地说，颜之推仕宦历经南北数朝，凭借丰富的政治经验，对萧梁、高齐政治多有深刻反思。《观我生赋》自注对萧梁、高齐政治现象的记录既可以补充史书之阙，又体现出作者对朝市迁革的理性思索。

《观我生赋》自注还有相当一部分文字是关于作者身世、生平的记录，它们包括颜之推的出身、仕宦以及所参与的大型、重要的文化活动等重要的人生经历，是研究颜之推生平不可缺少的资料。有的文字简要说明了作者仕宦经历，如"时年十九，释褐湘东国右常侍，以军功，加镇西墨曹参军"、侯景之乱初期"迁中抚军外兵参军，掌管记"、侯景之乱平定以后"为散骑侍郎，奏舍人事"。入北齐后，于武平年间"以通直散骑常侍迁黄门郎"等。同时，自注还记录了作者在江陵期间和北齐文林馆期间参与的两次大规模校订、编纂书籍的活动。前者第一章第四节已有介绍，后者如下：

> 齐武平中，署文林馆，待诏者仆射阳休之、祖孝征以下三十余人，之推专掌，其撰《修文殿御览》、《续文章流别》等，皆诣进贤门奏之。

这些文字也是研究南北朝文化的重要资料。

自注文字简洁，叙事侧重介绍事件的时间、地点、人物和任务，对于过程则一般忽略不记。但对于重要的人生经历，自注除了交代事情的起因和结局之外，还对过程进行简单的说明。如作者在侯景之乱被俘的经历，自注云："之推执在景军，例当见杀，景行台郎中王则初无旧识，再三救护，获免，囚以还都。"在北齐经历的崔季舒之祸则是:“时武职疾文人,之推蒙礼遇,每构疮痏,故侍中崔季舒等六人以获诛,之推尔日临祸而免。侪流或有毁之推于祖仆射者,仆射察之无实,所知如旧不忘。”自注尤其详细记叙了出奔北齐之举的起因、过程和结果:

> 齐遣上党王涣率兵数万,纳梁贞阳侯明为主。
>
> 梁武聘使谢挺、徐陵,始得还南;凡厥梁臣,皆以礼遣。
>
> 之推闻梁人返国,故有奔齐之心,以丙子岁旦,筮东行吉不,遇《泰》之《坎》,乃喜,曰:“天地交泰,而更习坎,重险行而不失其信,此吉卦也,但恨小往大来耳,后遂吉也。”
>
> 水路七百里,一夜而至。
>
> 至邺,便值陈兴而梁灭,故不得还南。

北齐放还梁使等外交举动给作者重返故国带来极大的希望,自注较详细地反映出颜之推出奔北齐前后的心态,南归的初衷与最终滞留北齐的结局也写得很清楚。同时,描写作者占卜后“乃喜”的心情,以及“重险行而不失其信”、“但恨小往大来耳,后遂吉也”等表达内心激动的文字,是《观我生赋》自注中唯一描述作者心理活动的文字,足见这次行动对颜氏人生具有重要意义、深刻影响。

《观我生赋》自注旨在说明、解释作者的人生经历以及相关的历史变迁。“仅明本事”的手法,使自注用字精省、富有概括力,语言风格质朴、古雅。叙事尤其严谨、精当,重点叙述事件的要点,说明事件的本质,避免了面面俱到的陈述,表明作者具有娴熟的叙事能力。要之,《观我生赋》自注散体文字“词尚体要,下笔精严”的叙事特征,从一个侧面展现出颜之推长于叙事散文的艺术特长,也是研究其散文成就的必要参考。

第六节　“释家报应之说”
——论《冤魂志》(上)

颜之推有志怪小说《冤魂志》三卷和《集灵记》二十卷，现存《冤魂志》一书和《集灵记》故事一则。《冤魂志》和《集灵记》最早见于《隋书·经籍志》史部杂传类，《旧唐书·经籍志》同，《新唐书·艺文志》始改入子部小说类。《颜氏家庙碑》只云颜之推有《冤魂志》三卷。在流传过程中，这两部小说书名都出现讹误。《冤魂志》宋以后称《还冤志》或《北齐还冤志》。《集灵记》被后人传写为《灵异记》，且该书散佚极多，《说郛》(宛委山堂本)卷一百十八存有六则故事，但只有一则可断为颜氏所作。鲁迅《古小说钩沉》辑有一则佚文，但该故事篇幅短小，艺术水平不高①。因此，本书重点论述《冤魂志》的内容与艺术手法。

两晋南北朝时期，小说创作处于起始阶段，而且志怪小说的创作与当时宗教文化有密切联系。魏晋以降，佛、道日渐兴盛，道教神仙故事和佛教轮回、报应故事从创作内容、创作主体两方面都影响着志怪小说的创作。鲁迅分析六朝志怪小说产生的原因说：

> 中国本信巫，秦汉以来，神仙之说盛行，汉末又大畅巫风，而鬼道愈炽；会小乘佛教亦入中土，渐见流传。凡此，皆张皇鬼神，称道灵异，故自晋讫隋，特多鬼神志怪之书。其书有出于文人者，有出于教徒者。文人之作，虽非如释道二

---

① 《集灵记》佚文：“王誧，琅邪人也，仕梁为南康王记室。亡后数年，妻子困于衣食。岁暮，誧见形谓妇曰：‘卿困乏衣食？’妻因与之酒，别而去。誧曰：‘我若得财物，当以相寄。’后月，小女探得金指环一双。”

家，意在自神其教，然亦非有意为小说，盖当时以为幽明虽殊途，而人鬼乃皆实有，故其叙述异事，与记载人间常事，自视固无诚妄之别矣。［《中国小说史略》第五篇《六朝之鬼神志怪书(上)》］

鲁迅强调自晋至隋小说具有浓郁的宗教背景，尤其是佛、道思想在民间的普及，志怪小说不仅内容具有“张皇鬼神，称道灵异”的特色，而且小说作者对鬼神故事深信不疑。志怪小说创作队伍包括虔诚的教徒和相信神鬼实有并热衷传播怪异之事的文人。他们相信神仙鬼怪的传闻，而且带着“实录”的精神叙述有关故事。很显然，“实录”的写作精神表明六朝文人多停留在相信、传播、鼓吹宗教故事的阶段，还缺乏主动、自觉地虚构、加工故事的艺术精神。在此背景下产生了不少志怪小说，著名的有干宝《搜神记》、王嘉《拾遗记》、刘义庆《幽明录》等。

六朝人普遍相信神仙鬼怪之说，颜氏家族也不例外。颜之推九世祖颜含就遭遇过兄死而复生的怪异之事，此传奇之事亦载入《晋书·孝友传》：

兄几，咸宁中得疾，就医自疗，遂死于医家。家人迎丧，旐每绕树而不可解，引丧者颠仆，称几言曰：“我寿命未死，但服药太多，伤我五藏耳。今当复活，慎无葬也。”其父祝之曰：“若尔有命复生，岂非骨肉所愿！今但欲还家，不尔葬也。”旐乃解。及还，其妇梦之曰：“吾当复生，可急开棺。”妇颇说之。其夕，母及家人又梦之，即欲开棺，而父不听。含时尚少，乃慨然曰：“非常之事，古则有之，今灵异至此，开棺之痛，孰与不开相负？”父母从之，乃共发棺，果有生验，以手刮棺，指爪尽伤，然气息甚微，存亡不分矣。饮哺将护，累月犹不能语，饮食所须，托之以梦。(《晋书》卷八十八)

《晋书》所记颜几客死、托梦、发棺、复活等事，不仅奇特怪异，且发棺之事一波三折，家族中有争论、有往复。终在颜含坚持之下，颜几得获救护。就读者而言，故事情节颇具吸引力，而就颜氏家族后人，尤其是信奉释教的颜之推而言，则有更为特殊的意义。这促使他力倡轮回之说，并积极写作志怪小说，《归心》篇云："形体虽死，精神犹存。人生在世，望于后身似不相属；及其殁后，则与前身似犹老少朝夕耳。世有魂神，示现梦想，或降童妾，或感妻孥，求索饮食，征须福祐，亦为不少矣。"其中，"世有魂神，示现梦想，或降童妾，或感妻孥，求索饮食，征须福祐"与颜几之事诸多细节甚为接近，可以想见，深厚的佛教素养加上家族中罕见的经历，颜之推于情于理对灵怪类故事有所偏重。

此外，据《梁书》卷五十《颜协传》载，之推父颜协著有"《晋仙传》五篇，《日月灾异图》两卷"，足见颜协本人热衷写作神仙故事和自然界的灾异之事。《晋仙传》的题目不仅表明该书记录晋朝的神仙之事，似乎还暗示了自颜含始，颜氏后人对此类故事的关注。而且，颜协、颜之推父子两代皆从事志怪小说创作的文学现象，不仅表明南北朝时期志怪小说进入创作高峰，也表明写作志怪小说成为家族文学的组成部分，志怪小说凭借发达的家族文学保持着继续发展的态势。

现存的《冤魂志》并无序言，但颜氏在《归心》篇中努力宣扬的戒杀护生观点，可视为《冤魂志》的创作主旨：

> 儒家君子，尚离庖厨，见其生不忍其死，闻其声不食其肉。高柴、折像，未知内教，皆能不杀，此乃仁者自然用心。含生之徒，莫不爱命；去杀之事，必勉行之。

颜之推教育子孙务必做到护生去杀，《归心》篇认为儒家的仁爱之心与佛家的戒杀观点本质相通，篇末附有六则发生在萧梁和北齐因杀生而遭恶报的小故事,惜乎短小寡味。志怪小说《冤魂志》上承"仁者自然用心"的观点,其六十则故事明确围绕一个中心——戒杀护生。其中,《康季孙》通过断杀以活命、杀生而毙命的故事,将戒杀的思想表达得最为直接明白:

> 康季孙性好杀,滋味渔猎故恒事,奴婢愆罪,亦或死之。常病笃,梦人谓曰:"若能断杀,此病当差,不尔必病。"即于梦中,誓不复杀。惊悟战悸,汗流浃体,病亦渐瘳。后数年,三门生窃其两妾以叛,追获之,即并殴杀。其夕,复梦见前人来曰:"何故负信?此人罪不至死,私家不合擅杀,今改亦无济理。"迨明呕血,数日而卒。

故事以滥杀为因,殒命为果,有强烈的警示意义。此外,《冤魂志》中不少戒杀故事还与家族生活有着密切联系,即从家族角度出发,强调戒杀的重要性,此类故事结局皆是一人犯杀业,家人受罪殃。如《孔基》中孔基被孔敞二子杀害后,冤魂指责凶手:"慢天忘父,人神不容,要当断汝家种。"故事以凶手二人无后告终。《太乐伎》写县令陶继之枉杀太乐伎,不仅被冤魂索命而死,更落得子孙凋零:"二儿早死,余有一孙,穷寒路次。"《朱贞》写廷尉虞献欺罔朱贞至死,后虞妻暴卒,"于时屋无故忽崩,献及男女婢使十余人,一时并命。"这些故事均涉及子孙、夫妻,说明杀生给家族带来不幸。

同时,《冤魂志》并未停留在以悲惨故事警戒后人的层面上,而是对故事的原因进行探究。如《经旷》、《苏娥》、《诸葛元崇》三故事的起因分别是由酒、色、财引起杀身之祸。许多滥杀无辜的故事缘由都与嫉妒、酗酒、贪财、好色即佛家所否定的贪、嗔、痴相关,《冤魂志》借此否定了人类世俗生活中日益膨胀的物欲。

应该说，颜之推写作志怪小说的意图有着浓厚的宗教情结，其主观意图在于自觉宣扬佛教戒杀护生、为善去恶的思想。文渊阁《四库全书》本《还冤志》提要指出，该书具有浓厚的宗教特点："自梁武以后，佛教弥昌，士大夫率皈礼能仁，盛谈因果，之推《家训》有《归心》篇，于罪福尤为笃信，故此书所述，皆释家报应之说。"

《冤魂志》故事上起春秋，下至北周，或反映统治阶级滥杀无辜的暴行，如《太乐伎》、《弘氏》、《孙元弼》、《魏辉儁》；或反映统治阶级内部的争权夺利、互相残杀，甚至宫闱政变，如《萧嶷》、《殷涓》、《王凌》、《苻永固》、《庾申》、《王敦》、《梁武帝》、《北齐文宣帝》；或反映战乱年代百姓苦难深重，如《江陵士大夫》；或反映士族的婚姻矛盾，如《张稗》；或反映家族中后妻虐待子女的惨剧，如《徐铁臼》。综观全书，反映统治阶级残忍、黑暗的故事占十之八九。《冤魂志》客观上批判了封建社会政治，这与颜之推对南北朝政治的感受和思索是分不开的。在一些故事中，颜氏甚至对最高统治者提出了尖锐的批评，如《北齐文宣帝》直接指出北齐文宣帝高洋去世后，其弟高演，即后来的孝昭帝"权势甚重"、"因文宣山陵，留为录尚书事，王遂怒，潜生异计"、"收缚乾明腹心尚书令杨遵彦等五人，皆为事状，奏斩之"。故事深刻地概括出高演废杀幼帝高殷的政治野心和毒辣手段。在唐人修《北齐书》之前，颜氏对北齐宫闱之变政治本质的大胆揭露，不能不让人感到他敏锐的政治目光，佩服他批判的勇气。《萧续》则反映萧梁皇室罗织罪名、公报私仇的恶劣行为。《后周女子》则反映北周宣帝残暴、寡恩的行为。与那些记叙前朝故事的文字不同，这几则故事对作者而言，都是发生在当代的最高统治阶层，表现出政治的险恶、残酷，既具有积极意义，也具有一定的思想深度。还要指出的是,《冤魂志》虽有大量故事取材于史书,但六十则故事中有十五则故事反映梁、陈、后魏、北齐、北周之事,也就是说,占全书四分之一的故事与作者生活的时代相关。在宣扬佛教思想的基础上,这些故事大都针对现实社会的具体问题。如《真子融》、《魏辉儁》、《元徽》、《弘氏》、《支法存》等十二则故事直接反映南北朝统治阶级贪婪、残暴、内部互相倾轧、吏治混乱等现象,体现出颜之推对当代社会的反思和批判。

《冤魂志》还注重叙述平民百姓的故事,不少故事将下层百姓被损害的主要原因归结为统治阶层的残暴、贪婪。如《弘氏》、《支法存》。《弘氏》讲述"梁武帝欲为文皇帝陵上起寺,未有佳材,宣意有司,使加采访",富商弘氏在贸易过程中"经年营得一筏,长可千步,材木壮丽,世所稀有",结果被南津校尉孟少卿"希朝廷旨,乃加绳墨"、"诬以涉道劫掠所得,并造作过制,非商贾所宜,结正处死,没入其财充寺用"。故事结尾不但恶吏孟少卿呕血而死,所有参与迫害无辜商人的官吏都死掉:"凡诸狱官及主书舍人,预此狱事署奏者,以次殂殁。未及一年,零落皆尽。"而且,使用弘氏木材的寺庙"营构始讫,天火烧之,略无纤芥。所埋柱木,亦入地成灰"。作为一名佛教徒,颜之推当然赞成修建寺庙等重大宗教举动,但作品更注重因果,更注重人间的正义。因此,《弘氏》的结尾并未停留在恶人"零落皆尽"的层面上,而是进一步发展为文皇帝陵上寺最终难逃天火焚烧的结局,更富有人间的情理。此外,《支法存》讲述的也是辛苦致富的商人被贪婪官吏杀害的故事,《江陵士大夫》写西魏陷江陵,南朝士人被俘被驱、生离死别的悲剧,《苏娥》、《涪令妻》叙述了弱女子被侮辱、被杀害的悲剧。客观地说,《冤魂志》反映了较为广阔的社会生活，在宣扬佛教思想的同时显示出作者关注弱小的人文情怀，这是不能忽视的。

颜之推亲历梁末动乱，对战乱给百姓造成的巨大伤害有着切身体验，对下层人民的悲惨命运有着深切的感同身受，《冤魂志》不少故事写得极具感染力，如《江陵士大夫》：

> 江陵陷时，有关内人梁元晖，俘获一士大夫，姓刘。此人先遭侯景丧乱，失其家口，唯余小男，始数岁，躬自担负，又值雪泥，不能前进。梁元晖监领入关，逼令弃儿，刘甚爱惜，以死为请，遂强夺取，掷之雪中。杖捶交下，驱蹙使去。刘乃步步回顾，号叫断绝，辛苦顿踣，加以悲伤，数日而死。死后，元晖日见刘伸手索儿，因此得病。虽复悔谢，来殊不已。元晖载病，到家而卒。

作者的遭遇与刘氏相似，二人皆经历了侯景丧乱和江陵陷落，故事饱含着同情心，重在场面描写，突出主人公在灾难与暴力面前之弱小、无助，他乞求、挣扎、绝望、被辱、被毁。经历了两次劫难的刘氏护惜幼子、“以死为请”的举动，已让读者对之抆泪；“步步回顾，号叫断绝，辛苦顿踣”数句从动作到声音到内心，渲染着一位难民无法承受的巨大的丧子之痛，可谓哀情满纸，痛何可言，故事流露出对人间悲剧的感伤情怀显然超过了宗教情怀。

《冤魂志》的实用性质还表现为小说与史传文学有着极为特殊的内在联系。与取材多来自民间传说的《搜神记》不同，《冤魂志》中的人物故事绝大部分取自儒家史书，如《杜伯》所写周宣王杀杜伯事见于《国语·周语上》，《公子彭生》事见《左传》桓公十八年，亦见于《史记·齐太公世家》，《公孙圣》写公孙圣报冤之事见于《越绝书》卷十，《北齐文宣帝》写高洋报冤之事见于《北齐书》卷六《孝昭帝纪》。加之，齐梁文人多兼修文史，颜氏家族有着深厚的史学修养,“世善《周官》、《左氏》”,这种家学传统也为《冤魂志》的写作提供了坚实的史学基础。小说“以史为证”的写作手法在很大程度上调和了儒、释文化,巧妙地以儒家的人物、故事宣传了佛家思想。因此,鲁迅称《冤魂志》“引经史以证报应,已开混合儒释之端矣”①。

作为杂史类志怪小说,《冤魂志》多以历史人物为故事主人公,延续了魏晋南北朝志怪小说的常用写作模式。而这种写作模式与六朝文人深信鬼神之事的创作心态、以史笔去记录鬼魂等荒诞故事的写作模式,是分不开的,干宝《搜神记序》表明“发明神道之不诬”的写作意图,即证明了六朝文人对神道之事确信不疑的心理。颜之推本人显然也相信并“真实”记录了许多鬼神故事。还需说明的是,《冤魂志》取材于史书的写作手法显然有利于完成说教的任务。尽管世人相信怪异之事,用史实做材料缩短了故事与现实生活的距离,比用传说做材料更贴近现实社会,更具有说服力和警戒意义,使读者相信因果报应之事,自古至今都存在不爽。在此基础上,小说达到了教育读者的目的。对此,文渊阁《四库全书》本《还冤志》提要评价说:

> 然齐有彭生,晋有申生,郑有伯有,卫有浑良夫,其事并载《春秋传》……以及魏其、武安之事,亦未尝不载于正史。强魂毅魄,凭厉气而为变,理固有之,尚非天堂地狱幻杳不可稽者比也。其文词亦颇古雅,殊异小说之冗滥,存为鉴戒,固亦无害于义矣。

指出《冤魂志》较之其他志怪小说具有“存为鉴戒”、“无害于

① 鲁迅:《中国小说史略》,齐鲁书社,1997 年 11 月版,第六篇《六朝之鬼神志怪书(下)》。

义"和接近现实世界的意义,肯定了其教育意义和朴素的艺术手法。客观地说,《冤魂志》缺少强烈的奇幻艺术效果,但其以史事证报应的手法也在一定程度上延缓了六朝志怪过于脱离现实世界,即"幻杳不可稽"不良发展趋势。

综合说来,颜之推《冤魂志》是一部专讲因果报应的志怪小说。它离开怪异的神话传说而取材于历史的倾向,有着强烈的宗教意识和诚笃的宗教情感。颜之推像六朝其他志怪小说家一样,只具有自觉宣扬、发明神道思想的写作意识,尚不具备自觉的文学创作意识。试图通过志怪小说来宣扬、传播佛教观点的写作方式,表明了《冤魂志》首先是宣传某种思想的工具,其次才是文学作品。换言之,小说首先体现实用价值,其次体现艺术价值。

第七节 叙述异闻

——论《冤魂志》(下)

《冤魂志》是南北朝志怪小说的重要作品,有不可忽视的文学价值。一方面,它所写的内容与人间现世生活有很大联系,使志怪小说在一定程度上摆脱了过于离奇怪诞的倾向,增加了人间气息。另一方面,出于宣传佛教因果思想的目的,颜之推调动了许多文学手法,在故事结构、叙事手法、人物心理和语言等方面都下了一番功夫,尽可能用生动、"真实"的故事打动读者。可以说,作者在宣扬宗教思想的文字中,不自觉地对志怪故事进行了一些艺术加工。尤其是颜之推本人擅长叙事,小说故事多注意变化叙事方式、角度,从一定程度上改变了单一的叙事模式。

尽管还停留在粗陈梗概的阶段，但《冤魂志》有相当一部分故事篇幅较长，结构完整，多由起因、经过和结局三部分构成。同时，故事篇幅长短不一，意味着故事的生动性并不完全取决于文字的多寡，甚至不完全取决于其完整性。为了取得更好的艺术效果，《冤魂志》利用了其写作模式与史传文学有密切联系的优势，注重对故事进行适当剪裁，尤其注意对故事起因、经过和结局加以选择，详细记叙其中某一部分，而非面面俱到，笼统下笔。如《苻永固》写姚苌兵败投降苻坚，屡蒙宠任，却以怨报德、乘人之危、袭杀苻坚。故事重点叙写姚苌政治发迹的过程和阴险、虚伪的卑劣行径：

> 秦姚苌字景茂，赤亭羌也。父弋仲事石勒，石氏既灭，苌随其兄襄与苻永固战于三原，军败襄死，苌乃降永固。即受禄位，累加爵邑。及转龙骧将军，督梁、益州诸军事，永固谓之曰："朕昔以龙骧建业，此号未曾假人，今持山南委卿，故特以相授。"其蒙宠任优隆如此。后随永固子睿讨慕容泓，为泓所败，睿独死之。苌遣长史诣永固谢罪，永固怒既甚，即戮其使，苌益恐惧，遂奔西州，邀聚士卒，而自树置。永固频为慕容冲所败，冲转侵逼。永固又见妖怪屡起，遂走五将山，苌即遣骁骑将军吴中围永固，中执永固以送苌，即日囚之，以求传国玺及令禅让，永固不从，数以叛逆之罪，苌遂杀之，遂称帝。后又掘永固尸，鞭挞无数，裸剥衣裳，荐之以棘，掘坎埋之。及苌遇疾，即梦永固将天官使者及鬼兵数百，突入营中，苌甚怵愕，走入后宫，宫人逆来刺鬼，误中苌阴，鬼即相谓曰："正著死所。"拔去矛刃，出血石余，忽然惊寤，即患阴肿，令医刺之，流血如梦。又狂言曰："杀陛下者臣兄襄耳，非臣苌罪，愿不赐枉。"后三日，苌死。

《冤魂志》有时重点叙述故事的起因，如《太乐伎》、《孙峻》、《王凌》等。《孙峻》只对诸葛恪被杀的政治原因和遇害前出现的诸多不祥征兆进行详细叙述，而诸葛恪被杀及其对孙峻的报复只以数语带过。《王凌》把事情原因，即王凌反抗司马懿失败写得较详细，而王凌遇害和复仇则处理得很简单。《太乐伎》详细记叙事情起因，即太乐伎被官吏诬陷的经过：

> 宋元嘉中，李龙等夜行劫掠，于时丹阳陶继之为秣陵县令，微密寻捕，遂擒龙等。龙所引一人是太乐伎，忘其姓名，劫发之夜，此伎推同伴往就人宿，共奏音声。陶不详审，为作欵列，随例申上。及所宿主人士贵宾客并相明证，陶知枉滥，但以文书已行，不欲自为通塞。遂并诸劫十人，于郡门斩之。此伎声艺精能，又殊辩慧，将死之日，亲邻知识，看者甚众。伎曰："我虽贱隶，少怀慕善，未尝为非，实不作劫，陶令已当具知。枉见杀害，若死无鬼则已，有鬼必自陈诉。"因弹琵琶，歌曲而就死。众知其枉，莫不殒泣。

这种针对故事起因或经过有所选择，而非通篇铺叙的手法显然得益于《左传》的叙事手法。它以经济的笔墨勾勒出故事框架，同时避免了平铺直叙，从而使故事简而有味，在一定程度上追求故事自身的文学趣味，而不再是依赖文字的数量，这是应该肯定的。

在《冤魂志》中，鬼魂复仇是故事不可缺少的重要环节，通常位于故事的结尾。少数故事中，冤魂的报复构成主要情节，如《徐铁臼》、《元徽》、《张稗》、《孙元弼》等侧重写冤魂的复仇举动。《孙元弼》写孙元弼受人诬告被害、复仇之事。故事因人物关系复杂、情节曲折而吸引人，表现出《冤魂志》重视创作手法的迹象。人物的复杂性在于王范、丁丰、史华期、桃英和陈超五人直接、间接将孙元弼迫害至死,这五人之间的关系颇为复杂:“晋富阳县令王范,有妾桃英,殊有姿色,遂与阁下丁丰、史华期二人奸通,范尝出行不还,帐内都督孙元弼闻丁丰户中有环珮声,觇视,见桃英与同被而卧。元弼叩户扇叱之,桃英即起,揽裙理鬓,蹑履还内。元弼又见华期带珮桃英麝香。二人惧元弼告之,乃共谤元弼与桃英有私,范不辨察,遂杀元弼。有陈超者当时在座,劝成元弼罪。”其中,王范为上司,又是桃英主人。孙、丁、史三人为同僚。丁、史与桃英的奸情被孙发现,丁、史向王诬告孙,王杀孙,陈超则扮演了劝成他人之罪的角色。复杂错综的事件也使鬼魂复仇的过程一波三折,由事主王范到从犯诸人,无一漏网,前后经历了五年漫长时间。故事详细记叙了冤魂对王范、陈超两人的报复:

> 后范代还,超亦出都看范。行至赤亭山下,值雷雨日暮,忽然有人扶超腋径曳将去。入荒泽中,电光照见一鬼,面甚青黑,眼无瞳子,曰:“吾孙元弼也,诉怨皇天,早见申理,连时候汝,乃今相遇。”超叩头流血。鬼曰:“王范即为事主,当先杀之。贾景伯、孙文度在太山玄堂下共定死生名录,桃英魂魄亦收在女青亭者,是第三地狱名,在黄泉下,专治女鬼。”投至天明,失鬼所在。超至杨(当为扬)都诣范,未敢说之,便见鬼从外来,径入范帐。至夜,范始眠,忽然大魇,连呼不醒,家人牵青牛临范上,并加桃人、左索,向明小苏,十许日而死。妾亦暴亡。超亦逃走长干寺,易姓名为何规。后五年三月三日,临水酒酣,超云:“今当不复畏此鬼也。”低头便见鬼影已在水中,以手搏超,鼻血大出,可一升许,数日而殂。

阴森、恐怖的氛围,从犯逃匿、偷生的侥幸心理和诡秘行踪,冤魂

“连时候汝”的强烈复仇心理及其执着的复仇行动交织在一起，使故事情节曲折多变。

《冤魂志》以叙事为主，重点不在于塑造人物形象，但这并不等于说《冤魂志》忽略了人物在故事中的作用。具体说来，在叙事过程中，颜之推不仅把事情的进展写得清楚有致，还注重通过各种人物的心理、行为展示其内心世界。如《公孙圣》写吴王夫差穷途末路时刻，面对公孙圣冤魂的不安心情，故事通过语言展现其悔恨、犹豫乃至恐惧、绝望的复杂心理变化：

> 吴王夫差杀其臣公孙圣而不以罪，后越伐吴，吴败走，谓太宰嚭曰：“吾前杀公孙圣，投于胥山之下，今道当由之，吾上畏苍天，下惭于地，吾举足而不进，心不忍往。子试唱于前，若圣犹在，当有应声。”嚭乃向余杭之山呼曰：“公孙圣。”圣即从上应曰：“在。”三呼而三应。吴王大惧，仰天叹曰：“苍天苍天，寡人岂可复归乎！”吴王遂死而不反。

如果说《公孙圣》主要写害人者吴王夫差的内心活动，那么，《诸葛元崇》则通过语言表达出被害冤魂内心的痛苦、无助。故事写诸葛元崇与做官的父亲远离家乡住在九真（今属越南），十九岁因父丧扶棺还建康，途中父亲门生何法僧“贪其资货，与伴共推元崇堕水而死，因分其财”，元崇鬼魂北上向母亲哭诉：

> 尔夜，元崇母陈氏梦元崇还，具叙亡父事及身被杀委曲：“尸骸流漂，怨酷无双，违奉累载，一旦长辞，衔悲茹恨，如何可说。”歔欷不能自胜。又云：“行速疲极，困卧窗下床上，以头枕窗，母视儿眠处，足知非虚矣。”陈氏悲怛惊起，把火照儿眠处，沾湿犹如人形。于是举家号泣，便如问。

受害人内心难以言说的苦楚、哀怨以及对亲人的无限留恋、愧疚，都借助语言表达出来，读来催人泪下。有时故事将冤魂复仇的举动与语言结合起来,更具文学色彩。《徐铁臼》讲述后母陈氏虐待徐铁臼:“捶打铁臼,备诸苦毒,饥不给食,寒不加絮”、“恣意行其暴酷”,最终铁臼冻饿病杖而夭,时年十六。其后,鬼魂对后母进行猛烈报复:

> 亡后旬余,鬼忽还家,登陈床曰:“我铁臼也,实无片罪,横见残害,我母诉怨于天,今得天曹符,来取铁杵(其异母弟),并及汝身,当令铁杵疾病,与我遭苦时同。将去自有期日,我今停此待之。”声如生时,家人宾客不见其形,皆闻其语。于是恒在屋梁上住,陈氏跪谢搏颊为设祭奠,鬼云:“不须如此,饿令我死,岂是一餐所能对谢。”陈夜中窃语道之,鬼厉声曰:“何敢道我,今当断汝屋栋!”便闻锯声,屑亦随落,拉然有响,如栋实崩。举家走出,炳烛照之,亦了无异。鬼又骂铁杵曰:“汝既杀我,安坐宅上,以为快也,当烧汝屋。”即见火然,烟焰大猛,内外狼狈,俄尔自灭,茅茨俨然,不见亏损。日日骂詈,时复歌云:“桃李花,严霜落奈何;桃李子,严霜早落已。”声甚伤切,似是自悼不得成长也。

铁臼的语言更多地表达出受害者内心的辛酸、冤屈、仇恨等沉重的感情,展现其备受残害、悲切、酸楚的复杂内心。执着、坚韧的复仇心理推进着故事进程,荒诞、离奇的复仇场面增益故事的诡异气息,复仇烈焰之后,舍宅“亦了无异”、“不见亏损”颇为惊悚,使故事充满神秘、怪异气息,取得了奇幻的艺术效果。应该说,作品充分地利用人物语言和场面描写,为志怪故事增加了生动性和文学气息,比单纯以叙述为主的故事更精彩、成熟。同样精彩的场面描写还出现在《江陵士大夫》当中,该故事不以变化叙述方式和人物语言著称,重在描写父子死别的场面,从行动到内心层层展示刘氏的绝望，催人泪下，兹不赘言。

就叙事时间而言，《冤魂志》常常采用顺序手法，按照事情进展过程来展开故事情节。不过，在叙事当中，叙事时序与故事时序并不相同。叙事时序是"文本展开叙事的先后次序，从开端到结尾的排列顺序，是叙述者讲述故事的时序"，而故事时序是"被讲述故事的自然时间顺序，是故事从开始发生到结束的自然排列顺序"①。故事时序是固定不变的，叙事时序则可以变化不定。《冤魂志》的故事绝大多数采用的是顺序手法，叙事时序与故事时序基本一致。但少数故事采用了倒叙的手法，由冤魂追述往事或被害原因。如《苏娥》、《涪令妻》、《吕庆祖》就采用倒叙的手法，表现出叙事技巧的变化。其中，《苏娥》和《涪令妻》都反映了封建社会中妇女被侮辱、被损害的社会现象，故事将冤情置于某地方官外出途中的特殊的场合中，冤魂前来陈诉被害的经过，以倒叙手法展开故事。如《苏娥》：

汉世何敞为交趾刺史，行部到苍梧郡高要县，暮宿鹊奔亭。夜犹未半，有一女子从楼下出，自云："妾姓苏名娥字始珠，本广信县修里人，早失父母，又无兄弟，夫亦久亡。有杂缯百二十匹，及婢一人，名致富。妾孤穷羸弱，不能自振，欲往旁县卖缯。就同县人王伯赁车牛一乘，直钱万二千，载妾并缯，令致富执辔。乃以前年四月十日到此亭外，于时日暮，行人既绝，不敢前行，因即留止。致富暴得腹痛，妾往亭长舍乞浆取火，亭长龚寿操刀持戟，来致车旁，问妾曰：'夫人从何所来？车上何载？丈夫安在？何故独行？'妾应之

① 参见罗钢：《叙事学导论》，云南人民出版社，1994 年 5 月版，第四章第一节《顺序》。

曰:'何故问之?'寿因捉妾臂曰:'少爱有色,宁可相乐耶?'妾时怖惧,不肯听从,寿即以刀刺胁,一创立死,又杀致富。寿掘楼下,埋妾并婢,取财物去,杀牛烧车,车杠及牛骨贮亭东空井中。妾死痛酷,无所告诉,故来自归于明使君。"敞曰:"今欲发汝尸骸,以何为验?"女子曰:"妾上下皆著白衣,青丝履,犹未朽也。"掘之果然。

采用倒叙手法打破了叙事手法单一的局面,使故事情节更加曲折。又如《吕庆祖》中庆祖外出忽为人所杀,而"族弟无期,先大举庆祖钱,咸谓为害"。无期只好祭奠、祈求亲人的魂灵指示真凶:

至三更,见庆祖来,云:"近履行,见教子(庆祖家奴)畦畴不理,许当痛治奴,奴遂以斧斫我背,将帽塞口,因得啮奴三指,悉皆破碎。便取刀刺我颈,曳著后门。初见杀时,诸从行人,亦在其中。奴今欲叛,我已钉其头著壁。"言毕而灭。

人们纷纷猜测凶手的同时,以倒叙的方式讲述主人公遇害经过,目的不仅限于说出真正的凶手,还在于增加故事性,借以吸引读者。

此外,《冤魂志》少数故事还使用了补叙手法,在行文中,适当对故事某一环节进行补充。如《弘氏》以"梁武帝欲为文皇帝陵上起寺,未有佳材",命令地方官吏进行采访为发端,然后补叙,"先有曲阿人姓弘,家甚富厚,乃共亲族,多赍财货,往湘州治生。经年营得一筏,长可千步,材木壮丽,世所稀有",交代弘氏的身份和木材的来历,在此基础上,再叙述弘氏的不幸遭遇。《江陵士大夫》对江陵刘氏"先遭侯景丧乱,失其家口,唯余小男,始数岁,躬自担负"的补叙,也在一定程度上强化了刘氏后来撕心裂肺的丧子之痛。

从整体上看,《冤魂志》与史传文学有密切联系,着意营造一种“真实”的氛围。同时,为了增加故事的可信度,颜之推把自己尽量隐蔽在故事背后,采取第三人称叙事。而且,多数故事用全知角度的叙事方式,即作者把事情的前后经过清楚地叙述出来,在阅读当中,读者对故事和人物有较全面的认识与总体把握,前面所举的例子绝大多数采用第三人称全知角度的叙事方式。但《冤魂志》也有极个别的故事采用第三人称限知角度的叙事方式,即作品只从故事人物的角度记录事件的进展、结局,故事只讲述某个人物的所见、所闻、所感,人物的视野就是作者的视野。如《庚申》第三人称限知角度的叙事方式,讲述庚某死后在冥间的见闻感受:

> 颍川庚某,宋孝建中,遇疾亡,心下犹温,经宿未殡,忽然而寤。说初死,有两人黑衣来,收缚之,驱使前行。见一大城,门楼高峻,防卫重复。将庚入厅前,同入者甚众。厅上一贵人南向坐,侍直数百,呼为府君。府君执笔,简阅到者,次至庚,曰:“此人算尚未尽。”催遣之。一人阶上来,引庚出,至城门,语吏差人送之。门吏云须覆白,然后得去。门外一女子,年十五六,容色闲丽。曰:“庚君幸得归,而留停如此,是门司求物。”庚云:“向被录轻来,无所赍持。”女脱左臂三只金钏,投庚云:“并此与之。”庚问女何姓,云:“姓张。家在茅渚,昨霍乱亡。”庚曰:“我临亡,遣赍五千钱,拟市材,若更生,当送此钱相报。”女曰:“不忍见君艰厄,此我私物,不烦还家中也。”庚以钏与吏,吏受,竟不覆白,便差人送去。庚与女别,女长叹泣下。庚既恍惚苏,至茅渚寻求,果有张氏新亡少女云。

在叙事中,庚申的视野就是读者的视野,故事完全从庚申的角度讲述死而复生的经历,通过其见闻展现出另一世界的大致面貌。

有趣的是，故事中门吏覆白、索要财物一事竟带有人间的不良社会风气的印记，表明志怪小说最终折射现实的深层意义。此外，《公孙圣》也采用了第三人称限知角度的叙事方式，从吴王夫差的角度出发，展示其矛盾心理，兹不赘述。

就第三人称叙事方式而言，第三人称全知角度的叙事方式在《冤魂志》中占主要地位，限知角度的叙事方式只是少数。这表明在创作过程当中，全知角度的叙事方式更便于作者隐藏在作品背后，把故事发展脉络叙述清楚，更容易产生“真实”的艺术效果。但这种写作方式也存在一个明显的缺陷，即限制了人物的活动空间，使故事缺少对人物内心世界的充分描述。

作为志怪小说，《冤魂志》常涉及阴阳两个空间，这为人物活动、故事进展提供了巨大的发挥空间。尤其是冤魂的活动不受时空限制，怪异、荒诞的举动大大增强了故事的神秘色彩。如《诸葛元崇》写元崇遇害之后，一夜间能够北上几千里，从九真（属交州，治在今越南）直到金陵家中向母亲托梦诉冤。《孔基》讲述为人正直的孔基为族人孔敞二子之师，二子“凶猥”，在孔基吊唁孔敞途中，“二子犹怀宿怨，潜遣奴于路侧杀基”。孰料“奴还未至，仍见基来，张目攘袂，厉声言曰”，时间上的反差，突出、增加了故事的怪诞色彩。可以说，时空手法不仅是小说叙事过程中的必备要素，而且是小说营造奇幻艺术效果的主要武器。

从语言方面来看，《冤魂志》以散文语言叙事，散文化倾向较《家训》更加明显。《弘氏》、《支法存》、《苏娥》、《江陵士大夫》、《诸葛元崇》、《孙元弼》等文，均以散文句式为主，叙事更为简洁、流畅。《冤魂志》行文还适当借鉴了骈文句式整齐的优点，大量五、八、九言句与整齐的四言句相交织，句式错落有致，不失整齐。凝练的四言句尤其在人物语言、情态描写方面发挥着一定作用。如元崇向母亲倾诉被害的冤屈,“尸骸流漂,怨酷无双,违奉累载,一旦长辞,衔悲茹恨,如何可说”,《徐铁臼》中冤魂烧屋报复的离奇现象,“即见火然,烟焰大猛,内外狼狈,俄而自灭,茅茨俨然,不见亏损”,江陵士大夫被剥夺幼子后“步步回顾,号叫断绝,辛苦顿毙”等物态人情都写得生动、逼真。同时,《冤魂志》语言流利、浅净、古雅,带有鲜明的文人写作印记,总体上具有简洁、典雅的语言风貌。

上一节曾提到颜氏父子两代人皆从事志怪小说创作,借助家族文化的延续性推动了小说创作。这固然是南北朝志怪小说发展的重要表现,但是文学的演进并非直线发展,前进的过程中也存在着某些倒退、回流的现象,颜之推《冤魂志》在一定程度上就体现出志怪小说演进中的回流现象。当虚构已经成为志怪小说家的主要创作原则,奇、异、怪成为他们共同的追求目标的时候①,颜之推依旧注重教育和警戒的创作目的,显然要比其他志怪作家落后。这种实用的创作意图在很大程度上限制了作者艺术水平的发挥,降低了小说的艺术价值。同时,这种实用的创作意图也使《冤魂志》过于强调人类的罪恶,缺少浪漫色彩和对理想生活的美好寄托,小说整体风格偏于冷峻。这实际上延续了《家训》冷静的行文风格,只不过是用众多故事来完成说教。

《冤魂志》的冷峻、缺少幻想的风格可从作品中看出。同样反映士族婚姻问题,《冤魂志》与《幽明录》就采用了不同的手法。《幽明录》中《黄原》描写人神恋爱的故事,写青年男子黄原在一青犬的引导下通过洞穴来到一仙界,与“容色婉妙”的妙音

---

① 参见孟昭连、宁宗一:《中国小说艺术史》,浙江古籍出版社,2003年10月版,第二章第三、四节。

仙女结为夫妻，这个人神恋爱的故事用美妙的艺术手法表达出寒士庶民与高门士族进行婚配的潜在愿望。《冤魂志》中《张稗》则更多反映出六朝士族门第婚姻的保守性质："宋下邳张稗者，家世冠族，末叶衰微。有孙女姝好美色，邻人求聘为妾，稗以旧门之后，耻而不许。邻人忿之，乃焚其屋，稗遂烧死。"但张稗之子邦却"亦知情状，而畏邻人之势，又贪其财，匿而不言，嫁女与之"。结果是张邦和邻人均不得好死。《张祚》也借鬼魂之口强调"汝荷婚姻而为反逆，皇天后土，必当照之"。《冤魂志》的故事既反映出门第婚姻在士族生存中的重要地位，又反映出六朝社会门第婚姻壁垒森严的保守性。完成于北周的《冤魂志》以严肃、固执的形式展现出士族社会的门第婚姻观念，表现出写实、理性的文风，较之刘宋时的《幽明录》缺少艺术上的虚构，艺术手法显得陈旧。

而且，注重实用的写作心态在《冤魂志》中表现为小说艺术形式简单和艺术手法粗糙。小说尚停留在简单讲述故事，即"粗陈梗概"的阶段，不甚讲究塑造人物形象。具体说来，《冤魂志》诸多故事长短不一，最短小者只有四十余字，如《麴俭》，只能粗陈大概，毫无艺术价值可言。最长者达四百余字，如《徐铁臼》、《孙元弼》，尚有发挥的余地。《冤魂志》多数故事篇幅简短，如《燕臣庄子仪》、《汉王如意》、《游殷》、《王宏》、《王济婢》、《王敦》、《于吉》等，情节简单，缺乏形象性。如《燕臣庄子仪》：

> 燕臣庄子仪，无罪而简公杀之。子仪曰："死者无知则已，若其有知，不出三年，必使君知之。"期年，简公将祀于祖泽。燕之有祖泽，犹宋之有桑林，国之大祀也。男女观之。子仪起于道左，荷朱杖击公，公死于车上。

此外，崇尚实用的创作意图在很大程度上限制了《冤魂志》对故事情节的虚构能力和想象力，使小说情节过于简单。颜之推虽深受佛教影响，熟悉佛教故事，但《冤魂志》仅停留在以人物离奇的复仇手段暗示佛教教义层面上，而没有发展为对佛教故事进行积极的艺术再加工。较之梁朝吴均《续齐谐记》之《阳羡鹅笼》要落后许多。《阳羡鹅笼》受佛教《杂譬喻经》中的《壶中人》故事影响，沿用其故事框架，但作品描写更加曲折、细致，且对话生动，故事情节更加复杂，表现出作者明显的虚构意识和出色的艺术加工能力。而《冤魂志》中的一些故事则缺少艺术上的精加工。如：

> 陶遂夜梦伎来至案前云："昔枉见杀，实所不分，诉天得理，今故取君。"便入陶口，仍落腹中，陶即惊寤，俄而倒绝，状若风颠，良久方醒。(《太乐伎》)
>
> (乐盖卿)死后少日，破虏在槽上看牛，忽见盖卿挈头而入，持一碗蒜齑与之，破虏惊呼奔走，不获已而服之，因得病，未几卒。(《乐盖卿》)
>
> 须臾，见此人从水而出，对绚抚手曰："罪不当死，官枉见杀，今来相报。"即跳入绚口，因得病，少日而殂。(《张绚》)

这些冤魂复仇方式都是跳入仇人之口，使其得病身亡。方式固然奇特，结合佛教所讲的身、口、意三业来看，颜之推把冤魂复仇方式与口联系起来，强调了佛教对口业的警示，但故事情节显得简略，这不能不是一种遗憾。

《冤魂志》创作意图有着浓厚的宗教意味和崇尚实用的特点，总体艺术成就并不非常突出，但它是六朝志怪小说演进中的一个环节，其取材、叙事方式、叙事角度、语言文字等方面的艺术特点，都不同程度地体现出六朝志怪小说的艺术特点和演进的趋向。

附录

颜之推年谱[1]

梁武帝中大通三年辛亥(531),之推一岁。

颜之推是年生于江陵(今属湖北)。父颜协,为湘东王萧绎属官。

按《北齐书》卷四十五及《北史》卷八十三本传均不载其生年。《家训·序致》云"年始九岁,便丁荼蓼",殆指丧父而言。《梁书》卷五十《颜协传》载,颜协卒于梁武帝大同五年(539)。上推九年,知之推生于是年。又《家训·终制》:"吾年十九,值梁家丧乱。"自中大通三年下推十九年,乃太清三年(549),即侯景陷台城之岁,亦正相合。

《梁书》卷五十《颜协传》:"释褐湘东王国常侍,又兼府记室。世祖出镇荆州,转正记室。"按,湘东王普通七年(526)出为荆州刺史,大同五年(539)入为护军将军,领石头戍事,事见《梁书》卷五《元帝纪》。而协自普通七年即随湘东王于荆州,以至于卒,在荆州凡十三年,之推自当生于江陵。

---

① 本谱编写参考了缪钺先生《颜之推年谱》(《读史存稿》,生活·读书·新知三联书店,1963年3月版)。

之推有两兄：长兄之仪，长之推八岁；次兄之善。

《梁书》卷五十《颜协传》谓协“有二子：之仪、之推，并早知名”。之仪名列于前，盖之推之兄。《周书》卷四十《颜之仪传》：开皇“十一年冬，卒，年六十九”。是年之推年六十一，则之仪长之推八岁。《北史》卷八十三《文苑传》谓之仪为之推弟，误。颜真卿《颜氏家庙碑》云“之推字介……黄门兄之仪”，亦谓之仪为之推兄①。《家训·序致》：“每从两兄，晓夕温清。”则除之仪外，之推尚有一兄。考《颜氏家庙碑》载：“黄门兄之仪，周御正、御史……事具《周书》。弟之善，隋叶令。”则知之仪有弟名之善者，当即之推次兄。当以其功业无成，故史传失载。

大同三年丁巳（537），之推七岁。

之推幼年家教甚严，能诵《鲁灵光殿赋》。

《家训·勉学》：“吾七岁时，诵《灵光殿赋》，至于今日，十年一理，犹不遗忘。”灵光殿，汉景帝子恭王所建。东汉王逸之子王延寿游鲁，作《鲁灵光殿赋》，今存《文选》卷十一。按，颜氏本乎邹鲁，使之推幼时能诵该赋，非徒启蒙，亦欲教其不忘本也。《家训·序致》：“吾家风教，素为整密。昔在龆龀，便蒙诱诲；每从两兄，晓夕温清，规行矩步，安辞定色，锵锵翼翼，若朝严君焉。”足见家教甚严。

大同五年己未（539），之推九岁。

父协卒，年四十二，葬江陵东郭。此后之推受其兄之仪、之善之教养。

① 王昶云：“之仪为之推弟，碑云黄门兄者，疑碑经重刻致误。”（《金石萃编》卷一百一）失考。

《家训·终制》:“先君先夫人皆未还建邺旧山,旅葬江陵东郭。”《家训·序致》:“年始九岁,便丁荼蓼,家涂离散,百口索然。慈兄鞠养,苦辛备至;有仁无威,导示不切。”

大同八年壬戌(542),之推十二岁。

之推随湘东王萧绎在江州。萧绎讲老、庄,之推亦预门徒。虽非其所好,然亦不免受其熏染。还习《礼》、《传》,博览群书。

按,大同六年(540)十二月,湘东王萧绎出为江州(治浔阳,今江西九江)刺史,事见《梁书》卷三《武帝纪下》。之推以其父与萧绎旧谊,当仍居江州。《北齐书》本传:“世善《周官》、《左氏》,之推早传家业。年十二,值绎自讲《庄》、《老》,便预门徒。虚谈非其所好,还习《礼》、《传》,博览群书,无不该洽。”之推不好老、庄。《家训·勉学》曰:“夫老、庄之书,盖全真养性,不肯以物累己也。故藏名柱史,终蹈流沙;匿迹漆园,卒辞楚相,此任纵之徒耳。何晏、王弼,祖述玄宗,递相夸尚,景附草靡,皆以农、黄之化,在乎己身,周、孔之业,弃之度外……洎于梁世,兹风复阐,《庄》、《老》、《周易》,总谓《三玄》。武皇、简文,躬自讲论。周弘正奉赞大猷,化行都邑,学徒千余,实为盛美。元帝在江、荆间,复所爱习,召置学生,亲为教授,废寝忘食,以夜继朝,至乃倦剧愁愤,辄以讲自释。吾时颇预末筵,亲承音旨,性既顽鲁,亦所不好云。”虽云不好,然亦不免受其熏染。《家训·序致》:“虽读《礼传》,微爱属文,颇为凡人之所陶染,肆欲轻言,不修边幅。”其任性率意,或与此时所受庄、老之学不无关系。

太清二年戊辰(548),之推十八岁。

经事渐多,自知砥砺。然以往之任性率意,尚难根除。作有

《神仙诗》。

按，太清元年（547）二月，东魏侯景以河南十三州来降。太清二年，八月，侯景举兵自寿阳反，济江逼京师，事见《梁书》卷三《武帝纪下》。《家训·序致》："年十八九，少知砥砺，习若自然，卒难洗荡。"其《神仙诗》云："红颜恃容色，青春矜盛年；自言晓书剑，不得学神仙。"情感轻快，没有沉重的家国之痛，可断定是侯景之乱以前所作，姑系于此。

太清三年己巳（549），之推十九岁。

值梁朝丧乱。

《家训·终制》："吾年十九，值梁家丧乱。"三月，侯景陷台城。四月，湘东王萧绎称大都督中外诸军事、司徒，承制。五月，武帝卒，太子萧纲立，是为简文帝。参阅《梁书》之《武帝纪》、《简文帝纪》、《元帝纪》诸篇。

之推以词情典丽为湘东国右常侍，加镇西墨曹参军。尚好酒任纵。

《观我生赋》自注："时年十九，释褐湘东国右常侍，以军功，加镇西墨曹参军。"知之推仕湘东王国在本年。又，《北齐书》本传："词情典丽，甚为西府所称。绎以为其国左常侍，加镇西墨曹参军。好饮酒，多任纵，不修边幅，时论以此少之。"惟自注云"右常侍"，与本传之"左常侍"不同，当以自注较为可信。

当侯景乱时，湘东王萧绎不急图救援，而以私怨与其侄河东王萧誉、岳阳王萧詧构兵相攻，之推对此事亦极愤慨。《观我生赋》云："行路弯弓而含笑，骨肉相诛而涕泣；周旦其犹病诸，孝武悔而焉及。"

简文帝大宝元年庚午(550),之推二十岁。

九月,湘东王萧绎以世子萧方诸为中抚军将军、郢州刺史,之推为中抚军外兵参军,掌管记。

《北齐书》本传:“绎遣世子方诸出镇郢州,以之推掌管记。”《观我生赋》自注云:“时迁中抚军外兵参军,掌管记,与文珪、刘民英等与世子游处。”①郢州治江夏(今湖北武汉市)。之推随萧方诸至郢州,非其心之所愿。《观我生赋》云:“滥充选于多士,在参戎之盛列;惭四白之调护,厕六友之谈说;虽形就而心和,匪余怀之所说。”盖萧方诸仅十五岁,童幼无知,鲍泉为长史、郢州行事,亦庸碌辈,事见《梁书》卷四十四《贞惠世子方诸传》,故之推颇郁闷也。

大宝二年辛未(551),之推二十一岁。

闰四月,侯景遣将宋子仙、任约袭郢州,执刺史萧方诸。之推亦被俘,例当见杀,赖侯景行台郎中王则救护得免,囚送建康。

《北齐书》本传:“值侯景陷郢州,频欲杀之,赖其行台郎中王则以获免。被囚送建业。”《观我生赋》亦云:“幸先生之无劝,赖滕公之我保,剟鬼录于岱宗,招归魂于苍昊。”自注:“之推执在景军,例当见杀,景行台郎中王则初无旧识,再三救护,获免,囚以还都。”又云:“时解衣讫而获全。”《观我生赋》又云:“慨《黍离》于清庙,怆麦秀于空廛……经

① 文珪、刘民英等无考。按,《观我生赋》:“或校石渠之文,时参柏梁之唱。”自注:“王司徒表送秘阁旧事八万卷,乃诏:‘比校部分,为正御、副御、重杂三本……直省学士王珪、戴陵校经部,左仆射王褒、吏部尚书宗怀正、员外郎颜之推、直学士刘仁英校史部。’”按,《观我生赋》载于《北齐书》本传。唐人修史,避李世民名讳,则此所谓刘仁英,当即刘民英。至于文珪、王珪是否一人,待考。

长干以掩抑,展白下以流连;深燕雀之余思,感桑梓之遗虔。”自注:“长干,旧颜家巷”、“靖侯以下七世坟茔,皆在白下”。颜氏自南渡后,世居建康,而之推生于江陵,出仕藩国,此时因被俘归京都,始得流连家巷,瞻敬先茔也。

同时,之推亦目睹士族在战乱中覆灭的景象。《观我生赋》云:“畴百家之或在,覆五宗而翦焉。”自注:“中原冠带,随晋渡江者百家,故江东有《百谱》;至是,在都者覆灭略尽。”

八月,侯景废简文帝,立豫章王萧栋。十月,景杀简文帝,十一月,废萧栋,自称帝,国号汉。

元帝承圣元年壬申(552),之推二十二岁。

三月,湘东王萧绎所遣将王僧辩等平侯景,传其首于江陵。

《观我生赋》自注:“既斩侯景,烹尸于建业市,百姓食之,至于肉尽龁骨。传首荆州,悬于都街。”又云:“侯景既平,我师采穞失火,烧宫殿荡尽也。”侯景本羯人,久居北镇,已同鲜卑,陷建康后,恣意肆虐。黎民百姓,深受荼毒,是时之推身在建康,目击耳闻,极为痛心。《观我生赋》又云:“就狄俘于旧壤,陷戎俗于来旋。”

十一月,湘东王萧绎即位于江陵,是为元帝(《梁书》卷五《元帝纪》)。之推自建康还江陵,为散骑侍郎,奏舍人事,奉命校书,并与其他校书文人唱和诗赋。

《北齐书》本传:“景平,还江陵。时绎已自立,以之推为散骑侍郎,奏舍人事。”《观我生赋》云:“钦汉官之复睹,赴楚民之有望。摄绛衣以奏言,忝黄散于官谤。或校石渠之文,时参柏梁之唱。”自注:“时为散骑侍郎,奏舍人事也。”又云:“王司徒表送秘阁旧事八万卷。乃诏:‘比校部分,为正御、副御、重杂三本。左民尚书周弘正、黄门侍郎彭僧郎、直省学士王珪、戴陵校经部,左仆射王褒、吏部尚书宗怀正、员外郎颜之推、直学士刘仁英校史部,廷尉卿殷不害、御史中丞王孝纯、中书郎邓荩、金部郎中徐报校子部,右卫将军庾信、中书郎王固、晋安王文学宗菩业、直省学士周确校集部也。'"王司徒即王僧辩。按,承圣三年十一月西魏军即陷江陵,之推校书之业,不过两年而已。又据"时参柏梁之唱",知之推参与诗歌唱和。

之推长兄之仪亦仕于梁元帝朝,尝献《荆州颂》。

《周书》卷四十《颜之仪传》:"博涉群书,好为词赋。尝献《神州颂》,辞致雅赡。梁元帝手敕报曰:'枚乘二叶,俱得游梁;应贞两世,并称文学。我求才子,鲠慰良深。"《神州颂》,《北史》卷八十三《颜之仪传》作《荆州颂》。按,梁元帝都江陵,所献当为《荆州颂》。之仪仕元帝朝为何官,无考。

承圣二年癸酉(553),之推二十三岁。

承圣初,之推与元帝曾有学术交流。

《家训·书证》:"梁孝元帝常谓吾曰:'由来不识。唯张简宪见教……自尔便遵承之,亦不知所出。'简宪是湘州刺史张缵谥也。"按,《梁书》卷三十四《张缵传》:"元帝承制,赠缵侍中、中卫将军、开府仪同三司。谥简宪公。"则知梁元帝与颜氏之间的学术交流当在承圣初。又,《家训·勉学》:"梁元帝尝为吾说:'昔在会稽,年始十二,便已好学。时又患疥,手不得拳,膝不得屈。闲斋张葛帏避蝇独坐,银瓯贮山阴甜酒,时复进之,以自宽痛。率意自读史书,一日二十卷,既未师受,或不识一字,或不解一语,要自重之,不知厌倦。'"此勤学之事与学术交流相近,姑系于此。

承圣三年甲戌(554),之推二十四岁。

之推欲将父母坟茔由江陵迁回,后因西魏伐梁,未果。

《家训·终制》云:"承圣末,已启求扬都,欲营迁厝。蒙诏赐银百两,已于扬州小郊北地烧砖,便值本朝沦没。"云承圣末,则迁厝之营当在553至554年间。姑系于本年。

九月,西魏伐梁。十月,兵至襄阳,雍州刺史萧詧率众会之。十一月,西魏陷江陵,元帝被执,旋遇害。之推等所校图书亦毁于兵燹。

《观我生赋》:"守金城之汤池,转绛宫之玉帐,徒有道而师直,翻无名之不抗。民百万而囚虏,书千两而烟炀,溥天之下,斯文尽丧。"自注:"北於(按当是'方'字之误)坟籍,少于江东三分之一。梁氏剥乱,散逸湮亡,惟孝元鸠合,通重十余万,史籍以来未之有也,兵败,悉焚之,海内无复书府。"之推等手校之书,荡然尽矣。

江陵陷后,梁朝人士多被虏。之仪迁长安,之推被遣至弘农(今河南灵宝)李远处掌书翰。

《北齐书》本传:"后为周军所破。大将军李显庆重之,荐往弘农,令掌其兄阳平公远书翰。"李穆,字显庆,时以太仆卿从征江陵,进位大将军,事在《周书》卷三十《李穆传》中。穆兄远,封阳平郡公,都督义州弘农等二十一郡诸军事,《周书》卷二十五有传。之推北上,颇历艰辛。《观我生赋》云:"牵痾疻而就路,策驽蹇以入关。"自注:"时患脚气。"又云:"官给疲驴瘦马。"

之推兄之仪亦随例迁长安,事见《周书》卷四十《颜之仪传》。

敬帝绍泰二年即北齐文宣帝天保七年丙子(556),之推二十六岁[①]。

年初,之推携妻殷氏、子思鲁,由黄河经砥柱奔北齐,作《从周入齐夜度砥柱》诗。入邺(今河北临漳),文宣帝命其为奉朝请,侍从左右。

《观我生赋》自注:“齐遣上党王涣率兵数万,纳梁贞阳侯明为主”[②]、“梁武聘使谢挺、徐陵,始得还南;凡厥梁臣,皆以礼遣”、“之推闻梁人返国,故有奔齐之心,以丙子岁旦,筮东行吉不,遇《泰》之《坎》,乃喜,曰:‘天地交泰,而更习坎,重险行而不失其信,此吉卦也,但恨小往大来耳,后遂吉也。’”据此,知之推奔齐在本年年初,其所以奔齐者,乃闻齐纳贞阳侯,放还梁使,故欲由齐南归,《观我生赋》所谓“譬欲秦而更楚,假南路于东寻”。故不惮冒砥柱之险,“水路七百里,一夜而至”(《观我生赋》自注)。

《家训·后娶》:“思鲁等从舅殷外臣,博达之士也。”故知之推妻殷氏。又《家训·勉学》:“邺平之后,见徙入关。思鲁尝谓吾曰:‘朝无禄位,家无积财,当肆筋力,以申供养。每被课笃,勤劳经史,未知为子,可得安乎?’吾命之曰:‘子当以养为心,父当以学为教。使汝弃学徇财,丰吾衣食,食之安得甘?衣之安得暖?’”按,周武王平北齐在建

① 按,此前一年,王僧辩、陈霸先在建康奉晋安王萧方智即位,是为敬帝。是年三月,北齐遣其上党王高涣送贞阳侯萧渊明来主梁嗣。五月,王僧辩迎萧渊明,以敬帝为太子。九月,陈霸先杀王僧辩,废萧渊明,敬帝复位。

② 原文当作“贞阳侯渊明”,唐人修《北齐书》,避唐高祖李渊名讳,删“渊”字。下同。

德六年(577),距此时已二十一年,其时思鲁已能劳作尽孝,而尚被课教,则当在二十二至二十四五岁之间。由此可知,奔齐之时,思鲁尚幼,年在两三岁左右,最多不过四岁。《颜氏家庙碑》云"小记室字孔归",当是思鲁之字。

且之推奔齐,历尽艰辛。《北齐书》本传:"值河水暴长,具船将妻子来奔,经砥柱之险,时人称其勇决。显祖见而悦之,即除奉朝请,引于内馆中,侍从左右,颇被顾眄。"同时入齐之人还有高伟,《家训·归心》:"江陵高伟,随吾入齐"。可见当时欲假路者,恐不只颜氏一家。高伟,无考。

《从周入齐夜度砥柱》诗今存逯钦立《先秦汉魏晋南北朝诗》(下),《北齐诗》卷二。

敬帝太平二年即北齐文宣帝天保八年丁丑(557),之推二十七岁。

十月,陈霸先废敬帝自立,是为陈武帝。之推南归无望,遂留于北齐,与北齐文人交流文化、学术。

《观我生赋》云:"遭厄命而事旋,旧国从于采芑;先废君而诛相,讫变朝而易市。遂留滞于漳滨,私自怜其何已。"自注:"至邺,便值陈兴而梁灭,故不得还南。"之推身在北地,不忘故国,然是年陈霸先篡梁,至是南归无望,遂留居北齐。之推入北齐之后不久,即与北方士族进行文化交流。《家训·勉学》云:"吾初入邺,与博陵崔文彦交游,尝说《王粲集》中难郑玄《尚书》事。"又《家训·文章》:"江南文制,欲人弹射,知有病累,随即改之,陈王得之于丁廙也。山东风俗,不通击难。吾初入邺,遂尝以此忤人,至今为悔。"当知之推入北之初与北齐士人之交流以学术、文学评论为主。

北齐文宣帝天保九年戊寅(558),之推二十八岁[①]。

之推随文宣帝赴晋阳(今山西太原市西)。尚存南朝文人之任纵风习,因营外饮酒,为人毁谤,受帝冷落。并开始对北齐文学进行观察、思索。

《家训·终制》云"北方政教严切,全无隐退者"。之推不得已而出仕北齐。《北齐书》本传:"天保末,从至天池,以为中书舍人,令中书郎段孝信将敕书出示之推。之推营外饮酒,孝信还以状言,显祖乃曰:'且停。'由是遂寝。"按,所谓"天池"即《文宣帝纪》之"祁连池",盖胡人呼天为祁连,参见《通鉴·陈纪》六太建八年胡注。六月乙丑,文宣帝自晋阳北巡;己巳,至天池(今山西静乐县境);戊寅,还晋阳(《北齐书》卷四《文宣帝纪》)《家训·勉学》云:"吾尝从齐主幸并州,自井陉关入上艾县,东数十里,有猎闾村。后百官受马粮在晋阳东百余里亢仇城侧……悉属上艾。时太原王劭欲撰乡邑记注,因此二名闻之,大喜。"上艾,今山西平定县东南。又《家训·文章》云:"近在并州,有一士族,好为可笑诗赋,誂擎邢、魏诸公。"当即本年事。按,《北齐书》卷三十六《邢邵传》:"子昇死后,方称邢、魏焉。"温子昇卒于东魏孝静帝武定五年(547)。此事说明颜氏入北之后,对北齐文学状况的敏锐观察。

之推次子愍楚或生于是年。

《北齐书》本传:"之推在齐有二子,长曰思鲁,次曰敏楚,不忘本也。"按,颜氏本出琅邪,思鲁,谓思恋故乡;敏楚

① 因之推是年已仕于北齐,故此后用北齐年号。

（《家训·勉学》云"愍楚"），谓哀念故国。此前一年，陈霸先灭梁，故暂系于是年①。

废帝乾明元年即孝昭帝皇建元年庚辰（560），之推三十岁。

是年常山王高演废高殷自立，是为孝昭帝。之推与北朝文人多有交流。

《家训·勉学》云："《穀梁传》称公子友与莒挐相搏，左右呼曰'孟劳'。'孟劳'者，鲁之宝刀名，亦见《广雅》。近在齐时，有姜仲岳谓：'孟劳'者，公子左右，姓孟名劳，多力之人，为国所宝。'与吾苦诤。时清河郡守邢峙，当世硕儒，助吾证之。"《北齐书》卷四十四《儒林传》云："邢峙，字士峻，河间鄚人……皇建初，除清河太守。"姜仲岳，无考。据"近在齐时"，暂系于此。

孝昭帝皇建二年辛巳（561），之推三十一岁。

是年孝昭帝卒，弟长广王高湛立，是为武成帝。身在异国他乡，又多历变故，之推渐改往日性情，变得小心谨慎。

《家训·序致》："三十已后，大过稀焉；每尝心共口敌，性与情竞，夜觉晓非，今悔昨失。"为人变得愈加谨慎小心。一本作"二十已后"，不从。按两年前，之推初入北齐，尚存南朝士人遗习，因帐外纵饮致为人谮毁。《家训·文章》"吾初入邺，遂尝以此（指文学批评）忤人，至今为悔"，亦感慨颇深，故系于此。

武成帝河清四年即后主天统元年乙酉（565），之推三十五岁。

---

① 思鲁随父入齐时尚幼，故本传谓"在齐有二子"。

四月,武成帝禅位于太子高纬,是为后主。之推为赵州功曹参军,盖在是时。

《北齐书》本传云"河清末,被举为赵州功曹参军",谓"河清末",当在河清三、四年中,姑系于此。《家训·勉学》:"尝游赵州,见柏人城北有一小水,土人亦不知名……洦,浅水貌。此水汉来本无名矣,直以浅貌目之,或当即以洦为名乎?"又《家训·书证》:"余尝为赵州佐,共太原王邵读柏人城西门内碑。碑是汉桓帝时柏人县民为县令徐整所立,铭曰:'山有巏嵍,王乔所仙'。方知此巏嵍山也。"北齐赵州治所在今河北隆尧一带,之推在此盘桓,即定水名,复考山名,颇用心。

天统三年丁亥(567),之推三十七岁。

后主好文,调之推至京。

《北齐书》卷四十五《文苑传序》云,"后主虽溺于群小,然颇好讽咏……初因画屏风,敕通直郎兰陵萧放及晋陵王孝式录古名贤烈士及近代轻艳诸诗以充图画,帝弥重之。后复追齐州录事参军萧悫、赵州功曹参军颜之推同入撰次"。与颜之推同时调至京都之萧悫,本梁上黄侯萧晔之子,流落北齐。萧悫工诗,有"芙蓉露下落,杨柳月中疏"之句,之推"爱其萧散,宛然在目",记于《家训·文章》中。按,之推调入京都之时间,大约在后主即位初,因系于本年。

武平三年壬辰(572),之推四十二岁。

祖珽为左仆射,采纳之推建议,奏立文林馆,又奏撰《御览》。

《北齐书》卷四十五《文苑传序》记后主:"复追齐州录

事参军萧悫、赵州功曹参军颜之推同入撰次,犹依霸朝,谓之馆客。放(谓萧放)及之推意欲更广其事,又祖珽辅政,爱重之推,又托邓长颙渐说后主,属意斯文。三年,祖珽奏立文林馆,于是更召引文学士,谓之待诏文林馆焉。珽又奏撰《御览》,诏珽及特进魏收、太子太师徐之才、中书令崔劼、散骑常侍张雕①、中书监阳休之监撰。"谓文林馆之立在武平三年,乃之推造意,而祖珽奏成之。《北齐书》卷八《后主纪》谓武平四年二月置文林馆,误②。《观我生赋》自注:"齐武平中,署文林馆,待诏者仆射阳休之、祖孝征以下三十余人,之推专掌,其撰《修文殿御览》、《续文章流别》等,皆诣进贤门奏之。"《北齐书》卷四十五《文苑传》亦叙修《御览》事于立文林馆之后。且魏收亦为文林馆监撰《御览》者之一,据《北齐书》卷三十七《魏收传》载,魏收卒于武平三年,若文林馆武平四年始立,则魏收无由入馆矣。

之推除司徒录事参军,与李德林同掌文林馆事,并主修《修文殿御览》。寻迁通直散骑常侍,领中书舍人,再迁黄门侍郎,为朝廷所重。

《北齐书》本传:"寻待诏文林馆,除司徒录事参军。之推聪颖机悟,博识有才辩,工尺牍,应对闲明,大为祖珽所重,令掌知馆事,判署文书。寻迁通直散骑常侍,俄领中书舍人。帝时有取索,恒令中使传旨,之推禀承宣告,馆中皆受进止。所进文章,皆是其封署,于进贤门奏之,待报方出。

① 即张雕虎,唐人修史避讳,删"虎"字。下同。

② 对此缪谱有考证,可参阅。

兼善于文字，监校缮写，处事勤敏，号为称职。帝甚加恩接，顾遇逾厚。”《北史》卷七十二《李德林传》：“时齐帝留情文雅，召入文林馆，与黄门侍郎颜之推同判文林馆事。”据此，之推判文林馆事时已为黄门侍郎，而本传则于崔季舒等被杀后书之推“寻除黄门侍郎”。考《观我生赋》“纂书盛化之旁，待诏崇文之里，珥貂蝉而就列，执麾盖以入齿”自注：“时以通直散骑常侍迁黄门郎也。”与《李德林传》合，知本传误。盖之推是时蒙君、相之知，升迁颇速，及祖珽被出，季舒谮死，之推免祸而已，何得升迁？

编纂《修文殿御览》乃文林馆之要事。先是武成帝命宋士素录古帝王言行要事三卷，名为《御览》，置于巾箱中。文林馆设立后，后主命编纂《御览》。当时阳休之等创意，取《华林遍略》等书为蓝本，编次成书，名《玄洲苑御览》，后改名《圣寿堂御览》。自武平三年二月始，至八月竣事，实由之推主之。书成后，祖珽上表曰：“陛下听览余日，眷言缃素……以为观书贵博，博而贵要，省日兼功，期于易简。前者修文殿令臣等讨寻旧典，撰录斯书，谨罄庸短，登即编次。放天地之数，为五十部；象乾坤之策，成三百六十卷。昔汉世诸儒，集论经传，奏之白虎阁，因名《白虎通》。窃缘斯义，仍曰《修文殿御览》。今缮写已毕，并目上呈。”(《太平御览》卷六百零一引《三国典略》)《隋书》卷三十四《经籍志》著录《圣寿堂御览》三百六十卷，不著撰人。《旧唐书·经籍志》、《新唐书·艺文志》均著录《修文殿御览》三百六十卷，祖孝征(祖珽之字)撰。宋太宗太平兴国中，诏李昉等编修《太平御览》即以《修文殿御览》及《艺文类聚》、《文思博要》等为蓝本(见《玉海》卷五十四引《宋太宗实录》)。南宋以后,不见征引,盖已佚矣[①]。

南北朝末年,编纂类书之风甚盛。梁安成王萧秀命刘峻编《类苑》一百二十卷,梁武帝曾命张率、刘杳编《寿光书苑》二百卷,后又命徐僧权等编《华林遍略》六百二十卷。东魏高澄执政时,江南贾客携《华林遍略》抄本至北方售卖。北齐沾受此种风气,故纂此《修文殿御览》。颜之推等在文林馆所编之书,除《修文殿御览》之外,尚有《续文章流别》[②]、《文林馆诗府》(见《隋书》卷三十四《经籍志》)等。

之推在文林馆中,与北齐优秀文人交往,对北齐文学状况多进行文学评论,并与祖珽等人讨论南北风俗、商较人物。

《家训·文章》:"邢子才、魏收俱有重名,时俗准的,以为师匠。邢赏服沈约而轻任昉,魏收爱慕任昉而毁沈约,每于谈讌,辞色以之。邺下纷纭,各有朋党。祖孝征尝谓吾曰:'任、沈之是非,乃邢、魏之优劣也。'"又载:"王籍《入若耶溪》诗云:'蝉噪林逾静,鸟鸣山更幽。'江南以为文外断绝,物无异议。简文吟咏,不能忘之,孝元讽味,以为不可复得,至《怀旧志》载于《籍传》。范阳卢询祖,邺下才俊,乃言:'此不成语,何事于能?'魏收亦然其论。"又云:"齐世有席毗者,清干之士,官至行台尚书,嗤鄙文学,嘲刘逖云:'君辈辞藻,譬若荣华,须臾之玩,非宏才也;岂比吾徒千丈

① 缪谱云:清光绪中,法国伯希和在我国敦煌石室中盗窃大量文物瑰宝,其中有唐人写本类书残卷,存二百五十九行。罗振玉影印于《鸣沙石室佚书》中,并审定为《修文殿御览》残卷。后洪业作《所谓修文殿御览者》一文,辨罗说之误。洪文载《燕京学报》第十二期。

② 《文章流别集》,挚虞(?—311)著,分集、志、论(即作品、作者及评论)三部分,为我国最早的文章分类总集,今已佚。之推续作今亦不存。

松树,常有风霜,不可凋悴矣!’刘应之曰:‘既有寒木,又发春华,何如也?’席笑曰:‘可哉!’”则知颜氏在文林馆期间较注重对文学的理性评论、思考。同时,之推也与其他士人讨论南北风俗。《家训·风操》载“吾近至邺,其(指羊侃)兄子肃访侃委曲,吾答之云:‘卿从门中在梁,如此如此。’肃曰:‘是我亲第七亡叔,非从也。’祖孝征在坐,先知江南风俗,乃谓之云:‘贤从弟门中,何故不解?”《家训·勉学》载北齐宦者田鹏鸾好学之事:“每至文林馆,气喘汗流,问书之外,不暇他语……吾甚怜爱,倍加开奖。”亦为在文林馆时事。

文林馆之设立,亦有政治意义。北齐朝中,汉族士大夫与鲜卑贵族相争甚烈。祖珽为相,汉人得伸其志,之推亦欲借文林馆以助之。《北齐书》卷四十二《阳休之传》:“及邓长颙、颜之推奏立文林馆,之推本意不欲令耆旧贵人居之,休之便相附会,与少年朝请、参军之徒同入待诏。”所谓“耆旧贵人”,殆指鲜卑贵族及其同党,而“少年朝请、参军之徒”则指汉人中年少有高而资望尚浅者。时入文林馆待诏者,如魏澹、薛道衡、卢思道、封孝琰、杜台卿、崔季舒、刘逖、李德林、陆开明等五十余人(参见《北齐书》卷四十五《文苑传序》),皆汉族士人一时之选。故之推亦渐招鲜卑贵族之嫉恨。《观我生赋》自注云“时武职疾文人,之推蒙礼遇,每构创痏”。《北齐书》本传所谓“为勋要者所嫉,常欲害之”者是也。

武平四年癸巳(573),之推四十三岁。

是年祖珽解仆射,出为北徐州刺史。后侍中崔季舒、张雕虎,散骑常侍刘逖、封孝琰等六人以谏止后主赴晋阳被杀,之推以故幸免于祸。

《北齐书》卷三十九《祖珽传》谓："珽推崇高望，官人称职，内外称美。复欲增损政务，沙汰人物……又欲黜诸阉竖及群小辈，推诚朝廷，为致治之方。"由是为后主所幸穆提婆、韩凤等所嫉，解仆射，出为北徐州刺史①。珽既出，韩凤等复构祸崔季舒等。《北齐书》卷三十九《崔季舒传》："珽被出，韩长鸾（凤字长鸾）以为珽党，亦欲出之。属车驾将适晋阳，季舒与张雕议：以为寿春被围，大军出拒，信使往还，须禀节度；兼道路小人，或相惊恐，云大驾向并，畏避南寇；若不启谏，必动人情。遂与从驾文官连名进谏。时贵臣赵彦深、唐邕、段孝言等初亦同心，临时疑贰，季舒与争未决。长鸾遂奏云：'汉儿文官连名总署，声云谏止向并，其实未必不反，宜加诛戮。'帝即召已署表官人集含章殿，以季舒、张雕、刘逖、封孝琰、裴泽、郭遵等为首，并斩之殿庭。"

《北齐书》本传："崔季舒等将谏也，之推取急还宅，故不连署。及召集谏人，之推亦被唤入，勘无其名，方得免祸。"《观我生赋》自注："故侍中崔季舒等六人以获诛，之推尔日临祸而免。"按，被斩六人中，崔季舒、张雕虎、刘逖、封孝琰四人皆文林馆中人。之推本南人，入齐为祖珽所重，固为韩凤等所深嫉者，以故得免，亦侥幸也。崔季舒等之得祸，由于鲜卑之嫉汉人，武人之嫉文士。《北齐书》卷五十

① 祖珽之被出，本传未记年月，缪谱据《北齐书·后主纪》考，武平四年五月，以领军穆提婆为尚书左仆射，则珽之解仆射出为徐州，必在武平四年四、五月间也。

《韩凤传》曰:“祖珽曾与凤于后主前论事。珽语凤云:‘强弓长矛无容相谢,军国谋算,何由得争。’凤答曰:‘各出意见,岂在文武优劣。”’又:“凤于权要之中,尤嫉人士……每朝士谘事,莫敢仰视,动致呵叱,辄詈云:‘狗汉大不可耐,唯须杀却。’若见武职,虽厮养末品亦容下之。”其嫉恨汉族士人如是。《观我生赋》云:“用夷吾而治臻,昵狄牙而乱起。”自注:“祖孝征用事,则朝野翕然,政刑有纲纪矣。骆提婆等(穆提婆本姓骆)苦孝征以法绳己,谮而出之,于是教令昏僻,至于灭亡。”此皆切身之感也。

武平六年乙未(575),之推四十五岁。

闰八月,以国用不足,之推奏请立关市邸店之税,关市、舟车、山泽、盐铁、店肆等各有轻重。

《隋书》卷二十四《食货志》:“武平之后,权幸并进,赐与无限,加之旱蝗,国用转屈。乃料境内六等富人,调令出钱。而给事黄门侍郎颜之推奏请立关市邸店之税,开府邓长颙赞成之,后主大悦。”据此则税关市邸店乃由于之推之建议。事又见于《北齐书》卷八《后主纪》中。

幼主承光元年即周武帝建德六年丁酉(577),之推四十七岁。

正月,后主禅位太子高恒,是为幼主①。之推与薛道衡等劝太上皇往河外募兵,若不济,南投陈国。丞相高阿那肱不从,然后主犹以之推为平原郡太守(北齐平原郡治聊城,今山东聊城)。

① 去冬,周武帝伐齐,取晋州(今山西临汾)。后主率部围晋州,周武帝来救晋州,齐师大败。后主弃军还晋阳,忧惧不知所出,轻骑还邺。周师寻入晋阳。

《北齐书》本传:"及周兵陷晋阳,帝轻骑还邺,窘急计无所从,之推因宦者侍中邓长颙进奔陈之策,仍劝募吴士千余人以为左右,取青、徐路共投陈国。帝甚纳之,以告丞相高阿那肱等。阿那肱不愿入陈,乃云吴士难信,不须募之。劝帝送珍宝累重向青州,且守三齐之地,若不可保,徐浮海南渡。虽不从之推计策,然犹以为平原太守,令守河津。齐亡入周。"《观我生赋》自注:"除之推为平原郡,据河津,以为奔陈之计。"又云:"丞相高阿那肱等不愿入南,又惧失齐主,则得罪于周朝,故疏间之推。所以齐主留之推守平原城,而索船度济向青州。阿那肱求自镇济州,乃启报应齐主云:'无贼,匆匆匆。'遂道周军追齐主而及之。"之推劝后主奔陈,欲因以还江南,然终未遂愿。《颜氏家庙碑》云之推入北仕宦为"给事黄门侍郎、待诏文林馆、平原太守、隋东宫学士"。

周师渐逼,太上皇携幼主走青州,为入陈之计。周军奄至青州,太上皇为周将尉迟纲所获,并太后、幼主俱送长安。

《观我生赋》云:"予一生而三化,备荼苦而蓼辛。"自注:"在扬都,值侯景杀简文而篡位;于江陵,逢孝元覆灭;至此而三为亡国之人。"参阅《北齐书》卷八《后主纪》等。

周武帝宣政元年戊戌(578),之推四十八岁。

齐亡之后,之推与阳休之、卢思道、李德林、陆乂、薛道衡、王劭、陆爽等共十八人被征赴长安。卢思道、阳休之道中作《鸣蝉篇》,之推亦有同题之作。

颜氏入周时间《北齐书》本传言之甚简:"齐亡入周。"《家训·勉学》只云:"邺平之后,见徙入关。"《北齐书》卷四十二《阳休之传》记阳休之、卢思道等十八人同征、"令随驾后赴长安”。按《北史》卷十《周本纪下》云周武帝建德六年夏四月“至自东伐。列齐主于前,其王公等并从,车舆旌旗及器物以次陈于其后。”并未明言诸文人随行。且《北史》卷三十《卢思道传》载:“周武帝平齐,授仪同三司,追赴长安。”则知十八人入长安另有时间。曹道衡考证卢思道被征至长安为宣政元年四、五月间,其作《听鸣蝉篇》当在同年夏末①。颜、卢作《听鸣蝉篇》之事,见于《隋书》卷五十七《卢思道传》及《初学记》卷三十。颜诗云“城中帝皇里”,卢诗云“长安城里帝王州,鸣钟列鼎自相求”。当知《听鸣蝉篇》是入长安之后所作。缪钺《颜之推年谱》将颜之推等十八人赴长安之事系于北周建德六年,并云“卢思道、阳休之道中作《鸣蝉篇》,之推亦同作”。有误。

静帝大象元年己亥(579),之推四十九岁。

二月,宣帝传位于太子宇文衍,是为静帝。之推或于是年前后游蜀。完成《观我生赋》、《古意二首》。

《家训·勉学》云:“吾在益州,与数人同坐,初晴日晃,见地上小光,问左右:‘此是何物?’……穷访蜀土,呼粒为逼,时莫之解。”之推入蜀,史传不载②。按,之推在梁时或于江陵校书、或于扬州筹措迁厝,奔齐后由于地域所限更不可能入蜀。唯入周之后,行踪不明。此间北周政局变换,去年六月,武帝卒,太子宇文赟立,是为宣帝。今年静帝即位。

① 参见曹道衡、沈玉成:《中古文学史料丛考》,中华书局,2003 年 7 月版,第 749 页(下引此书,版本均同)。

② 王利器认为之推在益州事“或为之推从梁元帝在江陵时事,疑不能明也,存以待考”。参见《颜氏家训集解(增补本)》第 230 页《勉学》注解。

之推初入长安，无预朝政。且长安距蜀不远，之推当有机会入蜀。姑系于是。

《观我生赋》自注云："在扬都，值侯景杀简文而篡位；于江陵，逢孝元覆灭；至此而三为亡国之人。"王利器据此推断此赋"作于齐亡入周之时"①。则知北周武帝建德六年(577)为《观我生赋》作期的上限。考其下限当在北周静帝大象二年(580)之前。其说如下：《家训·勉学》称入关之时"朝无禄位，家无积财"，之推经过了一段时间的贫穷、寂寞生活之后，才入仕北周。《北齐书》本传载，颜氏"齐亡入周，大象末为御史上士"。按，《观我生赋》自注中详细记录了作者一生所任的各种官职，如湘东国右常侍、散骑侍郎、北齐通直散骑常侍、黄门郎、平原太守等职，却不见出任御史上士之事。则其作《观我生赋》时很可能尚未出任御史上士一职。据此当知本赋应作于北周武帝建德六年至北周静帝大象二年之际，即577到580年三年之间。

《古意二首》中"未获殉陵墓，独生良足耻"（其一）、"昔为时所重，今为时所轻"（其二）当是入北之后的人生感慨。"吴师破九龙，秦兵割千里。狐兔穴宗庙，霜露沾朝市"（其一）的诗句，当指西魏陷江陵事，当知该诗作于之推被俘入北之后。且《古意二首（其二）》结尾所云"愿与浊泥会，思将垢石并；归真川岳下，抱润潜其荣"，与《观我生赋》之结尾"向使潜于草茅之下，甘为畎亩之人，无读书而学剑，莫抵掌以膏身，委明珠而乐贱，辞白璧以安贫，尧、舜不能荣其素朴，桀、纣无以污其清尘，此穷何由而至，兹辱安所

① 参见王利器：《颜氏家训集解（增补本）》，第704页。

自臻”的思想感情一致，则知此二诗写作时间与《观我生赋》写作时间相去不远，姑系于此。

又，之推第三子名游秦，当是之推入周后在长安所生，姑系于此。

静帝大象二年庚子(580)，之推五十岁。

之推出仕周朝，为御史上士。

《北齐书》本传：“大象末为御史上士。”

静帝大定元年、隋文帝开皇元年辛丑(581)，之推五十一岁。

二月，杨坚废静帝而自立，是为隋文帝。是年，之推长孙颜师古降生。

之推长子思鲁生子籀，即师古也。见《旧唐书》卷七十三《颜师古传》。

开皇二年壬寅(582)，之推五十二岁。

之推上言文帝，请依梁国旧事，考订雅乐，不从。

《隋书》卷十四《音乐志》：“开皇二年，齐黄门侍郎颜之推上言：‘礼崩乐坏，其来自久。今太常雅乐，并用胡声，请冯梁国旧事，考寻古典。’高祖不从，曰：‘梁乐亡国之音，奈何遣我用邪？’”

长安民掘得秦时铁称权，之推被敕写读之。

《家训·书证》：“《史记·始皇本纪》：‘二十八年，丞相隗林、丞相王绾等，议于海上。’诸本皆作山林之‘林’。开皇二年五月，长安民掘得秦时铁称权，旁有铜涂镌铭二所……其书兼为古隶。余被敕写读之，与内史令李德林对，见此称权，今在官库；其‘丞相状’字，乃为状貌之‘状’，爿旁作犬，则知俗作‘隗林’，非也，当为‘隗状’耳。”

之推时在秘书省任上，奉敕与魏澹、辛德源更撰《魏书》。

《史通》卷十二《古今正史》："齐天保二年，敕秘书监魏收博采旧闻，勒成一史……于是大征百家谱状，斟酌以成《魏书》，上自道武，下终孝靖，纪传与志凡百三十卷……世薄其书，号为秽史。至隋开皇，敕著作郎魏澹与颜之推、辛德源更撰《魏书》，矫正收失。澹以西魏为真，东魏为伪，故文、恭列纪，孝靖称传，合纪、传、论例总九十二篇。"按，云开皇初，未详何年，姑系于此。之推等所撰《魏书》今已亡佚。又，之推供职秘书省事参见本谱开皇四年条。

开皇三年癸卯(583)，之推五十三岁。

陈国使王话、阮卓来聘，之推等奉命谈宴赋诗。

《陈书》卷三十四《阮卓传》："至德元年①，入为德教殿学士。寻兼通直散骑常侍，副王话聘隋。隋主夙闻卓名，乃遣河东薛道衡、琅邪颜之推等，与卓谈宴赋诗，赐遗加礼。"

之推等与陆法言商讨音韵，盖在本年。

陆法言《切韵·序》："昔开皇初，有仪同刘臻等八人同诣法言门宿。夜永酒阑，论及音韵……因论南北是非，古今通塞，欲更捃选精切，除削疏缓，萧、颜多所决定。魏著作谓法言曰：'向来论难，疑处悉尽，何不随口记之？我辈数人，定则定矣。'法言即烛下握笔，略记纲纪。博问英辩，殆得精华。"所谓"萧、颜多所决定"，即指萧该与颜之推。曹道衡考证八人共聚陆法言宅，为开皇三年至四年事，而其为四年事尤视三年事为近理②。且颜、薛二人在本年同会南朝

① 陈后主至德元年即隋文帝开皇三年。

② 参见曹道衡、沈玉成：《中古文学史料丛考》，第749页。

使节,姑系于此。陆法言,陆爽之子,爽字开明①,在北齐为通直散骑侍郎,与之推同在文林馆待诏修书,齐亡,与之推同徙关中,事见《隋书》卷五十八《陆爽传》。法言于之推为晚生,其音韵学当亦受之推影响。《切韵》中即有用颜氏说者,见王国维《观堂集林》八《六朝人韵书分部说》。

开皇四年甲辰(584),之推五十四岁。

二月,张宾奏上新历,下诏颁行。其后引发历法争论,之推亦曾参加讨论。

《家训·省事》:"前在修文令曹,有山东学士与关中太史竞历,凡十余人,纷纭累岁,内史牒付议官平之。吾执论曰:'大抵诸儒所争,四分并减分两家尔。历象之要,可以晷景测之;今验其分至薄蚀,则四分疏而减分密。疏者则称政令有宽猛,运行致盈缩,非算之失也;密者则云日月有迟速,以术求之,预知其度,无灾祥也。用疏则藏奸而不信,用密则任数而违经。且议官所知,不能精于讼者,以浅裁深,安有肯服?既非格令所司,幸勿当也。'举曹贵贱,咸以为然。有一礼官,耻为此让,苦欲留连,强加考核。机杼既薄,无以测量,还复采访讼人,窥望长短,朝夕聚议,寒暑烦劳,背春涉冬,竟无予夺。"据《隋书》卷十七《律历志》,张宾等依何承天法造新历,开皇四年二月奏上,诏行。广平人刘孝孙与冀州秀才刘焯并言其学无师法,刻食不中。于时张宾有宠,刘晖附会之,为太史令,二人共短孝孙、刘焯,言其非毁天历,惑乱时人,孝孙、刘焯竟以他事斥罢。后张宾卒,孝

① 缪谱据姚薇元《北朝胡姓考》第二考曰:"陆爽,北魏东平王陆俟玄孙,陆氏是步六孤氏所改,故陆爽是鲜卑人而汉化者。"

孙为掖县丞，上书争论，为刘晖所诘，留直太史，累年不调，寓宿观台，使弟子舆榇来诣阙下，伏而恸哭，执法拘以奏之。帝异焉，遣与宾历校短长。先是勃海人张胄玄以算术直太史，久未知名，至是与孝孙共短宾历，异论锋起，久之不定。《家训》所谓“竞历”，殆指此事。“关中太史”谓刘晖，“山东学士”，指刘孝孙、刘焯等。所谓“疏者”，即指张宾历；所谓“密者”，指刘孝孙、张胄玄所主张之历法。后者以其更合科学而得到之推赞成，并谓“议官所知，不能精于讼者”，说明刘晖历学不及孝孙等人。

“竞历”之事，一直延续了十余年。开皇十四年。文帝问日食事，杨素等奏：太史推算日食二十五次，多不验，张胄玄所推算者，合如符契，孝孙所测，验亦过半。于是文帝引孝孙、胄玄等，亲自劳徕。孝孙因请先斩刘晖，乃可定历。帝不怿，罢之。孝孙寻卒。杨素、牛弘伤之，又荐胄玄。帝召见之，赏赐甚厚，令制新历。开皇十七年，胄玄历成，奏上之。上付群臣博议，咸以胄玄为密。于是下诏颁行新历，前造历者刘晖等并除名，命胄玄为太史令。事又见《资治通鉴》卷一百七十八。此时之推盖已卒矣。

《家训》赵曦明注“修文令曹”句，引《北齐书》本传以为乃之推在北齐河清末待诏文林馆时事，误。盖北齐一代，既无竞历之事，且内史乃隋代官名也。按，隋因避文帝杨坚父杨忠之名讳，改中书省为内史省。又，隋秘书省掌修国史，其下设太史曹（掌历法，署官太史令）、著作曹（掌著作，署官著作郎），之推开皇初年敕与著作郎魏澹等更撰《魏书》，此处云“前在修文令曹”，又参加历法争论，且称“举曹贵贱，咸以为然”，当是在秘书省任上。

开皇九年己酉(589),之推五十九岁。

正月,隋灭陈。太子杨勇召之推为学士,盖于是年前后。

《家训·风操》:“近在议曹,共平章百官秩禄,有一显贵,当世名臣,意嫌所议过厚。齐朝有一两士族文学之人,谓此贵曰:‘今日天下大同,须为百代典式,岂得尚作关中旧意?明公定是陶朱公大儿耳!’彼此欢笑,不以为嫌。”文中言“今日天下大同”,应是平陈以后事。《北齐书》本传:“隋开皇中,太子召为学士,甚见礼重。”只言“开皇中”,未详何年。则之推之被召为学士,当在本年前后。

开皇十一年辛亥(591),之推六十一岁。

之推《家训》二十篇撰成,志怪小说《冤魂志》撰成。

《家训》实之推毕其一生而著成。《家训·风操》:“近在扬都,有一士人讳审,而与沈氏交结周厚,沈与其书,名而不姓,此非人情也。”既云“近在扬都”,则本条记于此后不久。按,《家训·终制》云“承圣末,已启求扬都,欲营迁厝。蒙诏赐银百两,已于扬州小郊北地烧砖,便值本朝沦没”。则可断定颜之推于梁元帝承圣末年(554)前后在扬州,时年二十四岁。而之推二十六岁时携妻负子奔齐。由是知其始为人父,则已执笔作《家训》为今后之教子也。审《家训·终制》所云:“吾已六十余,故心坦然,不以残年为念。”乃之推晚年遗训,则《家训》一书集其三十余年所记而成之也。

《冤魂志》故事上自西周,下至北周、南陈。《后周女子》写北周宣帝事,《梁武帝》、《韦载》均写陈霸先篡梁之事,而之推听闻陈之所为当在隋朝灭陈之后,故将《冤魂志》成年系于此。

之推约于本年病卒。

《北齐书》本传:"隋开皇中,太子召为学士,甚见礼重,寻以疾终。"未言卒年。《家训·终制》:"吾已六十余,故心坦然,不以残年为念。"曹家琪据《隋书》卷十七《律历志》中所记竞历之事,提出"《家训》纂定成书及之推卒年,皆当在开皇十七年(597)夏四月戊寅(据《隋书》卷二《高祖纪》)之后"①。缪谱则系于开皇十年之推六十岁时。按,《北齐书》本传:"隋开皇中,太子召为学士……寻以疾终。"其中"寻以疾终"当知不久颜氏即病逝,曹氏所言"卒于开皇十七年"则与之出入较大,不从。即言六十余,则已年逾六十,故系于本年,是年之推六十一岁。

是年冬,之推长兄之仪卒。

之仪在周历任麟趾学士、司书上士、小宫尹,封平阳县男,迁上仪同大将军,进爵为公,出为西疆郡守。入隋,进爵新野郡公、拜集州刺史。后还京,优游不仕。是年冬卒,年六十九。事见《周书》卷四十《颜之仪传》。

之推有文三十卷、《家训》二十篇。另有《颜之推集》,长子思鲁编订并作序。

颜之推生平著述丰富,《北齐书》本传云之推"有文三十卷,撰《家训》二十篇,并行于世"、"《之推集》在,思鲁自为序录"。其中,《颜之推集》,《隋书》、《旧唐书》之《经籍志》均未著录,王利器认为此书"盖在隋代即已亡佚"②。除见于本传外,还有不少:《隋书》卷三十二《经籍志》录《训俗

① 见《颜之推卒年与〈颜氏家训〉之纂定、结衔》[《文史(第二辑)》,中华书局,1963 年 4 月版]。

② 参见王利器:《颜氏家训集解(增补本)》,第 707 页。

文字略》一卷。《隋书》卷三十三《经籍志》录《集灵记》二十卷,《旧唐书》卷四十六《经籍志》、《新唐书》卷五十九《艺文志》录为十卷。《隋书》卷三十三《经籍志》、《旧唐书》卷四十六《经籍志》、《新唐书》卷五十九《艺文志》录《冤魂志》三卷。又,《冤魂志》,《崇文总目》、《直斋书录解题》、《文献通考》均作《还冤志》,误。《隋书》卷三十五《经籍志》录《七悟》一卷,《新唐书》卷六十《艺文志》录为《七悟集》一卷。《新唐书》卷五十七《艺文志》录《笔墨法》一卷。《旧唐书》卷四十六《经籍志》、《新唐书》卷五十七《艺文志》录《急就章注》一卷。《旧唐书》卷四十七《经籍志》录颜之推撰《家训》七卷,《新唐书》卷五十九《艺文志》录《颜氏家训》七卷。《新唐书》卷六十《艺文志》录李淳风注颜之推《稽圣赋》一卷,《直斋书录解题》录《稽圣赋》三卷。颜真卿《颜氏家庙碑》录《证俗音字》五卷,《隋书》卷三十二《经籍志》所录《训俗文字略》一卷可能为其简本。《法苑珠林》卷一百录《承天达性论》。《遂初堂书目》录《八代谈薮》。此外,《北齐书》本传引《观我生赋》自注录之推与他人合撰《修文殿御览》、《续文章流别》等。

之推著述现存有:

《知不足斋丛书》第十一集、《诸子集成》第八册、《汉魏丛书》(万历本、影万历本)、《广汉魏丛书》(万历本)、《格致丛书》、《四库全书》、《摛藻堂四库全书荟要》、《四部丛刊》、《关中丛书》录有《家训》七卷。

《续百川学海》庚集,《唐宋丛书》,〔元〕陶宗仪辑、〔明〕陶珽重校《说郛》(清顺治三年两浙督学周南、李际期宛委山堂刊本)卷七十二等录有《冤魂志》(作《还冤记》),

《敦煌秘籍留真新编》下卷有《还冤记》残一卷,《旧小说》(民国本、1957 年本)作《还冤记二十四则》,《宝颜堂秘笈》(万历本、民国石印本)广集、《诒经堂藏书》作《还冤志》一卷,《四库全书》作《还冤志》三卷。

〔元〕陶宗仪辑 、〔明〕陶珽重校《说郛》(清顺治三年两浙督学周南、李际期宛委山堂刊本)卷一百十八、《古今说部丛书》三集、鲁迅《古小说钩沉》辑有《集灵记》佚文。

《小学类编附编·小学钩沉》、《翠琅玕馆丛书·小学钩沉》(冯兆年辑第二集)、《芋园丛书·小学钩沉》存有清任大椿辑、王念孙校《证俗音》。

《北齐书》卷四十五《颜之推传》存其《观我生赋》。逯钦立《先秦汉魏晋南北朝诗》中《北齐诗》卷二辑有诗歌共五首,另有一句佚名诗。

参考书目

〔唐〕李延寿:《北史》,中华书局,1997 年 3 月版。

〔唐〕李百药:《北齐书》,中华书局,1992 年 9 月版。

〔唐〕姚思廉:《梁书》,中华书局,1992 年 11 月版。

〔唐〕魏征等:《隋书》,中华书局,1996 年 5 月版。

〔梁〕沈约:《宋书》,中华书局,1991 年 10 月版。

〔梁〕萧子显:《南齐书》,中华书局,1992 年 7 月版。

〔唐〕姚思廉:《陈书》,中华书局,1992 年 7 月版。

〔唐〕李延寿:《南史》,中华书局,1992 年 8 月版。

曹道衡、刘跃进:《南北朝文学编年史》,人民文学出版社,2000 年 11 月版。

周建江:《北朝文学史》,中国社会科学出版社,1997 年 7 月版。

万绳楠整理:《陈寅恪魏晋南北朝史讲演录》,黄山书社,1999 年 4 月版。

王利器:《颜氏家训集解(增补本)》,中华书局,1996 年 9 月版。

曹道衡、沈玉成编著:《南北朝文学史》,人民文学出版社,1998 年 6 月版。

唐长孺:《魏晋南北朝隋唐史三论》,武汉大学出版社,1998 年 12 月版。

汤用彤:《汉魏两晋南北朝佛教史》,北京大学出版社,1997年9月版。

张可礼:《东晋文艺综合研究》,山东大学出版社,2001年1月版。

〔日〕谷川道雄著,马彪译:《中国中世社会与共同体》,中华书局,2002年12月版。

周一良:《魏晋南北朝史论集》,北京大学出版社,1997年6月版。

〔南朝宋〕刘义庆撰,〔南朝梁〕刘孝标注,余嘉锡笺疏:《世说新语笺疏》,上海古籍出版社,1993年12月版。

田余庆:《东晋门阀政治》,北京大学出版社,2000年4月版。

陈寅恪:《陈寅恪集:隋唐制度渊源略论稿·唐代政治史述论稿》,生活·读书·新知三联书店,2001年4月版。

熊礼汇:《先唐散文艺术论》,学苑出版社,1999年1月版。

熊礼汇编著:《魏晋南北朝文学史》,武汉大学出版社,2009年5月版。

熊礼汇主编:《中国古代散文艺术二十四讲》,武汉大学出版社,2010年3月版。

孙昌武:《佛教与中国文学》,上海人民出版社,1995年4月版。

王运熙、杨明:《魏晋南北朝文学批评史》,上海古籍出版社,1989年6月版。

王仲荦:《魏晋南北朝史》,上海人民出版社,1998年6月版。

钱钟书:《管锥编》,中华书局,1999年11月版。

鲁迅:《中国小说史略》,齐鲁书社,1997 年 11 月版。

孟昭连、宁宗一:《中国小说艺术史》,浙江古籍出版社,2003 年 10 月版。

缪钺:《缪钺全集》,河北教育出版社,2006 年 5 月版。

曹道衡、沈玉成:《中古文学史料丛考》,中华书局,2003 年 7 月版。

〔清〕张玉谷著,许逸民点校:《古诗赏析》,上海古籍出版社,2000 年 12 月版。

〔南北朝〕颜之推著,张霭堂译注:《颜之推全集译注》,齐鲁书社,2004 年 9 月版。

〔南朝梁〕刘勰著,周振甫译注:《文心雕龙译注(修订本)》,江苏教育出版社,2006 年 5 月版。

〔梁〕钟嵘著,曹旭集注:《诗品集注》,上海古籍出版社,1996 年 8 月版。

〔梁〕萧统编,〔唐〕李善注:《文选》,上海古籍出版社,1992 年 7 月版。

〔清〕陈祚明评选,李金松点校:《采菽堂古诗选》,上海古籍出版社,2008 年 12 月版。

〔清〕严可均校辑:《全上古三代秦汉三国六朝文》,中华书局,1991 年 10 月版。

〔梁〕释慧皎撰,汤用彤校注,汤一玄整理:《高僧传》,中华书局,1992 年 10 月版。

〔梁〕僧祐撰,〔唐〕道宣撰:《弘明集·广弘明集》,上海古籍出版社,1991 年 8 月版。

〔梁〕萧绎撰,许逸民笺校:《金楼子》,中华书局,2011 年 1 月版。

〔北周〕庾信撰,〔清〕倪璠注,许逸民校点:《庾子山集注》,中华书局,2000 年 3 月版。

逯钦立辑校:《先秦汉魏晋南北朝诗》,中华书局,1995 年 1 月版。

罗国威著:《〈冤魂志〉校注》,巴蜀书社,2001 年 5 月版。

《历代碑帖法书选》编辑组编:《唐颜真卿书颜家庙碑》,文物出版社,1995 年 8 月版。

后 记

这本小书是在晚学博士学位论文基础上拓展而成。从2000年负笈山东大学以来，一晃已是十二年。当年选择《颜氏家训》为题，是因为这方面的研究较少，可以有很大的研究空间，但是从文学史解读《颜氏家训》一书的相关资料非常缺少，论文撰写中常有含毫邈然之感，这也促使晚学毕业后持续从文学史角度，而非思想史、历史角度思考《颜氏家训》以及颜之推诗歌辞赋的文学艺术成就，对《颜氏家训》的说理、叙事方式，《观我生赋》的叙事、抒情方式有着进一步的探讨，颜之推现存诗歌甚少且不以诗歌闻名，缪钺先生仍认为“颜之推的诗篇虽然只是吉光片羽，但是也可借以窥见其诗才与诗艺”，故而晚学对其五首诗歌的意象、表达方式加以分析，这些点滴慢慢积累成为今天呈现在方家面前的薄技小册。

在山东大学读书期间给晚学印象最深刻的两位尊长是恩师张可礼先生与南开大学的叶嘉莹先生。张先生学识渊博、为人谨严、心怀淡泊，犹记得去先生家汇报论文撰写进度、呈交读书报告的情景。恩师清瘦，目光明亮、蔼然，话语甚少，平静坐在沙发上，听取弟子汇报的时候，手掌的虎口微微打开托住腮，大拇指、食指、中指轻轻地贴在面颊上，无名指和小指弯曲起来，抵在下巴之下，凝神静听弟子的陈述。就某个学术疑问进行分析时，先生从不直接下结论，而是反复叮嘱弟子深入思考，屡屡鼓励弟子形成自己的观点。听完弟子的汇报，先生会取出弟子上次的读书报告，上面用铅笔写着密密的批改意见，从观点的明晰与否到段落之间的过渡、衔接，小到标点符号的书写，先生都一一批改。如果在谈话过程中，先生有了新的观点，就会拿着橡皮、铅笔对某处文句或者观点作新的修改，然后付与弟子回去阅读、改进。这种严谨的学风使晚学受益良多，学位论文的结构、内容逐渐在与先生的汇报中变得明晰。由于晚学的论文需要从散文史的角度解读《颜氏家训》，惜乎这方面的资料甚少，跑遍山大图书馆、新华书店，以及以人文社科图书著称的三联书店、致远书店也很难找到与中国古代散文，尤其是六朝散文有关的著作。先生有次进京参加学术会议，带回熊礼汇先生的《先唐散文艺术论》嘱我认真阅读，这对晚学撰写论文大有帮助。值此小书出版之际，恩师不辞年迈，欣然提笔作序，对晚学勉励再三，晚学心中不胜感激。

2001 年暑期，晚学有幸参加了南开大学文学院主办的中国古典诗词讲习班，得以亲聆叶嘉莹先生教授古典诗词。南开大学特意将这次讲习班安排在蓟县盘山脚下一个宁静的招待所中，它傍山而建，可谓小庭深院，楼房周围杂植众多果树，尤以梨树、苹果树与柿子树居多，彼时已经有硕大、青涩的柿子高挂枝头。那里空气清新，窗外是苍翠、峻美的盘山。这是晚学参加的最美好的讲习班，不仅因为青山秀水，更因为能够一睹叶先生的风采。叶先生端庄、美丽、优雅，虽年过七旬却自始至终站立授课，授课的语调不高，却声音圆润、饱含热情，尤其喜爱吟诵，优美的诗词作品与先生抑扬顿挫的吟唱深深地吸引着、感动着每位学员。叶先生讲解中国古典诗词的兴发感动、讲述《诗经》的比兴手法，吟诵着杜甫的《秋兴八首》、温庭筠的《菩萨蛮》（小山重叠金明灭）、李商隐的《无题》（八岁偷照镜），将中国古典文学之魅力尽情地释放出来！一日暮雨初歇，大家在餐厅用餐，只见窗含青山，盘山新沐，浓浓的白云在山间缭绕，林木葱茏时时闪现在云雾之中，众学员皆感叹秀色可餐，叶先生凝望苍山，含笑不语。

拙著的修改还得到了很多师友的帮助、指点,尤其是同门师兄李雁博士与李剑锋博士给予了大力帮助。李雁兄对《颜之推年谱》进行了认真的修改、指导。剑锋兄则在晚学毕业之后依旧热情帮助借阅了文学理论著作,并抱恙为晚学收集了《颜氏家训》书影。两位师兄均承担着行政职务以及繁重的教学、科研任务,不辞劳苦为拙著提供了无私的帮助。程远芬教授为拙作提供了关于颜之推著述的细致的版本学资料,张明远博士亦利用假期,为拙作核对了部分资料。在此,谨向他们表示诚挚的谢意。

还要感谢晚学家人的支持。晚学常利用周末、假期忙于修改文章,先生就主动带着女儿玩耍。记得一个冬末的晴天,气温零下十度,先生约了朋友去爬山。晚学给他们潦草地收拾了简单的背囊,欢喜地打发他们远足。明亮的阳光穿过楼下法桐光秃秃的枝桠洒在大地上,先生头戴黑色棉线帽,身穿红色防寒服,下配牛仔裤,背着黑红相间的背囊。女儿头戴橙色绒帽,身穿浅紫色防寒服、牛仔裤。先生步履有力稳健,女儿脚步轻松欢快,爷俩到街口等待与朋友会合,共奔南部山区。此一行人,在山上玩得快活,邂逅一批资深驴友,他们将尚未入学却跟着大人翻山越岭的女儿昵称为"幼驴"。下午四点钟,朋友开车将父女两人送回,只见先生怀抱女儿上了楼,女儿的绒帽之外加戴了父亲的棉线帽,在父亲怀里睡着,脸上满是汗水、灰尘的印迹。

在此感谢齐鲁书社陈修亮先生、贺伟先生与孟晓彬女士的热情指导与悉心帮助,他们付出很多心血,方使拙著得以付梓。

秦　元

二〇一二年八月

图书在版编目(CIP)数据

颜之推研究/秦元著.—济南:齐鲁书社,2012.9
ISBN 978-7-5333-2678-4

Ⅰ.①颜… Ⅱ.①秦… Ⅲ.①颜之推(531—约591)-人物研究②颜之推(531—约591)-文学研究 Ⅳ.①B235.9②I206.2

中国版本图书馆 CIP 数据核字(2012)第 220894 号

颜之推研究
秦元 著

出版发行 齊魯書社
社 址 济南市英雄山路 189 号
邮 编 250002
网 址 www.qlss.com.cn
电子邮箱 qilupress@126.com
印 刷 山东新华印务有限责任公司
开 本 850mm×1168mm 1/32
印 张 10
插 页 3
字 数 220 千
版 次 2012 年 9 月第 1 版
印 次 2012 年 9 月第 1 次印刷
标准书号 ISBN 978-7-5333-2678-4
定 价 **28.00 元**